바람 앞에 선
UNICORN
유니콘

스타트업 성장에 대한 8가지 경고와 대안

바람 앞에 선
UNICORN
유니콘

아이템하우스

디지털 전환, 본질에서 답을 찾아라

모든 관찰과 분석, 개선이 데이터를 기반으로 이루어지는 세상을 '스마트' 시대라고 한다. 대표적인 기술이 사물인터넷, 빅데이터, 인공지능이다. 사물인터넷으로 다양한 문제와 상황을 데이터로 표현할 수 있고, 데이터는 분석에 용이하도록 수집되고 정리되어 통찰의 보고인 빅데이터가 되며, 인공지능은 빅데이터를 바탕으로 최적의 방안을 제공한다. 이것이 공장에서 이뤄지면 스마트팩토리, 도시에 적용되면 스마트시티가 된다. 무수히 많은 분야가 디지털 전환의 대상이 될 수 있다.

하지만 디지털 전환에 성공하려면 다양한 가치들이 융합되어야 한다. 즉, 핵심 분야(본질)와 첨단기술의 결합이 중요하다. 중국의 스마트폰 제조기업 샤오미와 동영상 공급업체 러스의 핵심은 생태계이고, 공용 자전거의 핵심은 교통이다. 신유통도 본질은 판매이다. 첨단 IT 기술은 본질의 가치를 더 효율적이고 새로운 방식으로 구현하는 수단일 뿐이다. 주연은 본질이고 첨단 IT 기술은 조연인데 많은 CEO와 투자자들은 첨단기술의 화려함으로 인해 본질의 가치를 종종 놓치는 '허점'을 보이곤 한다.

허점에서 떠오르는 새로운 방향

'허점의 탐색자'를 자처한 천신레이와 스잉보의 주장은 이런 면에서 공감을 받기에 충분하다. 근거가 치밀하고 명료할 뿐만 아니라 다양한 분야에서 디지털 전환의 관점을 놓치지 않는다. 성공 요인이 아닌 허점을 다루지만 이들의 관점이 미래의 젊은 기업가들에게 방향을 제시해 줄 수 있는 이유다.

기업의 전략 혹은 새롭게 등장한 비즈니스 모델의 허점을 파고들다 보면 가장 중요한 본질을 놓치고 있다는 것을 발견한다. '중국의 애플'을 자처하는 샤오미가 어떤 면에서 그저 수익률 낮은 제조기업에 불과한지, 공용 자전거 사업이 어떻게 '교통'이라는 본질을 놓치고 있는지를 보여준다. 디지털 전환으로 인한 온라인과 오프라인 비즈니스의 갈등은 유통 분야에서 극대화된다. 피해갈 수 없을 것처럼 보이는 아마존의 침투를 오프라인 기업들이 어떻게 버텨냈는지를 통해 플랫폼 비즈니스가 성숙해감에 따라 온라인과 오프라인이 서로를 닮아가는 유통 분야의 경쟁력을 점검한다. 이 과정에서 '판매'의 본질을 처음부터 끝까지 놓치지 않는 자, 즉 시간 및 공간적으로 가장 효율적인 제품 공급자만이 살아남을 수 있다. 이러한 점에서 두 저자의 주장은 비판이라기보다 발전적 제언에 가깝다.

디지털 전환 시대 경쟁력의 원천

디지털 전환은 단지 새로운 트렌드가 아니다. 경쟁에서 살아남기 위한 가치를 창출하는 수단이다. 여기서 '가치'란 '속도와 원가의 균형 맞추기'라는 표현처럼 재무적으로 표현 가능한 것이어야 한다. 물론 애플이 보여주는 생태계는 고객의 충성도와 같은 추상적 가치 없이는 구현하기 어렵다. 하지만 추상적인 가치에 높은 비중을 둔다면 투자 대비효과를 가늠하기 어렵다. 현실의 많은 기업들이 디지털 전환의 효과를 설명하지 못하는 까닭이 여기에 있다.

디지털 전환은 성공할수록 그 효과가 증폭되어 나타나는 특징을 갖는다. 처음에는 디지털 전환에 성공한 기업과 그렇지 못한 기업의 차이가 미미해 보일지 모르지만, 갈수록 그 격차는 따라잡을 수 없게 된다. 결국 이 격차로 인해 기업은 디지털 포식자와 디지털 먹이의 갈림길에 서게 된다.

디지털 전환 시대에 규모의 경제는 더 이상 경쟁력의 원천이 될 수 없다. 기업의 규모가 아닌 디지털 전환을 얼마나 유연하고 신속하게 이루었는지가 관건이다. 자체적인 상품이나 서비스 없이 단지 중개하는 것만으로는 지속 가능한 성장을 달성할 수 없다. 그만큼 통제할 수 없는 리스크가 많기 때문이다. 아마존의 대표적인 플랫폼 사업인 클라우드 서비스는 줄곧 50퍼센트의 성장세를 유지하며 클라우드 시장의 3분의 1을 차지하고 있지만, 아마존 전체 수익의 90퍼센트는 전통 판매업에서 비롯된다는 점에 주목해야 한다.

흔히 볼 수 없는 중국 기업에 대한 저자들의 성실한 자료 수집과 통찰력을 통해 진정한 디지털 전환이란 본질과 첨단기술의 융합일 뿐만 아니라 과거의 자신과 미래의 자신의 융합으로 비로소 완성된다는 점을 깨닫는다.

KDI 전문연구원 김동영

화려한 뿔 뒤에 숨겨진 함정

2014년 말 샤오미는 450억 달러의 기업가치를 인정받으며 세계에서 가장 비싼 비상장 IT 기업이 되었다. 이것은 미국의 경제 전문지 〈포춘〉이 선정한 세계 500대 기업 중 70퍼센트의 시장가치를 초월하는 수준이다. 이정표적인 사건에 중국 IT 업계는 흥분했지만 우리는 당혹스러웠다. 오래전부터 샤오미를 분석한 결과 기업가치를 장기적으로 안정되게 뒷받침할 요소를 찾을 수 없었기 때문이다. 오히려 문제점이 많았다.

이러한 배경 아래 우리는 샤오미의 판매 채널과 전략에 의문을 제기하는 〈샤오미의 허점과 보완〉이라는 글을 썼다. 중국의 유력 경제지에 투고했는데, 편집자는 관점이 지나치게 편향적이라는 이유로 기고를 거절했다. 그의 말에 따르면 똑똑한 사람들이 모여 있는 세계적인 투자 은행에서 샤오미의 기업가치를 인정했다는 것이었다. 우리는 이 글을 〈포춘〉 중국어판 사이트에 투고했는데, 공교롭게도 샤오미 창립 5주년 바로 다음 날 발표되었다. 예상했듯이 절대다수의 독자들은 우리 의견에 반대했다. 그로부터 1년 후, 판매량 감소와 유통 문제로 샤오미의 기업가치는 하락하기 시작했고, 우리의 관점이 드디어 인정받았다.

우리가 두 번째로 주목한 것은 동영상 스트리밍 서비스로 중국의 넷플릭스로 불리는 러스였다. 창업자인 자웨팅이 자동차 제조를 선포한 후 우리는 러스를 체계적으로 연구하기 시작했다. 깊이 연구할수록 의문은 점차 늘어났다. 2016년 4월 〈러스의 허점〉이라는 글을 쓴 이후 러스의 문제점들이 폭발적으로 쏟아져 나와 우리의 판단이 증명되었다. 이후로 1인 미디어부터 공용 자전거, 신유통에서 소셜미디어, 초기에 나타난 샤오미의 허점에서 상장 이전에 또다시 나타난 허점에 이르기까지 일련의 글을 썼다. 우리는 위태로운 유니콘 기업 하나하나를 현미경을 들이대고 바라보았다.

유명 기업의 배후에는 수많은 지지자들이 있다. 칭찬만 가득한 상황에서 어떻게 허점을 발견할 수 있겠는가? 허점을 발견하려면 냉정한 사고가 필요하다. 화려한 단장을 젖히고 숨겨진 문제점을 찾아야 한다. 사고의 과정은 고통스럽지만 독창적인 깨달음은 이를 상쇄하고도 남는다. 우리의 분석에 의문을 제기하는 사람들도 많았지만 시간이 갈수록 점차 동감하기 시작했다.

허점은 성공과 화려함 뒤에 숨겨져 있다. 심지어 후광의 일부분으로 허점을 향해 환호성을 지르기도 한다. 그러나 화려함이 걷히는 순간 허점은 여실히 드러난다. 이것이 바로 허점이 지닌 위해성이다.

우리는 〈공용 자전거의 허점〉이라는 글을 쓸 때 공용 자전거가 막대한 낭비일 뿐만 아니라 광범위한 사회적 문제를 일으킬 것이라고 확신했다. 당시에는 모든 여론이 공용 자전거를 격려하고 반기는 분위기였다. 관리를 강화해야 한다는 우리의 제안은 고위층이 제시한 '포용적 관리'와 정반대였다. 우리가 주저하고 있을 때 항저우의 한 공무원이 '포용은 방임이 아니다'라는 견해를 제시했다. 그의 짧은 한마디를 사람들은 이해하지 못했지만 우리는 글을 발표하기로 결심했다. 며칠 후 공용 자전거 관리와 관련된 문건이 공개되었다. 이 문건을 통해 공용 자전거는 자산 중량화 형태의 전통적 비즈니스 모델로 시스템에 문제가 있으며 밝은 미래를 기대하기 어렵다는 우리의 의견이 입증되었다.

빠르게 발전하는 인터넷 업계에서는 전략적인 측면에서 수많은 허점이 드러난다. 게다가 내부적인 허점들은 자본이 투입되면서 급속하게 팽창한다. 그리고 거품이 꺼지고 나면 허점은 과거의 영광을 모두 집어삼킨다.

허점을 찾는 이유는 기업의 잘못을 폭로하려는 것이 아니다. 아무리 위대한 기업도 허점이 있게 마련이다. 잭 웰치가 이끌던 GE도 무한한 영광 뒤에 허점이 묻혀 있었다. 잭 웰치가 은퇴하고 GE는 점차 쇠락의 길을 걷기 시작했다. 진정한 기업가에게서 허점을 발견하는 과정은 기업의 쇠퇴를 모면하는 과정이기도 하다. 영원히 빛나려면 끊임없이 전략을 돌이켜보고 허점을 발견해야 한다. 이것은 매우 고통스럽지만 반드시 거쳐야 할 과정이다.

초창기의 샤오미는 온라인 유통만 고수했다. 제품의 발전과 서비스 측면에서 오프라인의 중요성을 소홀히 했던 것이다. 우리가 샤오미 관련 첫 번째 글을 발표한 지 3년, 샤오미는 애플을 모방해 점차 오프라인 매장을 늘려나가고 있다. 그러나 상장 후 샤오미가 어떻게 부품 제조업에서 벗어날지, 어떻게 사물인터넷과 데이터의 가치를 높일지는 알 수 없다.

인간의 탐욕으로 인한 허점에 자본을 쏟아부으면 위험을 무릅쓰게 된다. 기업가가 대량의 자원을 손에 넣고 마음껏 기업을 경영하며 갈채를 받고 있을 때, 사회 전체가 허점에 사로잡혀 있는데도 아무런 자각이 없을 때, 사람들의 인지가 허상에 감추어져 있을 때 환희는 파멸로 이어진다. 어쩌면 허점은 파멸의 근원이 아닐 수도 있지만 과거로 거슬러 올라가 보면 허점이 기업을 파멸로 몰고 간 것은 분명하다.

글로벌의 물결 속에서 중국 제조업은 견고하게 우뚝 일어섰다. 그리고 중국의 인터넷 기업은 마치 하늘을 나는 것처럼 전진했고 스마트폰의 보급은 다양한 영역에서 변혁을 불러왔다. 현재 중국에서 눈부시게 발전하는 인터넷 분야는 제조업을 능가하고 있다.

이러한 시대에 필요한 것은 더 많은 허점을 발견하고 깊이 사고하는 것이다. 우리는 성공의 찬미자가 아닌 허점의 탐색자가 되기로 했다. 잘나가는 기업의 허점을 찾기란 결코 쉬운 일이 아니다. 더구나 그것을 입 밖으로 꺼내는 것은 모험적인 일이다. 독자들의 의혹뿐만 아니라 시간의 검증도 마주해야 하기 때문이다.

미래의 젊은 기업가들이 스스로를 돌아보고 자신들을 파멸로 몰아넣을 허점이 과연 무엇인지 생각하는 계기가 되었으면 한다. 한껏 부풀어 오른 열정 뒤에는 살얼음판을 걷는 듯한 심정이 숨어 있을 것이다. 그것을 드러내는 것이 사회, 기업, 그들 자신에게 더욱 도움이 되리라 믿는다.

천신레이, 스잉보

차 례 CONTENTS

제
1
장

샤오미는 왜 중국의
애플이 될 수 없는가?

희극이란 비극에 시간이 더해진 것이다.
– 마크 트웨인

지난 25년 동안 시장가치가 1천억 달러(약 117조 원)를 넘어선 기업은 구글, 페이스북, 텐센트, 아마존, 알리바바 5곳뿐이다. 1천억 달러의 시장가치를 지니는 IT 기업은 평균 5년에 한 번꼴로 나타나는데, 중국에서는 샤오미小米가 그 뒤를 이을 거라는 의견도 있었다. 중국은 이미 전 세계 디지털 경제의 선두주자가 되었고, 전 세계 소매 전자상거래 판매액의 42퍼센트를 차지한다. 또한 모바일 결제 서비스 금액은 미국의 11배에 달하고, 전 세계 3분의 1에 해당하는 유니콘 기업이 배출되었다. 자본시장은 위험과 자극을 좋아하는 창업자에게 투자한다. 과연 샤오미가 1천억 달러라는 시장가치를 돌파할 수 있을지는 기다려봐야 할 것이다.

✳
✳✳

샤오미와 애플, 2달러 : 151달러

중국 예탁증서 발행 실패, 기업가치 대폭 하락, 자본시장 앞에서 샤오미는 위태로운 행보를 보이고 있다. 히트 상품의 후광을 벗기고 나면 결코 뛰어나다고 할 수 없는, 수준 낮은 비즈니스 모델을 볼 수 있다. 스마트홈은 가장 큰 가치를 지닌 사물인터넷IoT이 아니다. 샤오미의 발전 시나리오와 데이터에는 현금화 능력과 진정한 혁신이 결핍되어 있다. 현재 샤오미의 신화는 벼랑 끝에서 춤을 추는 것이나 마찬가지다.

전 세계 인터넷 기업의 시가총액은 약 3조 5천억 달러(약 3,500조 원)에 달한다. 그중 미국 기업이 차지하는 비율이 약 60퍼센트, 중국 기업은 약 30퍼센트다. 지난 10년 동안 1천억 달러(약 117조 원)의 시장가치를 성공적으로 실현하고 상장된 인터넷 기업은 단 2곳, 페이스북과 알리바바뿐이다. 휴대폰 판매 실적 및 기업가치 하락, 실무 조정을 거친 후 2017년에 매출액 1천억 위안(약 17조 원)이라는 난관을 돌파한 샤오미가 2018년에 상장을 위한 IPO(기업공개)를 한다는 소식은 예정대로 진행되었다.

창업 초기부터 샤오미의 기업가치는 줄곧 사람들의 주목을 받지 못했다. 2010년 4월 6일, 10명 남짓한 직원들은 베이징의 작은 사무실에서 좁쌀로 끓인 죽을 먹으며 그야말로 '좁쌀小米+소총'(군대의 초라한 병력을 의미한다.-옮긴이)만 들고 창업을 시작했다. 창업한 다음 해 샤오미의 기업가치는 40억 달러(약 4조 8,500억 원)에 달했다. 이것은 중국의 인터넷 기업 중에서는 포털사이트 왕이网易의 뒤를 잇는 수치였고, 시장가치가 88억 달러에 달하는 노키아의 절반에 상당했다.

2014년 말에 샤오미는 기업가치 450억 달러(약 53조 원)로 전 세계에서 가장 비싼 비상장 IT 기업이 되었다. 〈포춘Fortune〉이 선정한 미국 500대 기업의 약 70퍼센트를 넘어서는 수치다. 사람들은 마치 안개 속에서 꽃을 보는 것 같은 느낌이었다. 몇 년 전 상장을 앞두고 있던 구글과 아마존의 기업가치는 10억 달러도 되지 않았다.

100억 달러라는 기업가치는 전 세계 IT 기업이 오매불망하는 왕관이었다. 2013년 하반기에 이 정도 기업가치를 지닌 곳은 페이스북뿐이었다. 2014년 상장을 앞둔 알리바바의 기업가치는 350억 달러에 불과했다. 그런데 창업한 지 5년밖에 되지 않은 샤오미가 휴대폰 하나로 이 모든 것을 이뤄냈다.

품질경영의 대가 에드워즈 데밍Edwards Deming은 "신이 아닌 한 모든 사람은 데이터를 통해 이야기한다"고 말했다. 자본시장에서 샤오미는 '중국의 애플'이라는 스토리를 만들어냈다. 그렇다면 여기서 애플과 샤오미의 재무 데이터를 살펴보자.

우선 샤오미 휴대폰 가격은 애플 휴대폰의 절반이다. 시장 연구기구 카운터포인트Counterpoint에 의하면 2017년도 3분기 샤오미 휴대폰 1대의 이윤은 2달러로, 151달러인 애플의 75분의 1에 불과했다. 휴대폰 1대당 이윤이 15달러인 화웨이, 14달러인 오포OPPO, 13달러인 비보Vivo의 6분의 1이다. 애플과 샤오미는 휴대폰 시장의 이윤 좌표축에서 양극단을 차지한다. 이것만 봐도 샤오미는 절대 '중국의 애플'이 아니다.

휴대폰 업계는 이미 레드오션이다. 2017년 말 샤오미의 회장 겸 CEO 레이쥔雷軍은 샤오미의 사물인터넷 플랫폼 설비가 8,500만 대를 초과하고 DAU(Daily Active Users, 1일 이용자 수)가 1천만 건을 넘어 전 세계 최대의 스마트 하드웨어 사물인터넷 플랫폼 1위를 고수하고 있다고 발표했다.

사물인터넷은 인터넷의 마지막 형태라고 불린다. 이것이 전통적인 생활 방식과 산업구조를 완전히 뒤집어놓을 것이며, 사물인터넷이 지닌 미래의 사회 및 산업적 가치는 예측할 수 없을 정도라고 한다. 사물인터넷이 아름다운 미래를 상징하는 개념이기는 하지만 과연 1천억 달러의 시장가치를 이룰 수 있을까?

2018년 7월 9일, 샤오미가 홍콩 증권거래소에 상장되었다. 발행가격으로 보면 기업가치는 485억 달러에 달했다. 이것은 2014년의 450억 달러와 비교했을 때 결코 비약적인 발전은 아니었다. 상장 첫날 발행가격이 떨어진 후 주가가 한차례 대폭 상승하기는 했지만 상하이 증권거래소의 공식 홈페이지에서 일시적으로 강구퉁(港股通, 중국 본토의 투자자들이 홍콩 주식시장에 투자하는 것-옮긴이)을 차등의결권(보유 지분 이상의 의결권 행사) 주식으로 받아들이지 않겠다는 공고를 발표했다. 샤오미가 강구퉁과 연관이 없다는 의미다. 그러자 샤오미의 시장가치는 600억 달러까지 떨어졌다.

샤오미는 대단한 기업이지만 부족한 점이 많다. 가장 위험한 거품은 종종 가장 아름답게 빛난다. 시장이 침체되고 냉각되기 전에 모든 IT 기업은 떠들썩한 분위기에서 벗어나 자신의 허점을 드러낼 필요가 있다. 허점을 인정한다고 체면이 떨어지는 것은 결코 아니다.

애플이 아이폰을 세상에 선보이기 전에 스마트폰의 대명사는 블랙베리였다. 좀 더 일찍 허점을 찾았다면 블랙베리의 아버지 짐 발실리^{Jim} ^{Balsillie}는 캐나다에서 제일가는 갑부가 되었을지도 모른다. 2012년 노키

아를 격파하고 전 세계 스마트폰 업계의 패권을 손에 넣은 브랜드는 애플이 아닌 삼성이었다. 삼성이 일찌감치 허점을 찾았다면 과거 몇 년 동안 애플과 샤오미에게 끊임없이 시장점유율을 잠식당하면서도 속수무책이었던 쓰라린 고통을 맛보지 않았을 것이다.

✻
✻✻

무늬만 하이테크놀로지 기업

투자설명회를 보면 중국 투자기구와 외국 투자기구가 제시하는 가격 범위는 매우 큰 차이를 보인다. 중국 투자기구가 제시하는 가격 범위가 훨씬 높아서 모든 외국 투자기구가 기초 투자에 진입하지 못하는 상황이다. 외국 투자기구는 샤오미를 인터넷 기업이 아닌 가전 기업으로 본다. 새로운 종이라고 생각하지 않는 것이다.

샤오미는 최대의 구매력을 지닌 기업이다. 샤오미는 투자설명서에 스마트폰, 사물인터넷 및 생활 소비 제품을 포함한 전체 하드웨어 업무에서 과세 후 순이익의 상한을 5퍼센트로 설정한다고 밝혔다. 또한 하드웨어 제품에 인터넷을 도입하는 서비스를 통해 고객을 확보하겠다고 했다. 레이쥔은 샤오미를 새로운 종이라고 공언한 것이다.

샤오미는 투자자들에게 줄곧 '중국의 애플'이라고 이야기해왔다. 애플은 이미 고도로 체계화된 생태계를 구축했고, 제품들은 생태계 안에서 서로 연동하며 시너지를 일으킨다. 그러나 샤오미의 생태계는 본질적으로 도요타 같은 제조기업과 비슷하다. 게다가 샤오미는 도요타에 훨씬 못 미친다. 제조기업은 하이테크놀로지 기업만큼 높은 주가 수익률을 얻을 수 없다. 그러나 본질적으로는 제조기업인 샤오미가 개념을 슬쩍 바꿔치기하여 하이테크놀로지 기업으로 가치를 평가받고 있다.

기업 생태계의 가치는 제품 간의 화학반응에 달려 있다. 샤오미는 분명 히트 상품을 연달아 출시했지만 그러한 상품 사이에 연관성이 없다. 다만 휴대폰과 연동해서 집 안의 설비를 컨트롤하는 정도다. 그러나 스피커, 공기청정기, 냉장고와 같은 설비를 컨트롤하는 휴대폰 기능은 결코 광범위하지 않다. 제품 간의 진정한 화학반응을 일으킬 수 없기 때문에 생태계가 별 가치 없는 것이다. 이것이 바로 애플과 본질적으로 다른 부분이다. 샤오미는 유니레버, P&G 같은 제조기업처럼 끊임없이 새로운 제품을 출시하고 있다.

또한 샤오미는 소형 가전 위주로 생산한다. 업종 자체가 이미 레드오션이기 때문에 제품의 부가가치가 높지 않고, 이윤이 많이 나는 분야도 아니다. 샤오미가 제공하는 유일한 장점은 바로 샤오미라는 브랜드다.

휴대폰의 원가를 낮추기 위한 관건은 공급 사슬을 확보하는 것이다. 과거 샤오미의 휴대폰은 공급 사슬을 컨트롤할 수 없었기 때문에 높은 원가를 부담해야 했다. 이후 공급 사슬에 영향을 끼칠 수 있게 된 샤오미는 원가를 컨트롤할 수 있었다. 그러나 대형 휴대폰 메이커들에 비해 별다른 우세가 없다. 그 이유는 다른 기업의 원가 컨트롤과 큰 차이가 없기 때문이다.

샤오미의 하드웨어 제품이 출시되는 시장은 향후 레드오션이 될 것이다. 이윤이 매우 낮아서 거금을 벌어들이기는 불가능하다. 샤오미의 투자설명서도 이윤이 매우 낮다는 사실을 보여준다. 이윤이 가장 높은 업무는 인터넷 서비스, 주로 광고와 게임인데 이것은 샤오미의 생태계와 무관하다.

샤오미는 청소기와 공기청정기 등 자사 제품의 생태계를 위해 소프트웨어를 강화하지 않는다. 샤오미의 공기청정기는 다른 기업의 제품과 비교했을 때 특별한 장점이 없다. 원가 면에서도 하드웨어 제품으로 제조기업의 가치를 만들어낸다. 그러나 샤오미는 소프트웨어 제품을 제공하는 IT 기업으로 평가받고 있다.

✳︎
✳︎✳︎

사용자 체험의 위력을 간과했다

스티브 잡스에게 카리스마적인 '현실 왜곡장(리더의 구상과 확신)'이 있다면 전 세계에 위치한 애플 전문매장 437곳은 현실 왜곡장의 실체 버전이라 할 수 있다. 2014년 미국의 판매점 200여 곳을 추적 조사한 결과 단위 면적당 평균 매출액 순위에서 애플 전문매장이 압도적으로 1위를 차지했다. 애플 전문매장은 1제곱피트(약 0.09제곱미터)당 평균 매출액이 4,551달러였다. 티파니를 약 50퍼센트 앞서고, 코치의 3배에 달하는 수치다.

반대로 자산 경량화(자산을 가볍게 하는 전략)를 강조하는 샤오미는 오프라인 판매 채널이 존재하지 않았다. 2015년 말 베이징의 당다이상청當代商城 쇼핑몰에 샤오미의 집小米之家이 처음 문을 열었다. 2017년이 되자 샤오미의 집 오픈 속도는 확연하게 상승했다. 2년 동안 샤오미의 집 200여 곳이 새롭게 문을 열었다. 2017년 9월에는 선전深圳의 화룬완

상텐디華潤万象天地에 처음으로 샤오미의 오프라인 체험관을 상징하는 플래그십 스토어를 열었다.

음악계를 재구성한 아이팟, 휴대폰 업계에 변혁을 불러온 아이폰, 퍼스널 컴퓨터PC 분야를 강타한 아이패드처럼 애플 전문매장의 체험관 또한 소매업의 역사를 다시 썼다. 애플의 전문매장이 세계적으로 성공한 판매점인 것은 분명하다. 2015년부터 애플은 연간 보고서에 판매 분야 데이터를 더 이상 발표하지 않았다. 그러므로 아래의 그래프는 애플의 과거 데이터를 살펴볼 수 있는 마지막 기회다. 애플이라는 브랜드를 구축하는 데 전문매장이 얼마나 중요한 역할을 했는지를 보여준다.

2001년부터 2014년까지 애플의 누적 판매액은 8,355억 달러(약 984조 원)였다. 그중 전문매장의 누적 판매액은 1,085억 달러로 전체 판매액의 13퍼센트를 차지한다. 애플의 누적 이윤은 1,760억 달러인

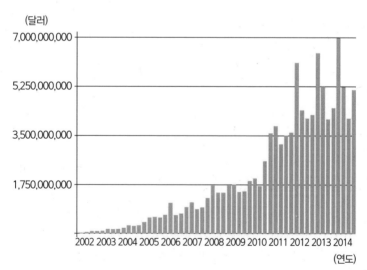

애플 전문매장의 영업수익

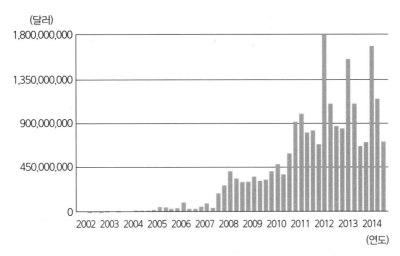

애플 전문매장의 이윤

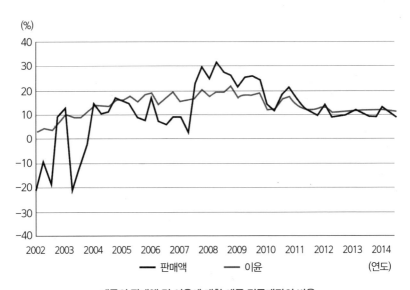

애플의 판매액 및 이윤에 대한 애플 전문매장의 비율

출처: 애플 공식 홈페이지

데 그중 전문매장에서 비롯된 것이 227억 달러로 판매액 비율과 일치한다.

판매액과 이윤의 비율은 2008년에 최고치로 상승했다. 전 세계적으로 금융위기가 불어닥친 해에도 아이폰은 1천만 대 판매량을 돌파한 것이다. 2002년부터 2013년까지(애플은 2014년 관련 데이터를 전혀 제공하지 않았다) 고객들은 누적 19억 차례 애플 전문매장을 방문했다. 매일 평균 40만 차례 방문한 셈이다. 그리고 고객 한 사람이 평균 343달러어치를 구매했다.

애플 오프라인 매장의 성공이 판매액 수치로만 나타났다고 생각한다면 너무 얄팍한 이해다. 애플의 오프라인 매장은 이미 전문매장의 개념을 초월했고, 체험관의 개념도 넘어섰다. 한 도시에서 땅값이 가장 비싼 상업 지역에 위치하는 애플 전문매장은 물건을 판매하는 곳이 아니라 고객들이 정신을 잃고 제품에 빠져드는 곳이다. 애플은 모든 고객을 공주님 대하듯 한다. 그러나 실제로는 방문객 100명당 평균 1명만이 애플의 제품을 구매한다. 그렇다면 나머지 99명의 고객은 무엇을 할까? 애플, 즉 사과에서 풍겨 나오는 은은한 향을 체험하는 것이다.

스티브 잡스가 특허를 소유하고 있는 유리 계단부터 호텔 접객 서비스와 비슷한 지니어스 바Genius Bar, 티셔츠를 입고 매장을 돌아다니는 무선 결제 전담 직원에 이르기까지 다른 곳에서는 맛볼 수 없는 경험을 한다. 셀프 결제 기능인 이지 페이Easy Pay 덕분에 소비자는 계산대 앞에서 줄을 설 필요 없다. 심지어 애플 직원에게 말 한마디 건네지 않고 마음에 드는 제품을 사서 매장을 나설 수 있다. 고객과 감성적인 관계를 구축하는 브랜드는 강력한 유대감을 형성한다. 이러한 유대감이 바로 브랜드 충성도이며, 이윤을 발생시키는 최고의 촉매제다.

2015년 초에 발표된 휴대폰 샤오미 노트는 과거 4년간 휴대폰 최고 정가 1,999위안(약 34만 원)이라는 샤오미의 정책을 타파한 제품이다. 샤오미는 3,000위안 이상의 고가 시장에 첫걸음을 내딛었다. 객관적으로 샤오미는 4년 동안 중국의 저가 스마트폰 시장을 조정해왔다. 고가 시장으로 확장한 것은 구체적인 사업 전략이다. 그러나 고가 시장으로 향할수록 전문매장이 더욱 중요하다.

2001년 애플의 첫 번째 전문매장이 문을 열었을 때, 애플의 4가지 제품은 약 170평에 달하는 매장을 거의 채우지 못했다. 당시 누군가는 2년 내에 애플 전문매장이 고통과 값비싼 대가를 치르고 사라질 거라고 예언했다. 그러나 10여 년이 흘러 애플 전문매장은 전 세계 10여 개국에서 불을 밝히고 있으며 매력적인 도시의 상징이 되었다. 기업 브랜드를 구축하는 데 전문매장은 지극히 중요한 역할을 한다. 전문매장은 브랜드의 얼굴이나 다름없다. 샤오미의 집 10여 곳과 위탁 수리 센터 몇백 곳은 샤오미의 고가 전략을 뒷받침하기에 부족하다.

전문매장을 여는 데는 막대한 투자가 필요하다. 애플이 공표한 데이터를 살펴보면 2003년부터 2014년까지 애플이 판매 분야에 투입한 자금은 매년 평균 3억 7천만 달러였다. 2012년에는 8억 5,800만 달러(약 1조 120억 원)로 최고치에 달했다. 샤오미는 대규모의 자금을 투자해 소형 IT 기업을 매수하는 것보다는 참을성 있게 자기 브랜드의 판매 및 수리 시스템을 만들어나가는 편이 낫다. 샤오미라는 브랜드를 가장 땅

값이 비싼 지역의 호화로운 상점 주변에 선보이는 것이다. 여기에서 10퍼센트의 판매액과 이윤을 남긴다면 엄동설한에 대처하는 가장 적합한 방법이다.

2017년 9월에 샤오미는 전국에 180곳의 판매점을 열었다. 그중 샤오미의 집이 82곳, 샤오미 전문매장이 98곳이었다. 샤오미의 집과 샤오미 전문매장을 설립한 후 또다시 위탁 판매점을 열었다. 이 3가지 형태의 매장을 레이쥔은 다음과 같이 구분했다. "샤오미의 집은 샤오미가 직접 운영하는 곳이고, 전문매장은 협력 파트너가 샤오미의 운영체제로 운영하는 곳이며, 위탁 판매점은 샤오미의 지침에 따라 협력 파트너가 운영 방침을 수립해 운영하는 곳이다." 직접 운영하는 샤오미의 집을 제외한 다른 매장은 정도의 차이만 있을 뿐 가맹점이라는 이야기다.

비록 샤오미는 줄곧 애플을 모방하며 대도시의 소비자를 점유하려고 하지만 대부분의 가맹점은 대도시에서 멀리 떨어진 지역에 자리하고 있다. 예를 들어 허난성河南省에는 샤오미의 집 14곳, 샤오미 전문매장 19곳이 있다. 그중 1인당 평균 GDP(국내총생산) 순위가 성 전체에서 제일 낮은 허비鶴壁시에 2곳, 뒤에서 세 번째인 푸양濮陽시에 1곳, 뒤에서 네 번째인 카이펑開封시에 2곳, 뒤에서 다섯 번째인 핑딩산平頂山시에 2곳이 있다.

스마트홈은 최고의 사물인터넷이 아니다

일반적으로 이 세상에는 두 종류의 네트워크 개체가 존재한다. 물리적 개체와 디지털 개체다. 예를 들어 종이책은 물리적 개체에 속하고, 킨들(Kindle, 전자책 전용 단말기)에서 볼 수 있는 책은 디지털 개체에 속한다. 오프라인 매장은 바로 물리적 개체이고, 온라인 쇼핑몰은 디지털 개체다. 수많은 물리적 개체는 디지털화될 수 있다. 예를 들어 RFID(무선 주파수 인식) 태그가 붙은 책은 위치 정보를 나타낼 수 있다. 그러나 책과 동일한 데이터 또는 내용을 담을 수는 없다.

사물인터넷은 물리적 제품과 디지털 설비를 연결해 물리적 세계와 디지털 세계를 하나의 공간에 공존시키는 것이다. 이처럼 인류와 기계가 혼연일체된 세상은 상상을 초월하는 상업 및 사회적 가치를 지닌다.

혁신적인 연결은 막대한 기회를 불러오기 때문에 사물인터넷이 큰 기대를 모으는 것이다. 이에 대해 유명 연구기구들은 놀라운 예측을 발표했다. 2015년 과학기술 전문 매체 비즈니스 인사이더Business Insider의 자문단은 2020년이 되면 전 세계 340억 개의 설비가 인터넷과 연결될 것이라고 보고했다. 2017년에 실제로 그 수치는 대략 225억 개였다. 향후 5년 동안 전 세계의 사물인터넷 설비 투자는 6조 달러에 달할 것이라고 예측했고, 최근에는 4조 8천억 달러로 예측하고 있다.

지난 2년간 전 세계의 사물인터넷 시장은 침체되어 있었고, 전자제품 소비 시장의 성장 속도도 둔화되었다. 물론 스마트 팔찌는 가장 인기 있는 웨어러블(착용할 수 있는) 기기다. 하지만 미국의 정보통신기술

ICT 부문 시장조사 및 컨설팅 기관 IDC^{International Data Corporation}는 향후 4년간 이러한 제품이 한 자릿수의 상승폭을 유지할 것이며 연평균 성장률은 1.5퍼센트에 불과할 것이라고 예측했다.

사물인터넷이 우리를 어느 방향으로 인도할지는 알 수 없지만 기술을 핵심으로 하는 세계인 것은 분명하다. 그러므로 IT 업계 거두들의 새로운 전쟁터가 될 것이다. 사물인터넷이 실현되는 분야는 산업 사물인터넷^{IIoT}, 즉 인더스트리 4.0이다. 다국적 경영 컨설팅 기업 액센츄어^{Accenture}는 영국의 컨설팅 기업 프론티어 이코노믹스^{Frontier Economics}와 공동으로 사물인터넷이 중국의 12개 산업 분야에 끼칠 영향을 예측했다. 중국의 현재 정책과 투자 추세로 보면 향후 15년 동안 제조업 분야에서만 사물인터넷이 1,960억 달러(약 232조 원)로 성장할 것이라고 분석했다. 사물인터넷이 가져오는 경제적 효과에서 제조업이 차지하는 비중이 가장 높다.

비즈니스 인사이더 자문단은 제품 기술의 수명 주기 이론에 따라 사물인터넷의 최상위 사용자를 기업이라고 한다. 두 번째 사용자는 정부이며, 개인 소비자는 기업과 정부에 비해 사물인터넷 사용이 뒤떨어진다. 샤오미의 분야는 바로 스마트홈 사물인터넷이다. 개인 소비자가 여전히 샤오미의 기기를 대량으로 구입하고, 샤오미 또한 사물인터넷 생태 시스템에 거액의 자금을 투자하고 있지만 사물인터넷의 상업 및 사회적 가치는 상대적으로 소홀히 하고 있다.

기술의 역사를 거슬러 올라가면 다음과 같은 사실을 발견할 수 있다. 기술의 응용은 거의 대부분 국방, 항공우주, 연구기구에서 시작되며,

장기간에 걸쳐 기업에 보급 및 확산되고, 최종적으로 개인 소비자에게 도달한다. 민간 항공, 컴퓨터, 전자레인지, 인터넷 등 대부분의 기술이 그랬다. 기술이 가정에서 기업으로, 민간에서 공업으로 보급되는 경우는 한 번도 없었다. 그 이유는 비경제적이기 때문이다.

가정에서 시작된 샤오미의 사물인터넷은 상업적으로 적용되기 매우 어렵고, 스마트홈에만 국한될 가능성이 있다. 단기간에는 안전할지 모르지만 장기적으로는 치명적일 수 있다. 기술이 공업에서 민간으로 이동하는 흐름을 뒤집기란 거의 불가능하기 때문이다. 샤오미는 흐름을 거스르거나 역전시키기에는 역부족이다.

*
**

무너지는 샤오미의 전략 가설

우리의 가정은 전 세계 IT 업계 거두들의 요충지다. 영국의 시장조사 업체 주니퍼 리서치Juniper Research는 2018년이 되면 천 세계 스마트홈 시장의 규모가 710억 달러(약 83조 원)에 달할 것이라고 예측했다. 중국의 스마트홈 시장 규모는 아시아 태평양 지역에서 으뜸이라 할 수 있다.

스마트홈은 새로운 형태의 시장이다. 스마트홈 제품은 복잡하게 나눠지는 만큼 한 기업이 스마트홈 시장을 쥐락펴락할 가능성은 높지 않다. 스마트홈은 사물인터넷의 일부분이다. 가전 제조기업, 예를 들어 삼성은 이미 스마트홈 전략을 실시하고 있다. 삼성은 2017년까지 자사의 텔레비전을 모두 사물인터넷으로 만들고, 5년 이내에 모든 하드웨어 설비에 사물인터넷을 지원하겠다고 공언했다. 삼성은 처음으로 스마트홈 생태계 시스템 제품과 기술을 완벽하게 구비한 주류 가전 기업이다.

샤오미의 첫 번째 가설은 스마트홈의 유일한 핵심이자 단말기가 휴대폰이라는 것이다. 그러나 이러한 가설은 성립되지 않는다. 향후 스마트홈의 체계적인 구조는 집중화될 가능성이 높다. 모든 전자제품이 스마트 기능을 지니고 있기 때문에 굳이 휴대폰에 컨트롤 기능을 탑재할 필요가 없다. 휴대폰만으로 모든 기능을 컨트롤할 필요가 없고, 심지어 스마트 워치로 통화할 수도 있다. 휴대폰이 어떠한 형태로 퇴화할지는 아직 수수께끼로 남아 있지만 휴대폰의 기능은 최대한 약화되고, 유일하게 가치 있는 부문은 애플리케이션App이 될 것이다.

샤오미의 두 번째 가설은 자체 운영체제가 스마트홈 영역에서 도움이 된다는 것인데, 이 또한 성립되지 않는다. 스마트홈 시장을 공략하는 구글, 애플, 삼성은 모두 업계 1, 2위를 다투는 대형 IT 기업이다. 그런데 스마트홈 운영체제를 굳이 샤오미에 맞출 제조업자는 없다.

샤오미의 세 번째 가설은 방대한 스마트폰 사용자들이 그대로 스마트홈 사용자가 된다는 것인데, 이 또한 성립되지 않는다. 스마트홈을 사용할 수 있는 소비자는 현재 샤오미의 사용자들이 아니다.

물론 단품으로 스마트홈 시장을 파고들 수밖에 없다. 2017년 초 구글은 32억 달러(약 3조 7천억 원)를 들여 네스트(Nest, 스마트 온도 조절기 회사)를 매입했다. 구글은 세계 최대의 인터넷 포털 검색엔진과 모바일 운영체제 안드로이드를 소유하고 있고, 음성 인식 시스템 구글 나우

Google Now를 통해 두 시스템을 연결하고 있다. 이미 구글 나우를 네스트에 적용하여 스마트 설비를 컨트롤하는 시스템을 시도하고 있다.

줄곧 비밀스럽고 소극적인 태도를 유지해온 애플은 2017년 홈킷(HomeKit, 스마트홈 플랫폼)을 발표했지만 아직까지 큰 진전은 없다. 그러나 애플이 스마트홈 플랫폼에 뜻을 두고 있다는 것은 확실하다. 세계적인 선두 기업이 모두 스마트홈을 호시탐탐 노리고 있는 가운데, 오로지 휴대폰 하나로 경쟁 상대를 꺾으려는 샤오미의 계획이 이루어지기는 어려울 것이다.

인간의 생활에 가장 깊은 영향을 끼치는 것은 바로 자동차와 스마트폰이다. 스마트폰과 집, 사무실, 도로망 시스템과 연계된 커넥티드카에 더욱 주목해야 하는 이유다. 25~54세의 미국인이 매일 자동차 안에서 보내는 시간은 1.2시간(중국인은 미국보다 훨씬 더 많다)이라고 한다. 게다가 2018년에 커넥티드카의 출고량은 7만 대에 육박할 것으로 예측된다. 스마트홈도 있고 커넥티드카도 있는데 자동차 열쇠로 집 현관문을 열지 못할 이유가 있을까?

✳
✳✳

데이터를 보유하지 못한 사물인터넷 기업

종이책이 데이터로 전환되면서 출판업계에 혁명이 일어났고, 이에 따라 사람들의 독서 습관도 변화했다. 방향이 데이터로 변화할 때 지리적 위치와 관련된 모든 업계가 타격을 받는다. 새로운 응용 프로그램 또한 우후죽순으로 개발된다. 소통이 데이터로 변화할 때 사람들의 사회적 관계뿐 아니라 감정까지 데이터화된다.

구글 글래스의 전략적 목표는 마지막 시나리오를 쥔 기업이 되는 것이다. 시나리오와 데이터는 IT 기업의 가장 핵심적인 요소다. 그러나 샤오미의 시나리오는 수준이 너무 떨어지고, 데이터는 현금화 능력이 부족하다. 비즈니스 모델에서 볼 때 전통적인 제조기업과 본질적으로 구분되지 않을뿐더러 특출한 장점도 없다.

샤오미의 시나리오는 휴대폰으로 트래픽을 확보하고, 휴대폰에 설치된 미자米家 앱으로 샤오미의 생태계에 해당하는 모든 제품, 예를 들어 로봇 청소기, 스마트 스피커, 스마트 전기밥솥 등을 컨트롤한다는 전략이다. 표면적으로 샤오미는 애플의 생태계 개념을 성공적으로 모방한 것처럼 보이지만 고급 휴대폰 시장을 포기했다는 점은 치명적이다. 샤오미의 휴대폰 사용자가 1억 5천만 명이나 되지만 18~35세에 집중되어 있고, 그중 70퍼센트가 이공계 남자들이다.

이러한 시나리오의 상업적 가치도 높지 않다. 예를 들어 샤오미의 생태계 일환으로 생산된 무드등 이라이트Yeelight의 가격은 필립스의 조명 휴Hue보다 80퍼센트 이상 저렴하다. 이라이트의 10퍼센트는 샤오미 팔찌와 세트로 판매된다. 팔찌를 착용하고 누우면 수면을 측정해서 전등이 자동으로 꺼진다. 성능에 비해 가성비가 뛰어나고 에너지 절약에도 도움이 된다. 그러나 무드등은 전통적인 가전제품과 본질적으로 차이가 없다. 게다가 현재는 제품 자체보다 소프트웨어, 서비스 및 데이터가 더 가치 있다.

집 안에서 스마트홈 사물인터넷을 적용할 수 있는 가장 적합한 장소는 주방이다. 주방은 원래 가전제품 기업이 반드시 쟁취해야 할 성지이자 가정의 분위기를 가장 잘 느낄 수 있는 장소다. 가전제품 브랜드의 사물인터넷 시장 쟁탈전은 향후 주방에서 시작될 가능성이 높다.

사물인터넷에 필요한 기본적인 기술은 이미 구현되어 있고, 데이터를 바탕으로 작동하는 가정의 기본적인 설비도 신속하게 그 뒤를 따르고 있다. 그러나 스마트화는 입력된 데이터에 의해 결정되며 클라우드 및 인공지능 없이 사물인터넷의 발전을 생각할 수 없다. 이러한 분야에는 대량의 투자와 전문적인 인재가 필요하다.

GE와 지멘스는 모두 아마존의 클라우드를 이용해 플랫폼을 운행하고, 보쉬는 플랫폼 건설에 투자해 더욱 빠른 속도와 유연성, 데이터의 안정성을 추구한다. 보쉬에서 매년 저장하는 데이터는 이미 10만 테라바이트^{TB}를 넘어섰는데 그들의 전자제품 중 절반 이상이 인터넷과 연결된다. 보쉬는 2020년에 자사가 생산하는 모든 제품군에 이러한 기능이 탑재될 것이라고 예측했다. 보쉬는 심지어 향후 제품이 몇 주 간격으로 한 번씩 업데이트될 것이라고 했다. 기업이 하드웨어 제품이 아닌 데이터의 양으로 비용을 받는 것은 제조업에서는 혁신적인 관점이다. 보쉬의 스마트홈 제품은 아마존의 음성 인식 비서 알렉사^{Alexa}가 컨트롤한다.

클라우드와 인공지능 구축 및 안배가 성숙하지 못한다면 샤오미의 사물인터넷은 오로지 '사물'로만 존재하고 '연결'을 통한 가치를 창출하기에는 부족할 것이다.

*
**

좁쌀처럼 얄팍한 혁신의 한계

진정한 IT 기업은 4가지 요소, 즉 기술, 시나리오, 데이터, 혁신을 갖추어야 한다. 샤오미는 마케팅에 강하고 자산 경량화 모델을 지향하고 있지만 진정한 혁신이 부족하다.

가전제품은 스마트홈 사물인터넷 영역에서 넓은 부분을 차지한다. 스마트홈의 매력은 3가지, 보다 편리하고, 안전하고, 에너지를 절약하는 것이다. 미국은 가정당 평균 7대의 인터넷 연결 제품을 소유하고 있다. 경제협력개발기구OECD는 2020년에 20대에 달할 것이라고 예측했다. 샤오미의 모든 전자제품은 스마트홈 사물인터넷에 속하는데, 모두 가정과 개인을 중심으로 구성된 생태계이기도 하다.

혁신은 매우 어렵다. 그러나 혁신은 어디에나 존재한다. 2017년 말, 아마존은 스마트홈 과학기술을 보유한 블링크Blink를 매수했다. 그로부터 일주일 전 블링크는 스마트 초인종을 출시한 상태였다. 스마트 초인종의 혁신은 택배기사가 집 문 앞에 도착했는데 사람이 없어서 서명을 할 수 없다는 맹점을 해결한 것이다. 전지가 장착되어 있는 스마트 초인종은 집 안의 와이파이와 연결되고, 센서와 CCTV가 내장되어 있으며 도어락과 연동된다. 택배기사가 벨을 누르면 스마트 초인종은 집주인의 휴대폰에 알림을 발송한다. 주인은 휴대폰으로 집 밖의 상황을 살펴보고, 마이크로 택배기사와 이야기를 나눈다. 원격조종으로 현관문을 열면 택배기사가 물품을 집 안에 놓아둔다. 스마트 초인종의 판매가격은 99달러(약 11만 원)다.

사물인터넷의 가장 핵심적인 특징은 광범위하고 깊이 있는 연결성이다. 전형적인 사례가 스마트 초인종이다. 쌍방향 통신으로 동영상 및 음성, 기타 설비를 컨트롤할 수 있다. 유일한 결점은 인공지능 사이에 여전히 사람의 물리적인 작동이 필요하다는 것이다.

반대로 샤오미가 생태계 기업으로 성공한 것은 매우 혁신적이기 때문이 아니라 중국의 가전기업이 스마트 가전의 중요성을 적시에 포착하지 못했기 때문이다. 또한 국외의 가전 브랜드는 우수한 제품을 보유하는 만큼 높은 이윤을 추구한다. 이에 야만적으로 성장한 샤오미는 중산 계층의 지지와 소비 상승의 물결 속에서 순조롭게 한 자리를 차지하며 거대한 시장을 점유했다.

그러나 혁신의 관점에서 보면 샤오미의 제품은 결코 진정한 의미의 사물인터넷이 아니라 단지 사물인터넷을 마케팅으로 활용할 뿐이다. 샤오미는 300여 명의 기자들을 초청해 스마트 전기밥솥 발표회를 열었다. 스마트 전기밥솥이 생쌀을 물에 불리고, 중온에서 수분을 흡수한 다음 센 불로 밥을 짓는 전 과정을 사용자가 스마트폰으로 추적할 수 있다. 그러나 이것은 맹점을 해결할 수 없을 뿐만 아니라 진정한 혁신도 아니다. 위와 같은 제품은 기존 설비에 인터넷 연결성이 조금 첨가된 것뿐이다. 너무 단순한 연결은 상업적 가치를 높이는 데 한계가 있다.

방대한 판매 규모로 신속하게 현금을 끌어모으기 위해 샤오미는 수건이나 소파 같은 생활용품 분야에도 발을 들여놓았다. 이것은 IT 기업에서 벗어난 행위이고, 샤오미의 핵심 경쟁력과도 거리가 있다. 비록 단기간에 판매액을 높이는 데는 도움이 될 수 있지만 장기적으로 샤오미의 자원을 분산해서 핵심 업무에 집중할 수 없다.

✱
✱✱

샤오미는 제조기업인가 인터넷 기업인가?

처음 예상했던 1천억 달러와 비교하면 485억 달러라는 시장가치는 거의 절반이나 다름없다. 그런데도 샤오미는 여전히 세계적인 IT 주식 시장의 3대 IPO(기업공개)에 이름을 올리고 있다. 홍콩 증권거래소에 공시하기 하루 전날 레이쥔은 "샤오미의 노정은 용기와 신뢰가 뒷받침된 기적이다"라고 말했다. 그러나 기적의 다른 한편에는 빈틈이 엿보인다.

샤오미는 중국 예탁증서CDR의 첫 번째 주식이라는 후광을 얻으면 높은 기대를 얻을 것이라고 생각했다. 그러나 샤오미가 신청 자료를 제출한 직후 중국증권감독관리위원회는 날카롭게 요점을 찌르는 문제점을 내놓았다. 중압감을 느낀 샤오미는 중국 내 상장을 잠시 유예한다고 선포했다.

첫 번째 문제점은 샤오미가 투자설명서에 밝힌 그대로 현재까지 게임 및 온라인 독서 네트워크 출판 서비스 허가증, 네트워크상에서의 정보 유포 및 채널 프로그램 허가증, 인터넷 뉴스 정보 서비스 허가증을 얻지 못했다는 것이다. "발행인은 아직 취득하지 않은 부분적인 경영업무의 중대한 위법 혹은 질서 위배 행위 여부, 상관 부서의 허가 여부, 기업 업무의 지속적인 경영 유지 여부, 행정적 처벌을 받을 위험 혹은 영업정지의 위험 여부에 대한 내용을 보충하기 바란다"고 밝혔다. 이처럼 적법성 문제는 인터넷 기업이라는 샤오미의 포지션에 직접적인 타격을 주었다. 상장할 때조차 이처럼 엄격한 문제를 아랑곳하지 않았던 샤오미의 태도를 이해하기 어렵다.

샤오미가 하드웨어 기업인가 아니면 인터넷 기업인가 하는 점은 기업가치의 핵심을 근거로 판단해야 한다. 과거 3년 동안 인터넷 서비스가 샤오미의 판매액에서 차지하는 비율은 각각 4.8퍼센트, 9.6퍼센트, 8.6퍼센트였다. 스마트폰 판매 수입은 각각 537억 위안, 488억 위안, 806억 위안으로 영업수익에서 각각 80퍼센트, 71퍼센트, 70퍼센트를 차지했다. 일련의 데이터는 샤오미의 실질적인 비즈니스 분야가 무엇인지 명확히 드러내고 있다. 비록 샤오미가 스스로를 인터넷 기업이라고 정하기는 했지만 중국증권감독관리위원회는 "기업의 주요 제품, 업무 실적, 수익 비율, 이윤 출처 등을 종합해 샤오미가 현재 하드웨어 기업이 아닌 인터넷 기업이라는 사실을 설명해야 한다"고 요구하고 있다.

중국증권감독관리위원회의 지적을 통해 샤오미의 운영 방식을 일부분 엿볼 수 있다. 2017년 샤오미의 영업수익은 1,146억 위안(약 19조 원)에 달했고, 전년도 같은 기간 대비 67.5퍼센트 증가했다. 그러나 재고 또한 96퍼센트로 늘어났고 선불 경비 및 기타 미수금 중 재료비까지 모두 고려하면 122퍼센트를 넘는다. 재고가 판매수익의 2배에 달하는 것이다. 2015년부터 2017년까지 샤오미의 총이익률은 매년 큰 폭으로 상승했지만 잔고와 미수금도 큰 폭으로 증가했다. 벼랑 끝에서 춤을 추는 것처럼 보기에는 매우 아름답지만 자칫 잘못하면 심연으로 떨어질 수 있다.

또 한 가지 놀라운 사실은 투자설명서에서 밝혔듯이 보고 기한 내에 샤오미의 중국 내 자회사가 공상행정관리국, 세관, 국가세무총국 등 기관의 행정처분을 받은 경우가 총 20건에 달하며 벌금의 합계가 100만 위안(약 1억 7천만 원)을 넘는다는 점이다. 벌금 중 가장 높은 액수는 70만 위안에 달한다. 샤오미는 이러한 행정처분이 대부분 중대한 위법 사항은 아니라고 말한다. 회사의 경영과 재무 상황 및 생산에 문제가 되지 않는다는 것이다. 하지만 중국증권감독관리위원회는 여전히 행정처분 20건에 대해 해명하라고 요구한다. 이 배후에 얼마나 큰 파란이 숨겨져 있는지 그 진상은 샤오미가 다시금 CDR을 신청할 때 비로소 수면 위로 부상할 것이다.

샤오미의 행동력은 의심의 여지가 없다. 샤오미는 불과 7년 만에 1천억 위안(약 17조 원)의 매출을 올렸다. 샤오미는 전 세계 스마트 폰 시장점유율의 7퍼센트를 차지하는 성공적인 가전 브랜드라 할 수 있다. 그러나 히트 상품의 후광을 벗기고 나면 우리는 결코 뛰어나다고 는 할 수 없는, 지나치게 수준 낮은 비즈니스 모델을 볼 수 있다. 인터넷의 물결이 사라질 때 샤오미의 모호한 전략이 과연 얼마나 유지될지는 결코 낙관적이지 않다.

공용 자전거,
쓰레기가 될 것인가,
교통수단을 뛰어넘을 것인가?

Unicorns

시간이 유수처럼 흘러가는 목적은 우리의 감각과 생각을 인정시키기 위해서다.
이로써 우리는 모든 초조함과 뜻밖의 변화에서 벗어날 수 있다.
– 이탈로 칼비노

지난 2년 동안 공용 자전거의 씨앗은 조용히 움트기 시작하더니 불에 기름을 붓듯 활활 타오르며 폭발적인 흐름을 보이다가 결국 몰락을 향해 나아가게 되었다. 사실 공용 자전거가 쇠락의 길을 걷게 된 이유는 간단하다. 공용 자전거는 교통수단이라는 속성과 자산 중량화라는 비즈니스 모델 때문에 신속하게 큰돈을 벌지 못한 것이다. 게다가 공용 자전거에는 동경할 만한 미래가 거의 없는 듯 보인다.

✳
✳✳

공용 자전거는 인터넷 기업이 아니다

공용 자전거와 비교할 만한 투자 영역은 거의 없다. 2년 동안 70여 개 기업이 연이어 공용 자전거 분야에 뛰어들었다. 융자액은 200억 위안(약 3조 4천억 원)이 넘었고, 중국에서 유력한 인터넷 분야 벤처 투자가들을 매료시켰다. 전국 200여 곳의 도시에 공급되는 공용 자전거는 2,500만 대를 넘어섰고, 도시의 교통에 엄청난 변화를 가져왔다. 그러나 다른 한편으로 폐기되어 산처럼 쌓인 자전거 또한 사람들을 깜짝 놀라게 했다.

빨리 나타난 것은 그만큼 빨리 사라지는 법이다. 크게 성행한 공용 자전거 업계는 2018년 초에 급격히 식었다. 2018년 3월 5일, 세계 최대 공용 자전거 기업 오포ofo, 小黄車는 1대당 112위안(약 1만 9천 원)에 저당 잡히고 약 18억 위안(약 3천억 원)의 채권 융자를 얻었다. 자전거를 담보로 융자를 얻어낸 것은 업계 최초였다. 그러나 알리바바 계열에 저당 잡힌 1,570만 대의 자전거는 오포를 구하지 못했다. 일주일 뒤 오포는 다시 알리바바에서 약 9억 달러의 융자를 얻었다. 두 차례에 걸친 융자액의 합계는 약 70억 위안(약 1조 2천억 원)이었다. 엄동설한을 무사히 넘길 수 있는 금액이었다.

오포가 잠시 한숨을 돌리는 동안, 2018년 4월 초에 공용 자전거 기업 모바이크摩拜가 27억 달러(약 3조 2천억 원)라는 기업가치로 배달 전문 플랫폼 메이퇀美团에 헐값에 팔려 큰 파문을 일으켰다. 헐값이라고 표현한 이유는 26억 달러였던 모바이크의 기업가치가 1억 달러의 융자를 받은 후 36억 7천 달러에 달했기 때문이다.

메이퇀이 매수한 모바이크, 알리바바 계열의 오포와 헬로 바이크哈羅單車, 중국에서 가장 큰 인터넷 택시 서비스 기업 디디滴滴가 관할하는 블루고고小藍單車 등 지금까지 활약하고 있는 공용 자전거 기업은 기본적으로 트래픽을 이끄는 생태 사슬을 가지고 있다. 반면 다른 공용 자전거 브랜드는 이미 도산했거나 숨이 간당간당한 상태였다.

2017년 7월 10일 오후, 항저우의 도시관리행정집행국은 9곳의 공용 자전거 기업에 대한 행정회담을 열었다. 아무렇게나 방치된 공용 자전거 2만 3천 대를 사법집행원이 차압했기 때문이다. 정부에서 통지서를 보냈지만 계속 무시당했다. 방치된 공용 자전거를 운반하기 위해 항저우 도시관리부서는 이미 22만 위안(약 4천만 원)이 넘는 경비를 지불한 상태였다. 항저우는 중국에서 공용 자전거가 가장 먼저 시작된 도시다. 145명당 1대의 공용 자전거를 보급하며 전국에서 3위를 차지했다.

오포와 모바이크의 뒤를 이어 수십 곳의 공용 자전거 기업이 시장에 뛰어들었고, 무분별한 투자를 받아 야수처럼 성장했다. QR 스캔으로 어디서든 자전거를 빌리고 반납할 수 있는 공용 자전거는 대중들이 이용하기에 적합해 보였다. 다른 한편으로 공용 자전거는 공유경제라는 새로운 모델을 자처했다. 그러나 공용 자전거는 새로운 모델도 아니고 새로운 경영 방식도 아니었다. 그것은 자산 중량화 모델인 전통 렌터카와 비슷했다. 우버나 에어비앤비 등의 공유경제와는 근본적으로 달랐다. 공용 자전거는 인터넷 기업이 아니라 기존의 공공 교통 체계에서 대여 장소가 추가된 업그레이드 버전이었다. 택시와 마찬가지로 하나의 교통수단일 뿐이다.

✳
✳✳

자전거는 교통수단일 뿐이다

인터넷 기업은 QR 스캔 대여 방식을 채택한 공용 자전거를 새로운 비즈니스 모델이라고 생각했다. 그러나 화려한 외투를 벗고 나면 드러나는 본질은 교통수단이다. 대도시든 중소 도시든, 심지어 시골에서도 공용 자전거는 중·단거리 외출에 이상적인 교통수단이다. 도시의 교통망을 더 깊숙이 이어주어 지하철과 버스가 닿지 않는 곳까지 편리하게 갈 수 있다. 중국은 2008년부터 공용 자전거를 투입하기 시작했고 대중교통 이용에서 15퍼센트가 넘는 비율을 차지했다.

중국자전거협회의 통계에 따르면 2016년에 자전거 이용은 5.5퍼센트에서 11.6퍼센트로 상승했다. 2배 이상 늘어난 것이다. 공용 자전거가 사랑받을 수 있었던 이유는 사람들이 많이 이용하는 버스를 대체할 수 있는 데다 대여 장소가 있기 때문이었다. 공용 자전거의 가장 근본적인 속성은 바로 교통이다. QR 스캔 대여는 공용 자전거 대여를 더욱 편리하게 만들었을 뿐 그 속성을 바꾸지는 못했다.

모바이크가 메이퇀에 매수되었을 때 IT 전문 매체 란징TMT藍鯨 TMT 사이트에서 모바이크의 12월 재무 보고서를 공표했다. 모바이크의 비유동성 자산은 85억 위안(약 1조 5천억 원)이었고 대부분의 고정자산은 자전거였다. 지출은 거의 6억 위안에 달했으며 월수입은 약 1억 위안(약 170억 원)이었다. 이것은 전형적인 자산 중량화 모델이다. 공용 자전거의 가장 핵심적인 부품인 스마트 잠금장치의 원가 또한 500위안(약 8만 원) 정도였다.

기이한 현상은 자산 중량화 모델이 다양한 방면에서 정부의 지원을 누린다는 것이다. 자전거 주차와 방치에 공공 구역이 점령되고, 자전거가 파손되었을 때는 사회관리부서가 책임을 지고 회수한다. 심지어 물속에서 인양하기도 한다. 또한 차가 막힐 때 인도를 주행하는 대량의 자전거는 행인의 통행권을 방해한다.

정부는 환경에 도움이 되는 자전거 이용을 권장했고, 사람들은 공용 자전거를 환영했다. 중국정보통신연구원과 베이징 대학교의 광화光華 포럼이 발표한 보고서는 다음과 같이 추산했다. 2017년 공용 자전거는 141만 톤의 휘발유를 절약했고, 이것은 2017년 전국 휘발유 생산량의 1퍼센트에 달한다. 에너지 사용 원가를 124억 위안(약 2조 2천억 원)이나 절약할 수 있다는 이야기다. 이산화탄소 배출량은 422만 톤, 미세먼지 배출량은 322만 톤 감소했는데, 이는 대기오염 처리 원가를 약 16억 위안 정도 절감한 것이다. 중앙 재정부의 대기오염 처리 비용의 10퍼센트에 상당한다.

그러나 공용 자전거는 도시 관리에서 새로운 골칫거리로 떠올랐다. 공용 자전거에 들어가는 막대한 사회적 자본은 결국 납세자의 부담이 될 수밖에 없다. 공용 자전거 기업의 무책임한 투자만 격려하고, 아무 데나 버려진 자전거를 관리하거나 수리하지 않으면 무질서와 혼란이 야기된다. 더구나 새로운 공용 자전거 브랜드가 시장에 등장하면 악성 경쟁이 일어난다. 결국 공용 자전거는 막대한 낭비를 초래한다.

2017년 7월 초, 베이징의 첫 번째 공용 자전거 주차장에 전자 울타리가 설치되었다. 현재는 베이징에 공용 자전거 주차장을 75군데 설치해서 6천 대를 수용할 것이라는 계획이 공표되었다. 그러나 자전거가 줄곧 전자 울타리 안에 방치되면 자물쇠를 채우거나 결제할 방법이 없다. 공용 자전거가 아무렇게나 방치되는 문제를 해결할 수는 있겠지만 공공 구역을 점용한다는 것이 문제다. 정부가 자금을 투여해서 만든 주차장에 자전거가 가득 차면 사후 관리 비용이 발생하고, 고장 난 자전거를 회수하는 데 또다시 사회적 자원이 투입된다. 이러한 비용을 과연 정부가 지불해야 하는가?

2017년 7월 초, 상하이는 처음으로 공용 자전거 업계의 표준을 공표하고 실시했다. 그중 하나는 공용 자전거 총대수의 5퍼센트 비율로 자전거를 수리하고 유지하며 운반하는 직원을 배치해야 한다는 규정이었다. 이것은 공용 자전거가 비록 인터넷을 이용해서 운영하지만 근본적으로 공유경제가 아니라는 사실을 의미한다. 해당 업계는 사회적으로 논란이 되는 문제에 즉시 응답해야 하고 이러한 방법은 긍정적인 가치가 있다. 그러나 업계 표준을 공표하려면 사후의 피동적인 규범뿐만 아니라 시장 참여자의 수준과 실력이 전제되어야 한다는 사실이 문제다.

공용 자전거는 향후 반드시 대부분의 도시 교통망을 대체할 것이다. 공용 자전거를 이용하는 사람은 수많은 일반 시민이다. 공용 자전거 기업은 각기 다른 기후와 환경, 지리 조건에서 장기간 운영할 수 있는 자질을 갖춰야 한다. 왜냐하면 돌발 상황이 일어날 수 있기 때문이다. 예를 들어 황사가 발생했을 때 자전거 청소를 누가 책임질 것인가? 자전거를 타다가 눈길에서 미끄러져 부상을 당했다면 누구의 책임인가? 춘절 혹은 연휴에는 누가 자전거를 제자리에 가져다 놓을 것인가?

「도로교통안전법」에 따르면 "자전거, 삼륜차를 조종하는 사람은 반드시 만 12세 이상이어야 한다"고 규정되어 있다. 그런데도 공용 자전거로 인한 어린이들의 사상 사고가 연이어 발생하고 있다. 공용 자전거 기업은 이러한 사고를 어떻게 막을 수 있을까? 대규모의 전염병이 발생하면 누가 책임지고 자전거를 소독할 것인가? IT 기술만을 가지고 창업한 기업은 이러한 사회문제에 대처하지 못한다. 교통에서 가장 중요하게 고려할 부분은 바로 안전이다. 안전과 관련된 문제는 반드시 권리와 의무를 확실히 구분해야 한다. 그래야만 문제가 발생했을 때 책임을 물을 수 있다.

금융 위기를 모면하기 위해서라도 공용 자전거는 반드시 감독 관리를 받을 필요가 있다. 공용 자전거는 이용자에게 보증금을 받는데, 저당물은 자전거가 아니라 자전거를 사용하는 일정 시간이다. 그러므로 공용 자전거 기업에는 대량의 보증금이 누적되어 있지만 실제 저당물은 없다. 또한 창업 기업은 위험 감수와 규모 확장에 편중되어 위험에 대처하는 역량이 부족하다.

공용 자전거 업계의 누적 보증금 총액은 수백억 위안에 달한다. 모바이크의 보증금 규모는 98억 위안(약 1조 7천억 원)이고, 메이퇀에 매수되기 전에 융통된 보증금은 60억 위안이었다. 2017년 하반기 여러 공용 자전거 기업이 연이어 영업을 중지하거나 도산하자 보증금 반환이 곤란해졌다. 수백만 명에 이르는 소비자들의 보증금 합계는 수십억 위안에 달한다.

공용 자전거 기업들은 선두를 차지하기 위해 공급 사슬을 독점하려고 했다. 이러한 경쟁 방식은 자칫 택시 서비스 시장처럼 한 기업이 독점할 수 있다. 그렇게 되면 독점자가 제멋대로 가격을 올려도 소비자들은 받아들일 수밖에 없다.

시장진입허가제는 시장의 결함을 보완하기 위한 제도다. 다양한 품질을 보장하고 시장 질서를 유지하며, 전체 시장의 경제적 이익을 실현하기 위한 것이다. 공용 자전거는 교통 이용에 있어서 최후의 1킬로미터라는 요구를 충족했다. 정부는 택시의 시장진입허가제와 비슷한 규범을 세워서 관리하고 보증금의 안전을 확보해야 한다.

✻
✻✻

쓰레기가 된 공유경제

중국자전거협회 공식 홈페이지의 안내문에 따르면 2016년에 투입된 공용 자전거는 총 200만 대에 달하며, 2017년에는 매달 평균 100만 대가 넘게 투입되었다고 한다. 이처럼 시장에만 의지해서는 자본의 탐욕이 빚어낸 사회 혼란을 막을 수 없다.

시장진입허가제를 수립하지 않고 허가증 발급과 합법적인 운영을 기업에만 맡긴다면 결국 야만적인 투입과 무질서한 경쟁을 불러올 것이다. 그러나 시장진입허가제를 시행하더라도 관리 규정 없이 기업의 자발적인 구속과 사회적 자치에 의지하면 사회 혼란을 완벽하게 개선하지 못한다. 그러므로 반드시 영업 허가와 관리 규정이 동시에 병행되어야 한다.

시장진입허가제와 운영허가증 발급을 시행하는 동시에 관리 규정으로 기업의 운영 범위를 제한해야 한다. 규정을 만들 때는 반드시 도시 통행권을 책임지도록 격려하는 동시에 기업이 혁신적인 운영을 할 여지를 남겨두어야 한다. 규정 내용에는 안전 규범, 주차 규칙, 운영 수칙과 최고·최저 투입량 등이 포함되어야 한다. 투입량을 규정하는 이유는 무엇일까? 과연 현실적인가? 답은 긍정적이다. 각 지방정부는 상주인구의 유동량과 보급률을 바탕으로 자전거 수요를 예측할 수 있다.

공용 자전거 시스템을 완벽하게 갖추려면 일반적으로 상주인구가 300만 명 이상인 도시에 대략 3만 대의 공용 자전거가 필요하다고 한다. 상주인구가 100만 명 이상인 도시는 2만 대, 50만 명 이상인 도시는 약 1만 대 정도다. 상주인구가 대략 2,500만 명 이상인 상하이는 50만 대가 필요한 셈이다. 실제로 베이징, 상하이, 광저우, 선전의 자전거 보유량은 각각 220만 대, 170만 대, 80만 대, 75만 대로 시장 보급률은 각각 10.1퍼센트, 7.1퍼센트, 5.5퍼센트, 6퍼센트를 차지한다. 이것은 자원을 대량으로 낭비하는 행위일 뿐만 아니라 도시 관리와 행인들의 통행권에 막대한 피해를 끼친다.

사실 공용 자전거 시스템이 설치된 도시의 자전거 투입량은 대부분 포화 상태에 이르려면 아직 멀었고 성장할 여지가 충분하다. 그러나 일부 도시에서는 수요를 초과한다. 기본적으로는 정부가 시장에 간섭하면 안 되지만 불균형적인 상황에서는 관리할 필요가 있다. 정부가 도시의 공용 자전거 투입량을 제한하고, 일반 도시에는 최저 수준으로 투입하는 것이다.

2017년 7월 중순, 미국의 몇몇 도시에도 대여 장소가 없는 공용 자전거가 나타나기 시작했다. 그러나 중국처럼 야만적인 투입이 아니었다. 정부와 충분히 협의해서 운영권을 얻은 것이다. 시애틀은 북미에서 맨 처음으로 대여 장소가 없는 공용 자전거를 개방했다. 시애틀의 운영 방법은 허가증과 관리 조항을 병행하는 것이다.

현재 시애틀 교통부는 공용 자전거 기업 라임 바이크Lime Bike와 스핀

2곳의 신청을 받아들였다. 그러나 최종적으로 10곳이 신청할 가능성이 있고, 그중 전동 자전거 기업도 포함되어 있다.

공용 자전거가 시장에 나오기 전에 시애틀 교통부는 새로운 비즈니스 모델에 대한 임시 규정을 6개월간 시행해 도시의 통행권을 확실히 지켰다. 가장 중요한 주차는 단 2곳만 허용했다. 하나는 인도의 가로수 또는 가로등 같은 공공시설 부근이고, 다른 하나는 교통부가 정한 자전거 주차 구역이다. 자전거를 세워둘 수 없는 5개 구역도 정했는데, 사람들이 통행하는 구역, 공공 정류장, 화물 적재 구역, 차도의 출구 및 입구이다. 또한 자전거는 거리의 후미진 곳이나 보이지 않는 지역에 주차해서는 안 되며, 7일 이상 방치되면 옮길 수 있고, 이동과 보관에 필요한 비용은 운영 기업이 지불한다.

공용 자전거를 운영하는 기업은 반드시 시애틀에 운영 센터를 설립하고 충분한 직원을 배치해야 한다. 또한 24시간 핫라인 서비스를 제공하고, 시애틀 교통부와 연락을 취할 관계자가 있어야 한다. 교통부가 자전거 관리를 재차 요구하는 경우, 예를 들어 자전거가 적절하지 않은 곳에 방치되어 있거나 한곳에 너무 많이 있는 경우 운영 기업은 통지를 받은 업무일 2시간 이내에 조치를 취해야 한다.

모든 운영 기업은 반드시 교통부에 자전거 1대당 80달러, 총액이 1만 달러를 넘지 않는 약속이행 보증금을 지불해야 한다. 이러한 자금은 교통부에 할당되어 공공재산의 유지와 보수, 자전거 운반과 몰수된 자전거를 관리하는 데 사용된다. 한 회사의 투입량이 증가하면 보증금도 늘어난다. 모든 회사는 설립 초기에 최소 500대를 투입해야 하고,

2개월 이내에 2천 대로 늘릴 수 있다. 그 밖에도 교통부는 즉각적으로 데이터를 공유해 매우 상세한 규정을 실시하고 있다.

신청 문서에는 3가지 비용이 언급되어 있다. 연간 허가 비용 146달러, 도로 사용 허가 비용 1,672달러, 자전거 1대당 15달러의 행정관리 비용이다.

6개월의 시험 운행 기간 동안 교통부는 데이터를 수집하고 관찰하는 것은 물론 운영 성과를 알 수 있었다. 시험 운행 기간이 끝나면 시애틀 정부는 법규를 공포한다. 운영 기업이 밝힌 투입량도 비교적 쉽게 억제할 수 있다. 예를 들어 라임 바이크는 시애틀에 6천~8천 대 정도 투입하겠다고 했다. 라임 바이크는 연말에 20~30개 도시에 5만~10만 대의 자전거를 투입하겠다고 서명했고, 도시 평균 5천 대 이하로 운영할 계획이다. 라임 바이크는 시애틀의 험한 비탈길과 비가 자주 오는 날씨를 감안해 자전거의 변속기와 브레이크를 개조했다.

미국 전역에서 시애틀은 성인이 자전거를 탈 때 반드시 헬멧을 착용해야 하는 유일한 도시다. 새로운 규정에서 시애틀 정부는 운영 기업에게 헬멧을 제공할 책임을 강제하지 않았지만 사용자에게 규칙 준수를 알릴 의무가 있다고 요구했다. 스핀은 '사용자가 자전거를 타기 전에 헬멧을 착용하고 있는지 확인하라고 요구한다'고 밝혔지만 사용자에게 헬멧을 제공하지는 않는다. 반면 라임 바이크는 앞으로 사용자에게 1천 개의 헬멧을 배포하겠다고 약속했다.

*
**

공급은 하되 관리는 하지 않는다

2017년 8월 2일, 중국 정부 부서 간 연합으로 '인터넷 임대 자전거 발전 독려와 규범에 관한 지도 의견'(이하 '의견'으로 약칭)을 공표했다. 공용 자전거가 아무렇게나 방치되어 사회문제로 떠올랐을 때 시의적절하게 발표된 것이다.

'의견'에서는 처음으로 공용 자전거의 비즈니스 모델을 시간 단위 임대 운영 비동력 차량이라고 명확히 규정했다. 또한 지방정부가 공용 자전거 운영 기업을 관리할 책임이 있다고 강조했다. 이러한 규정은 공용 자전거 시장을 냉정하고 이성적으로 변화시킬 것이다. 무분별한 투입을 억제하고, 자전거를 방치하는 행위에 대한 규범도 정해졌다.

시장진입허가제를 직접적으로 채택하지는 않았지만 행정적인 수단으로 구속력을 강화했다. 실명제, 상해보험 및 제3자 배상책임보험 등 관리를 위한 다양한 항목을 추가했다. 보증금은 이미 은행의 감독을 받고 있으며 이것은 시장 참여자의 수준과 운영 능력을 시험한다. 강경한 규범으로 '유연한 시장 진입 허가'를 실시한 것인데, 감독 관리의 대담한 혁신이라 할 수 있다.

더욱 깊이 생각할 부분은 제목에 담긴 '독려'라는 두 글자다. 이는 정부가 공용 자전거라는 개인 자본이 공공 교통 영역에 진입하는 것을 긍정적으로 본다는 의미다. 또한 사회의 기초적인 부문에 개인 자본을 끌어들인 것이다. 앞으로 환경보호 영역에도 이러한 법규가 적용될지 기대해볼 만하다.

전자 울타리와 사용자의 프라이버시

'의견'에서는 운영 기업에게 "전자 울타리 등의 기술을 널리 보급하고 경제적 처벌, 신용 기록 등을 기입하는 종합적인 조치를 채택하여 사용자의 자전거 방치 행위에 유효한 규범을 세워야 한다"고 요구했다. 전자 울타리 기술은 현재 시험 단계에 있다. 세부적인 기술은 차치하더라도 공용 자전거 발전을 저해할 가능성과 기회가 공존한다. 전자는 제도의 융통성에 달려 있고, 후자는 개인의 사생활 보호에 달려 있다.

오늘날 가장 중요한 자산은 뭐니 뭐니 해도 데이터다. 데이터를 소유한 사람만이 미래로 향하는 입장권을 손에 넣을 수 있다. 텐센트에는 소셜^{SNS} 데이터, 바이두百度에는 검색 데이터, 알리바바와 징둥京東에는 소비 데이터, 앤트 파이낸셜蟻金服에는 지불 데이터가 있다. 그러나 우리는 개인이 규율을 지키는지를 판단할 데이터를 찾을 수 없다. 다행히 실명제를 채택한 공용 자전거 방치 데이터가 이러한 공백을 메워준다.

실명제와 전자 울타리 덕분에 정부는 자전거가 방치된 구역의 지도를 운영 기업과 공유할 수 있다. 운영 기업은 사용자가 자전거를 어디에 세웠는지 알 수 있다. 이것은 대단한 진전일 뿐 아니라 참신한 데이터 자원의 탄생이다. 이러한 데이터는 신용 데이터보다 개인의 도덕성, 자율성을 더욱 정확하게 반영한다. 장기적인 행위 데이터로 한 사람의 사회적 책임감을 구별할 수 있다면 엄청나게 높은 사회적 가치로 평가될 것이다.

모든 동전에는 양면이 있다. 사용자의 행위를 모니터링해서 수집한 데이터는 잠재적인 자산이다. 그러나 동시에 다른 문제를 유발한다. 운영 기업이 이러한 데이터를 정부에 개방하거나 상업화할 권리가 있는가 하는 것이다. 사용자는 운영 기업의 자전거를 타는 것이고, 자전거를 세워둔 지점은 공공 구역이다. 이것만으로 보면 데이터는 개인정보에 속하지 않는다. 그러나 사용자는 비용을 지불했으므로 어디를 가는지 다른 사람에게 알릴 필요가 없다. 이는 일종의 사생활인 것이다. 이러한 데이터를 공개하는 데 사용자의 동의를 구해야 할지는 신중하게 생각해야 할 문제다.

북미에서 처음으로 공용 자전거를 개방한 시애틀은 다른 대도시의 귀감이 되고 있다. 중국과는 달리 시애틀은 시장진입허가제를 채택했다. 그러므로 시애틀 교통부는 운영 기업에게 실시간 데이터를 요구할 권리에 대해 매우 상세하게 규정하고 있다.

일단 허가를 얻으면 각 운영 기업에게는 API(응용 프로그램 인터페이스) 비밀번호가 부여되어 시애틀 교통부의 서버에 접속할 수 있다. 이를 통해 위치, 자전거 ID(식별 기호), 자전거 유형(전동 자전거 또는 일반 자전거) 등을 실시간으로 공유할 수 있다. 전동 자전거는 배터리 정보도 제공해야 한다. 시애틀 교통부는 이러한 데이터를 공개할 권리가 있고, 필요하면 공용 자전거 정보를 실시간 대중에게 알릴 수도 있다.

실시간 데이터 공유 외에도 시애틀 교통부는 자전거 통행 정보를 운영 기업에 요구할 수 있다. 여기에는 이용 시작과 마지막 날짜와 시간, 주행 시간과 거리, 주행 시작점과 자전거 ID가 포함된다. 그러나 정부가 운영 기업에 요구하는 모든 데이터에는 이름이 표기되지 않는다. 그 밖에도 교통부는 운영 기업에 매주 1회 모든 사고에 대한 보고를 요구할 수 있다.

전자 울타리는 기회가 될 수 있지만 제대로 실시하지 않으면 공용 자전거를 제약하는 요소가 될 수도 있다. 과거에는 대여 장소가 정해져 있었지만 지금은 어디서든 타고 내릴 수 있다. 전자 울타리는 공용 자전거가 아무 데나 방치되는 문제를 해결하지만 동시에 공용 자전거의 최대 장점을 말살한다. 말하자면 대여 장소가 있는 공용 자전거로 돌아가는 것과 마찬가지다.

전자 울타리의 관건은 빅데이터를 과학적이고 효과적으로 이용해서 자전거의 주행이 멈출 곳을 설계하는 일이다. 정부가 자전거 주차 가능 구역을 공표할 때 편리성을 충분히 고려하지 않으면 공용 자전거의 매력을 잃기 쉽다. 그 밖에도 전자 울타리가 시범 지역인 베이징처럼 플랫폼의 경계를 뛰어넘을지, 아니면 운영 기업이 각각 독립적으로 확대할지, 혹은 양측이 이를 겸할지 명확하게 설명하지 않고 있다.

주차 가능 구역을 공표할 때 지방정부는 운영 기업에게 이전의 데이터를 제공하라고 요구할 수 있다. 공공 교통 체계와 연결하는 것을 바탕으로 자전거 주차 위치를 선별하고 최적화하는 것은 운영 기업의 책임이다.

비용을 소비자에게 떠넘기는 행태

현재 모든 공용 자전거 기업은 제대로 된 이익을 얻지 못하고 있다. 그러므로 총규모가 100억 위안에 달하는 보증금이 운영 기업에게는 지극히 중요하다. 일단 보증금을 면제하면 운영 기업은 자금 조달을 하지 못해 주식 거래가 중단될 위험이 있다. 그러므로 보증금 면제를 '독려' 할지는 보증금 면제의 경계를 확실히 정하고 나서 해야 한다.

'독려'가 일종의 명령 또는 암시라면 정부가 공용 자전거의 치즈를 옮겼다는 것을 의미한다. 보증금 면제의 압박을 받는다면 운영 기업은 가격을 전면적으로 올려 손실을 보완하려고 할 것이다. 이는 이동 수단의 원가를 높이는 결과를 낳는다. 중국의 공용 자전거 사용자 규모는 이미 1억 명에 달한다. 모든 사용자가 매일 외출할 때 드는 원가가 1위안씩 증가한다면 1억 위안(약 169억 원)이 된다.

해외의 사례를 봐도 운영 기업이 사용자에게 보증금을 받는 경우는 없다. 대부분 시장진입허가제를 시행하고 있기 때문에 운영 기업이 정부에 보증금과 관리비를 지불한다. 보증금은 규정을 어기고 방치된 공용 자전거를 회수하고 처리하는 데 사용된다. 중국에서는 운영 기업이 지방정부에 약속이행 보증금을 지불할 필요가 없다. 지방정부도 방치된 자전거의 유지 관리에 책임을 지지 않고 운영 기업에 맡기는데, 보증금을 면제하면 가격을 올려서 소비자에게 부담을 지울 수밖에 없다.

운영 기업이 자전거 유지 관리 책임을 맡는다면 사용자에게 일정한 보증금을 받는 것이 합리적이다. 보증금은 자전거가 파손되었을 때 배상금, 아무렇게나 방치했을 때 범칙금, 사용자의 보험금 등으로 사용할 수 있다. 사용자가 운영 기업에게 납입하는 보증금이 자전거의 생산 원가와 동일해야 하는지는 계산해볼 필요가 있다. 다만 보증금의 이자에서 수속비를 공제한 금액은 반드시 사용자에게 반환해야 한다.

정부의 지침은 공용 자전거 관련 규범에 긍정적인 작용을 했다. 그러나 사용자의 개인정보 제공 문제와 보증금 면제 등 세부적인 부분은 좀 더 보완할 필요가 있다. 그러지 않으면 공용 자전거라는 신흥 업계의 발전은 곤경에 빠지고 말 것이다.

✻
✻✻

과연 어디에서 수익을 얻을 것인가?

공용 자전거의 이윤 모델은 줄곧 열띤 화제였다. 자전거 원가는 비교적 투명하고 운영 자금도 고정적이다. 탑승 시간에 따라 돈을 받는 것은 일종의 렌터카 모델이다. 우리는 다시 한 번 대여 장소가 있는 공용 자전거의 이윤 모델을 이해할 필요가 있다.

1990년대 덴마크에서는 공용 자전거의 초기 버전이 나타났다. 교통 문제가 심각한 대도시, 예를 들어 런던, 파리, 워싱턴, 베를린, 서울, 도쿄에도 공용 자전거가 있는데, 이들의 주된 수입원은 광고다.

2007년 파리의 길거리에 1만 4,500대의 공용 자전거와 1,230개의 대여소가 세워졌다. 이러한 공용 자전거 시스템을 프랑스어로 '자전거'와 '자유'를 합성해 벨리브Vélib'라고 부른다. 운영 기업은 당시 유럽 최대의 공항 및 옥외 광고 기업 제이시데코JCDecaux다. 2014년 운영되고 있는 자전거 대수로 계산했을 때 벨리브는 세계 12위 규모의 공용 자전거 시스템이었다. 18위 안에 든 다른 시스템은 모두 중국에서 운영되는 것이었다. 2013년 벨리브의 시장점유율은 세계 1위로 상주인구 97명당 공용 자전거 1대를 소유하고 있었다. 3위인 중국의 항저우는 상주인구 145명당 1대를 소유하고 있었다. 물론 현재 이 숫자는 벌써 갱신되었다.

제이시데코의 운영 모델은 회원비를 받는 것이다. 상대적으로 저렴한 회원비는 4가지 종류로 나뉜다. 1일 1.7유로, 1주 8유로, 1년 29유로 및 39유로다. 일단 회원 가입을 하면 무제한으로 자전거를 탈 수 있지만 순환을 위해 주행 시간에는 제한을 둔다.

다른 한 곳과 입찰 경쟁에서 승리한 제이시데코는 파리에서 10년 동안 특별 경영 허가권을 얻었다. 보답으로 파리 정부에서는 1,628개의 모든 거리 광고 수익을 제이시데코에게 돌려주었다. 제이시데코는 총 1억 4천만 달러의 가동 자본과 운영 유지를 책임지는 285명의 직원을 투입했다. 제이시데코는 매년 운영 수입 전부를 파리 정부에 납입하고, 매년 430만 달러의 특별 경영 허가비를 지불해야 한다. 시정부의 수입은 제이시데코의 광고 수입의 절반에 상당한다.

제이시데코는 다른 도시에서 다른 브랜드를 사용한다. 전 세계 최대의 옥외 광고 기업인 제이시데코는 중국을 제외한 지역에서 최대의 공용 자전거 임대 운영 기업이 되었다. 유럽과 아시아 태평양 지역의 13개국 88개 도시에서 5만 2천 대의 자전거를 운영하고 있다.

대여 장소가 있는 공용 자전거의 또 다른 이윤 모델은 정부의 구매다. 2016년 말에 중국은 이미 400개가 넘는 시와 현에 공용 자전거 시스템을 마련했다. 중국 최대의 공용 자전거 운영 기업인 융안싱永安行은 그 절반 이상을 차지한다. 현재 융안싱은 중국의 201개 도시에 자전거 75만 대를 투입했고, 2018년 말에는 80만 대에 달할 것으로 예측된다. 융안싱의 수입원은 주로 지방정부의 구매인데, 매년 영업수익이 5억 위안(약 847억 원) 정도다. 시장진입허가제가 시행된다면 기업의 이윤을 높이고 매년 수억 위안의 정부 지출을 절약할 수 있다.

융안싱은 투자설명서에서 3선 도시(전략적 의의가 있거나 경제적으로 발달한 중소 도시)와 그 이하의 시나 현의 수입이 총수익의 85~90퍼센트를 차지한다고 밝혔다. 이것은 공용 자전거가 계속 침체될 수 있음을 의미한다. 특히 대도시에서 격렬한 경쟁을 벌이기보다 교통망이 지방까지 뻗어나갈 수 있도록 모세혈관에 해당하는 도시나 현으로 확장하는 것이 낫다는 전략이다. 기업공개IPO 전날 저녁, 융안싱은 "사회가 공용 자전거의 투입과 운영 관리에 여전히 의혹을 품고 있으며 영리 모델이 명확하지 않다"는 이유로 돌연 상장을 포기했다.

공용 자전거 분야의 양대 기업인 오포와 모바이크는 이미 2,500만 대가 넘는 자전거를 보유하고 있다. 전대미문의 압력을 받고 있는 정부와 관리부서는 냉정하게 대처하기 시작했다. 2017년 3월, 베이징 시청구西城區 교통위원회는 모바이크, 오포와 회담을 열어 공용 자전거 수량을 규제하라고 요구했다. 또한 10대 도로에는 공용 자전거 주차를 금지했다. 모바이크와 오포는 주도적으로 정부의 감독 관리를 받겠다고 했다. 2017년 4월, 사오싱紹興 정부는 공용 자전거 업체 샤오밍단처小鳴

單車를 압수 수색하고, 모바이크의 업무를 정지시켰다. 사오싱 정부는 앞으로 총수량을 제한한다는 전제하에 적합한 기준을 갖춘 자전거 기업을 유도할 것이라고 발표했다.

자본 측면에서는 시장진입허가제가 가장 현명하다. 공용 자전거는 차별화가 힘들기 때문에 한 기업이 독점할 수 없다. 끊임없이 거액의 자금을 투입하는 출혈경쟁을 하기보다 허가증을 취득하는 동시에 규범에 맞는 경영과 온건한 성장을 모색하는 편이 낫다.

미국 연방준비제도이사회의 전 의장 벤 버냉키는 자서전 《행동하는 용기The Courage of Act》에서 "타인이 할 수 없거나 하고 싶지 않은 일이지만 반드시 해야 하는 일을 하는 것"이 관리자의 일이라고 말했다. 공용 자전거에 시장진입허가제를 시행하는 것은 다른 사람이 할 수도 없고 하고 싶지도 않지만 정부가 반드시 해야 할 일이다.

교통 체계에서 가장 중요한 것이 시민의 안전과 질서다. 항저우의 한 관리는 간담회에서 공용 자전거에 대해 "포용은 방임이 아니고, 편리함에도 질서가 필요하다"고 말했다. 이 말을 진정으로 실현하려면 정부는 반드시 적절한 시기에 시장진입허가제를 수립해야 한다. 또한 수익으로 공용 자전거 시설을 개선해야 한다. 이것은 공급 측의 개혁이며, 민생을 위해서도 공정한 처사다.

✳
✳✳

택시와 다름없는 전통 비즈니스 모델

2017년 3분기부터 공용 자전거의 폭발적인 성장은 막바지에 이르러 공급과 수요가 감소하기 시작했다. 4분기에 접어들자 수요가 격감했다. 란징TMT 사이트에서 발표한 데이터에 따르면 2017년 12월 모바이크의 한 달 영업수익은 약 1억 위안, 운영 비용은 약 3억 위안으로 암담한 앞날을 예시했다. 공용 자전거가 신속하게 수익을 얻을 수 없는 이유는 교통수단이라는 데서 벗어날 수 없기 때문이다. 비록 인터넷을 이용하기는 하지만 택시나 별반 차이 없는 전통적인 비즈니스 모델에 지나지 않는다.

사람들이 상상하는 첨단기술은 모두 인간의 두 손을 해방하는 것이었다. 무인 운전, 안면인식 지불과 같은 것들이다. 오로지 공용 자전거만 여전히 인간의 두 손을 속박하고 있다. 이것은 지극히 초보적인 응용이다. 앞으로 공용 자전거는 현재의 야만적인 투입에서 합리적인 점유율로 회귀할 것이다. 규모는 지금처럼 크지 않고 가격도 지금처럼 낮지 않을 것이다. 몇 개의 작은 회사가 약간의 이윤을 얻고 일부 사용자들의 요구를 충족하는 정도다.

타오바오는 절대
아마존을 복제할 수 없다

Unicorns

강자는 어떠한 상황에서도 행동하고 또 행동하지만
약자는 오로지 불평만 한다.
— 프리드리히 니체

경제 전환의 돌파구를 마련하고 경제 권력의 새로운 맹주를 찾는 것은 오늘날 중국의 판매업(유통업)이 적극적으로 해야 할 일이다. 세계 최대의 경제 대국으로 나아가려면 미국 판매업과 중국 시장의 차이점과 유사점을 탐구하고, 중국 전자상거래의 전략과 논리를 분석해야 한다. 아마존의 제프 베조스와 알리바바의 마윈, 텐센트와 징둥, 온라인과 오프라인, 무경계 소매와 무인 소매에 이르기까지 이러한 화제는 깊은 시대적 의미를 지닌다.

✳
✳✳

리테일이 국가 경제를 좌우한다

월마트의 CEO인 47세의 더그 맥밀런Doug McMillon은 취임하고 몇 주 뒤 임원들에게 숙제를 하나 내주었다. 아마존의 창업자 제프 베조스의 전기 《아마존, 세상의 모든 것을 팝니다The Everything Store》를 읽는 것이었다.

2017년 월마트는 5천억 달러에 가까운 판매액으로 〈포춘〉이 선정한

'세계 500대 기업' 1위에 올랐다. 오늘날과 같은 판매 시대를 연 월마트 신임 CEO의 요구는 조금 난해했다. 공교롭게도 이 책에는 제프 베조스가 아마존 창업을 향해 한 걸음씩 나아가는 과정에서 월마트를 연구했다는 이야기가 담겨 있다. 월마트의 창시자 샘 월튼의 신조와 신속한 행동, 끊임없는 시행착오를 본받았던 것이다.

판매업 분야에서 월마트는 뛰어넘을 수 없는 높은 산과 같은 존재다. 월마트의 판매액은 미국 판매업계 전체의 10분의 1을 차지한다. 2002년부터 2017년까지 월마트는 12번이나 〈포춘〉이 선정한 '세계 500대 기업'에서 1위를 차지했다.

2002년 월마트는 처음으로 2,198억 달러라는 판매액으로 〈포춘〉이 선정한 '세계 500대 기업'에서 서비스 유형의 회사로서는 비즈니스 역사상 처음으로 1위를 차지했다. 그러나 이것은 결코 우연이 아니었다. 월마트의 판매액은 거대 석유기업 엑슨 모빌과 제너럴 모터스GM를 뛰어넘었다. 판매업체로서는 처음으로 제조업체에게 미국 경제를 성장시키는 1인자 자리를 빼앗은 것이다. 이로 인해 미국 경제는 한 차례 구조적인 변화를 겪었다. 미국 통상부의 자료에 따르면 미국 판매업의 연간 매출액은 5조 달러에 가깝고, 이것은 경제 규모의 3분의 1을 차지한다. 다른 선진국도 판매업의 연간 매출액이 수조 달러에 달한다.

판매업은 현재 환골탈태의 개혁을 겪고 있다. 전대미문의 매출액을 올리기는 했지만, 전통적인 판매업체는 수많은 도전을 맞이하게 되었다. 그중 인터넷의 출현에 판매업체들은 속수무책이었다. 2014년 중국의 알리바바가 상장 융자액에서 세계 최고 기록을 세웠고, 플랫폼에서 거래 총액이 아마존과 이베이eBay의 합계를 넘어 1조 6,800억 위안에 달했다.

'소매'를 뜻하는 '리테일retail'이라는 단어는 '자르다'는 의미의 프랑스어 '러타제retailler'에서 유래했다. 이것은 대량으로 매입해서 소량으로 판매하는 것을 말한다. 20여 년 전 경영관리의 대가 피터 드러커는 "선진국의 경제 권력은 현재 신속하게 제조업에서 판매업과 판매업체로 이동하고 있다"고 지적했다.

✳
✳✳

월마트는 어떻게 아마존을 막아냈는가?

판매업은 현재 완전히 새로운 시대에 들어섰다. 완벽한 구매 체험, 옴니채널, 신유통, 무경계 소매(마윈이 제시한 새로운 소매 방식으로 인터넷 기업과 오프라인 소매 기업의 전략적 제휴를 통한 소매 형태) 등 신조어들이 끊임없이 나타나는 것에서 힘차게 뛰는 판매업의 맥박을 느낄 수 있다. 어떤 의미에서 보면 중국 기업과 미국 기업이 이처럼 단기간에 필적할 만한 업계는 없다. 그리고 판매업처럼 박한 이윤을 남기면서 고도의 경쟁을 하는 분야도 없다.

2013년은 중국 전통 판매업이 철저하게 심연으로 떨어진 해였다. 우리는 하나의 데이터로 그 실마리를 살펴볼 수 있다. 영국의 다국적 컨설팅 그룹 딜로이트Deloitte와 중국 체인협회의 보고에 따르면 2013년 중국 100대 체인 기업 전체의 판매 규모는 비록 역사적인 의미를 지닌 2조 위안을 돌파했지만 증가폭은 9.9퍼센트에 불과했다. 100대 체인 기업 통계 이래 최저 기록을 갱신한 것이다. 소비재 판매 총액에서 판매업계 100대 기업의 판매액이 차지하는 비중은 2009년 11.1퍼센트에서 2013년에는 8.6퍼센트로 하락했다. 동시에 중국은 3천억 달러 규모의 세계 최대 네트워크 판매 시장이 되었다. 소비재 판매 총액에서 네트워크 판매액이 차지하는 비율은 약 10퍼센트였다. 단 몇 년 만에 알리바바와 징둥 등 소수의 전자상거래 기업의 네트워크 판매액은 100대 체인 기업과 동등한 위치에 올랐다.

중국 상업연합회는 2014년 전국 100대 판매기업의 판매액 증가 속도가 이미 제로(0)에 가깝고, 2015년에는 마이너스 성장이 나타날 수도 있다고 밝혔다. 중국 판매업이 왜 철저히 실패할 수밖에 없었는지 탐구하기 위해 미국 판매업의 역사를 한번 살펴보자.

월마트로 대표되는 할인 판매업체(유통업체)가 미국의 경제에 끼치는 영향은 19세기 철도업계에 뒤지지 않을 정도였다. 당시 월마트가 지닌 최대의 살상력은 평균 판매가격을 낮춘 것이었다. 월마트를 비롯한 판매업은 과거에는 상상할 수 없었던 대형 포장, 낮은 가격과 편리성을 제공했으며 당시 주류를 점하고 있던 잡화업을 종결시켰다.

과거에 몇 년 동안 미국 판매업은 아마존의 등장으로 전자상거래의 타격을 받았다. 그러나 전통 판매업체는 2013년에 이르러서야 비로소 행동에 나섰다. 그해 월마트의 온라인 판매액 증가 속도는 10년 이래 처음으로 아마존을 추월했다. 월마트는 1~2년 동안 안정적인 성장을 거친 후 2016년에 젯닷컴Jet.com을 매수해 온라인 판매 속도가 50퍼센트 이상 증가했다.

미국의 전통 판매업체가 중국처럼 뿔뿔이 흩어지지 않은 가장 큰 이유는 과거 몇십 년 동안 미국의 판매업계가 충분한 조정을 거쳐 규모, 범위, 비중 3가지 차원에서 리모델링을 했기 때문이다. 1977년 미국 최대의 체인점 39곳은 할인점 총개수의 49.3퍼센트를 차지했고, 총판매액의 41.4퍼센트를 차지했다. 20년 뒤 1997년에는 최대의 체인점 30곳이 할인점 총개수와 총판매액의 약 94퍼센트를 차지했다. 오늘날에는 20위 안에 드는 판매점이 80퍼센트의 시장점유율을 차지하고 있다.

작은 마을까지 침투한 월마트는 거의 없는 곳이 없다고 해서 한때는 '21세기 자본주의의 얼굴'이라고 불리기도 했다. 그렇다면 월마트는 도대체 어디까지 그 얼굴을 내밀고 있었던 것일까? 2005년 연말까지 46퍼센트의 미국인이 월마트 혹은 샘스클럽Sam's Club의 반경 8킬로미터 내에서 생활했고, 88퍼센트의 미국인이 약 24킬로미터 내에서 생활하고 있었다.

월마트의 직원은 미국 전체 판매업체 직원의 9퍼센트를 차지했다. 이처럼 거의 모든 판매업체가 월마트와 격렬한 경쟁을 벌였다. 미국의 판매업체 중 67퍼센트가 월마트와 8킬로미터 떨어진 거리에 분포하고 있었다. 1987년 월마트의 생산 효율은 대다수의 상점보다 44퍼센트나 높았다. 그때부터 판매업은 노력해서 선두를 따라잡거나 아니면 망해서 쫓겨나야 하는 가혹한 현실에 직면했다.

오늘날 16개국에 분포한 세계 100대 판매업체의 연수입 총액은 2조 8천억 달러가 넘는데, 그중 미국이 36개를 보유하고 있다. 미국에서만 2,500만 명이 전통적인 판매업체에 고용되고 있고, 이것은 총노동인구의 약 6분의 1을 차지한다. 그러나 이 데이터는 여전히 판매업의 실질적인 취업 인구를 과소평가하고 있다. 충분한 조정을 거친 미국의 판매업계는 완벽한 규모, 범위, 비중으로 전자상거래가 파고들 기회를 막아내고 있다. 게다가 전통 판매업체는 디지털의 물결 속에서도 전혀 흔들리지 않았다. 미국의 10대 B2C(기업과 소비자 간의 전자상거래) 상점 중 7곳이 유서 깊은 오프라인 판매업체다.

미국 판매업의 역사를 살펴보면 발전 단계가 명확하다는 사실을 알 수 있다. 현지에서 기업을 일으키고 확장해서 지역의 판매업체가 되고, 최종적인 조정을 거쳐 소수의 기업이 전국적인 규모로 성장한다. 중국의 판매업은 조정을 진행하기에 늦지 않았다. 그러나 한편으로 전국적인 판매기업이 탄생하지 못하고 지역적 단계에 머물러 있는 상태에서 세차게 몰려오는 전자상거래의 충격을 맞이하고 있다. 중국에서 품종에 따라 분류한 5대 판매업체의 시장점유율은 20퍼센트도 되지 않는다. 이는 품종에 따라 24~60퍼센트를 차지하는 미국의 수준에 한참 못 미친다.

2017년은 미국의 판매업계에 이정표적인 해였다. 2017년 한 해 동안 문을 닫은 업체가 전년도 대비 229퍼센트나 늘어났던 것이다. 그중 대형 판매업체의 매장 수는 약 6,955곳으로 최대의 기록을 세웠다. 이와 동시에 미국의 대형 판매업체 몇 곳은 2017년에 새로운 점포를 3,433곳 열었으며, 2016년에 비해 50퍼센트 성장했다.

소비재 판매업체(예를 들어 의류 전문매장)와 끊임없이 출현하는 전자상거래 업체, 저가 판매업체의 경쟁이 격화되었다. 백화점도 마찬가지

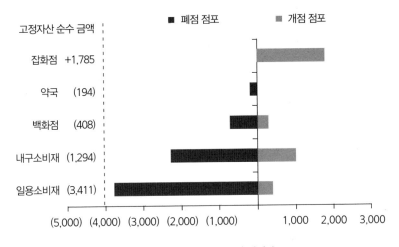

고정자산 순수 금액

■ 폐점 점포   ■ 개점 점포

잡화점 +1,785

약국 (194)

백화점 (408)

내구소비재 (1,294)

일용소비재 (3,411)

(5,000) (4,000) (3,000) (2,000) (1,000) 1,000 2,000 3,000

2017년 미국 판매업체의 개점 및 폐점 수

여서 고객이 줄어들고 마케팅 환경이 악화된 동시에 온라인 상점과의 경쟁이 더욱 치열했다. 가장 큰 영향을 받은 시어스Sears, K마트Kmart, J. C. 페니J. C. Penney, 메이시스Macy's 4곳은 총 566개의 매장 문을 닫았다.

암담한 상황에서 1달러 숍을 포함한 잡화점은 2017년 미국 판매업계 최대의 희망이었다. 식품 판매업의 전자상거래 경쟁이 본격화되지 않은 가운데 업계의 할인은 빠른 속도로 끊임없이 갱신되었다.

모든 것을 휩쓸 기세로 닥쳐오는 전자상거래를 마주한 중국의 전통 판매업체는 미국보다 더욱 비틀거리는 행보와 무력한 모습을 보이고 있다. 생사존망의 기로에 서 있는 중국 판매업은 신속하게 행동할 수 있는 용기와 정면으로 맞설 담력, 판세를 읽을 수 있는 식견이 필요하다. 그러나 선천적인 결함과 정부의 뒤떨어진 감독 관리로 인해 중국의 전통 판매업은 겹겹의 포위를 뚫고 나가지 못한다.

판매업계에는 현재 천지가 뒤집힐 만한 변화가 일어나고 있다. 변화에 뛰어들지 못하면 전통 판매업체는 도태되고 말 것이다. 끊임없이 색다른 아이디어를 생각하고, 판매업을 더욱 깊이 이해해야 비로소 확고한 기반을 마련할 수 있다.

*
**

오프라인 리테일의 효과적인 반격

전자상거래가 떠오르는 상황에서 전통 판매업계가 결코 가만히 있었던 것은 아니다. 그들은 적극적으로 온라인에서 효율적인 운영을 하며 발전해왔다. 굼뜬 코끼리 같던 판매업계는 판매 방식을 변화시켜 다시금 덩실덩실 춤을 추었다.

나날이 강력해지는 전자상거래는 문제점 또한 점차 두드러지고 있다. 한편으로 특정 제품은 실질적인 서비스가 필요하다. 상품 구매는 감각기관을 체험하는 여행과 같다. 온라인에서는 촉각, 후각, 미각 등의 감각기관으로 느낄 수 없기 때문에 오프라인 상점에 필적하기 힘들다. 다른 한편으로 모조품의 횡행은 알리바바 산하의 중국 최대 온라인 마켓 타오바오淘寶에게 영향을 끼치는 중요한 요소다. 이러한 약점을 해결하기 위해 전 세계의 전통 판매업체는 판매 방식을 개선하기 시작했다. 고객 유입, 효율(물류), 판매 방식, 3가지 차원에서 전자상거래에 반격을 가했다.

전통 판매업체는 우선 적극적으로 온라인 판매 루트를 개설했다. 또한 오프라인 매장과 온라인을 연결할 수 있는 다양한 방법을 생각해냈다. 동시에 오프라인 매장을 이용해 온라인 채널의 부족한 점을 보완했다. 예를 들어 대다수의 전통 판매업체는 오프라인 매장을 제품 보충 센터, 온라인 주문의 출고 센터, 편리한 교환 센터로 전환해 제품 전시장 및 새로운 판매 루트로 만들었다.

2015년 중국 최대의 전자제품 판매업체 쑤닝과 다롄완다大連萬達가 합작했다. 쑤닝은 쇼핑몰 완다 내에 버추얼 매장(가상 매장)을 개설했다. 고객은 매장에 가서 실제로 각종 제품을 체험하고 온라인상에서 주문하면 집까지 배달해준다. 전통적인 쑤닝 오프라인 매장은 2~3만 개의 SKU(재고 유지 품목)를 제공할 뿐이었지만 고객은 버추얼 매장을 이용해 1,500만 개의 SKU를 접촉할 수 있었다. 같은 해 까르푸는 온라인 구매 서비스를 확장했고, 오프라인 매장은 온라인 구매의 공급지이자 교환 센터가 되었다.

다음으로 전통 판매업체는 '수량보다 품질이 중요하다'는 이념을 바탕으로 효율을 높였다. 한편으로 '몸집 줄이기'를 선택한 수많은 업체는 기존의 대형 매장 대신 도시 중심에 편의점을 개설했다. 다른 한편으로 빅데이터를 이용해 정확한 포지션을 정하고 모든 매장의 제품을 엄선해서 소량의 SKU로 수요를 만족시켰다.

2015년 8월 미국의 유명 백화점 메이시스가 100곳의 매장 문을 닫는다고 선포했다. 메이시스는 남은 매장에서 고객의 체험을 높이고 전자상거래 채널에 대한 투자와 발전을 가속화하는 데 집중하겠다고 했다. 미국에서 월마트 다음가는 2대 판매업체 타깃Target도 마찬가지였다. 기존의 타깃 매장은 1만 3,400제곱미터(약 4천 평)에 달했다. 하지만 새로운 매장의 면적은 4,600제곱미터(약 1,400평)였다. 게다가 해당 지역의 인구, 소비 수준, 소비 습관, 기호를 분석해 실내를 장식하고 제품을 진열했다. 2016년 11월 타겟은 도시의 중심에 30개의 소형 편의점을 운영했고, 2017년에는 수백 개에 달하는 매장을 오픈할 계획을 세웠다.

마지막으로 전통 판매업체는 마케팅 방식을 변화시켜 편리성과 서비스에 중점을 두었다. 까르푸는 까르푸 익스프레스 편의점을 확장했다. 다른 전통 판매업체들은 연이어 신속한 당일 배송 서비스를 제공했다. 한 전문가는 전통 판매업체의 강력한 장점 중 하나가 기존 매장의 네트워크라고 했다. 이것은 전통 판매업체가 온라인 서비스를 시작했을 때 기존 점포에서 대량의 제품이 출하된다는 의미였다. 전통 판매업체의 매장이 출고 센터로 변화한다는 것이다.

이러한 효과는 뚜렷하게 나타났다. 영국의 다국적 컨설팅 그룹 딜로이트의 보고에 의하면 2015년 세계 250개 판매업체 중 4분의 3(192곳)의 이윤이 증가했고 평균 증가폭은 5.2퍼센트였다. 재무 데이터를 발표한 191곳 중 90퍼센트(172곳)가 이윤을 실현했으며 대부분 전통 판매업체였다.

더욱 주의할 가치는 시장의 잠재력이다. 미국의 온라인 판매 1위는 790억 달러의 아마존이고, 2위는 월마트다. 월마트의 온라인 매출은 130억 달러인데, 총매출액의 2.8퍼센트에 불과하다. 사실 오프라인 판매업체의 경우 온라인 매출액이 차지하는 비율이 매우 낮다. 예를 들어 온라인 판매 3위인 애플의 온라인 매출액은 5.1퍼센트에 불과했고, 베스트 바이Best Buy는 9.4퍼센트, 코스트코는 3.1퍼센트, 타겟은 3.4퍼센트였다.

이것은 오프라인 판매업체가 온라인에서 잠재력이 매우 크다는 것을 보여준다. 다른 한편으로는 온라인을 향한 역습을 감행하는 데 제약이 되기도 한다. 결국 오프라인이 온라인으로, 온라인이 오프라인으로 판매 루트를 돌리는 일은 업무의 일부분에 불과하다. 어떻게 하면 상호 보완할 것이냐가 더욱 중요하다.

오프라인 판매업체의 반격에 위기를 느끼고 있는 전자상거래 업체는 분명 가만히 있지 않을 것이다. 그러나 온라인과 오프라인은 서로 마주하며 나아가야 한다.

통상적으로 순수 온라인 업체는 직영 제품이 없거나 극소의 제품(예를 들어 스마트 TV 셋톱박스)만 보유하고 있기 때문에 공급 사슬을 완벽하게 제어할 수 없다. 그러므로 전자상거래 업체가 선택할 수 있는 방법 중 하나는 기존의 오프라인 판매업체에 출자하거나 주식 구매 혹은 전략적 협력 등으로 공급 사슬과 접촉하는 것이다. 간단히 말해서 전자상거래 업체가 오프라인으로 진출해 온라인 소비자에게 다양한 상품을 제공하는 것이 가장 효율적이다. 동시에 오프라인에서 가능한 많은 체험 장소를 제공해야 한다. 그렇게 하면 전자상거래 업체는 트래픽, 빅데이터, 기술적 우세 등을 통해 판매 효율을 훨씬 더 높일 수 있을 것이다.

2015년 세계 10대 판매기업의 판매수익

세계 10대	순위 변동 폭	회사명	소속 국가 및 지역	2015년 회계연도 판매수익 (백만 달러)	2015년 회계연도 판매수익 증가율 (%)	2015년 회계연도 순이익률 (%)	2015년 회계연도 자산수익률 (%)	2010~2015년 회계연도 판매수익 연평균 수익률 (%)	해외 진출 국가 및 지역 수	국외 판매수익 비율 (%)
1.	↔	월마트	미국	482,130	-0.7	3.1	3.5	2.7	30	25.8
2.	↔	코스트코	미국	116,199	3.2	2.1	1.9	8.3	10	27.4
3.	↔	크로거(Kroger)	미국	109,830	1.3	1.9	1.6	6.0	1	0.0
4.	↔	리들(Lidl)	독일	94,448	8.1	n/a	n/a	7.4	26	61.3
5.	↑+5	월그린(Walgreens)	미국	89,631	17.3	4.1	2.7	5.9	10	9.7
6.	↑+3	홈디포(Home Depot)	미국	88,519	6.4	7.9	7.6	5.4	4	9.0
7.	↓-1	까르푸	프랑스	84,856	3.1	1.4	1.8	-3.1	35	52.9
8.	↓-1	알디(Aldi)	독일	82,164e	11.5	n/a	n/a	8.0	17	66.2
9.	↓-4	테스코(Tesco)	영국	81,019	-12.7	0.6	-9.3	-2.3	10	19.1
10.	↑+2	아마존	미국	79,268	13.1	0.6	-0.3	20.8	14	38.0
전 세계 10위권①				1,308,065	2.9	2.8	5.9	4.2	15.7②	28.7
전 세계 250위권①				4,308,416	5.2	3.0	4.6	5.0	10.1②	22.8

전 세계 250대 판매기업의 판매수익 중 10대 기업의 점유율 30.4%

① 판매액 기준치 및 통화 간 환율 조정 후의 판매수익 연평균 증가율
② 평균
출처: 딜로이트

e = 예측
n/a = 비공개

오프라인과 온라인이 손을 잡아야 하는 이유

2015년 8월 알리바바는 중국 최대의 가전 유통업체 쑤닝에 약 283억 위안(약 4조 8천억 원)을 투자해 쑤닝의 2대 주주가 되었다. 쑤닝은 140억 위안에 2,780만 주를 초과하지 않는 선에서 알리바바의 신주를 구입했다. 이러한 쥐와 코끼리의 춤은 온라인과 오프라인을 관통하는 대규모 조정의 서막을 알리는 신호였다.

알리바바는 세계 최대의 온라인 판매 플랫폼, 쑤닝은 중국 최대의 판매업체 중 하나다. 알리바바는 중국의 인터넷 거래액의 80퍼센트를 점유하고, 쑤닝은 1,600여 곳의 매장을 소유하고 있다. 알리바바와 쑤닝은 상호주(2개 이상의 회사가 서로 소유하는 상대방의 주식)를 보유하게 되었다. 그야말로 허와 실의 융합이자 자산 경량화와 자산 중량화의 첫 조합이다. 이것은 중국 판매업에게 필연적인 일이다.

중국의 거시적 경제가 계속 쇠퇴하는 상황에서 전통 판매업은 우울한 날을 보내고 있었다. 전체적으로 위축된 소비 시장, 유례없는 격렬한 채널 경쟁, 빈번한 소비가 발생하는 매장의 부재 등 업계의 경기는 빙점에 달했다. 2014년 중국의 100대 판매업체의 판매액은 전년도 대비 0.4퍼센트 성장했다. 반면 전자상거래 기업은 줄곧 고속 성장을 해왔다. 시장조사 업체 아이리서치iResearch에 따르면 2014년 중국 네트워크 쇼핑 시장의 거래 규모는 2조 8천억 위안(약 474조 원)에 달했고, 이것은 전년도 대비 48.7퍼센트 증가한 것이었다. 전통 판매업체와 전자상거래 업체는 극과 극의 상황에 놓여 있다.

중국의 경우 미국 등 선진국의 상황과 큰 차이가 있다. 선진국의 대형 오프라인 판매업체는 비교적 신속하게 전자상거래의 충격에 적응했다. 심지어 복합적인 채널에 의지하는 월마트는 직접 아마존과 힘을 겨루기도 했다. 딜로이트의 '2015년 전 세계 판매기업의 판매수익'을 보면 월마트가 연속 1위를 차지했다. 2015년 전 세계 50대 전자상거래 업체 순위에서 월마트의 온라인 매장은 137억 달러의 판매액을 올리며 4위를 차지했고, 온라인 판매액이 총수익의 2.8퍼센트를 차지했다. 월마트의 복합적인 채널 판매는 전통 판매업체의 본보기가 되었다. 아마존은 792억 달러로 1위에 올랐고, 중국의 징둥은 270억 달러로 2위를 차지했다.

전자상거래 업체와 오프라인 업체가 합리적으로 조합되어야 건강한 판매시장을 구축할 수 있다. 그러므로 거시적 경제 측면에서 정부는 전자상거래의 발전을 지지하는 한편 모조품을 단속하거나 세금을 징수하는 등 전자상거래 시장 정리에 착수해야 한다. 이러한 조치가 전자상거래의 기존 경영 모델에 영향을 주어 운영 효율을 높이고 오프라인으로 돌파구를 찾을 수 있다.

중국의 전통 판매업체는 전자상거래에 맞서 형태를 전환하고 발전속도를 높이기는 했지만 다양한 이유(예를 들어 시장 전체 규모가 충분히 크지 않고 관리와 의식이 따라가지 못하는 등)로 복합적인 채널을 발전시키지 못했다. 그들은 어쩔 수 없이 온라인에서 돌파구를 찾았다. 이러한 기회를 이용한 것이 알리바바와 쑤닝의 연합, 즉 대형 온라인 업체와 실력 있는 오프라인 판매업체의 합작이다.

미국에서는 오프라인 매장과 전자상거래 업체가 대등하기 때문에 굳이 합작할 필요 없다. 합작에는 이익 분배 및 자원 공유 등이 따르기 때문이다. 이와 달리 중국 시장은 전자상거래 업체와 오프라인 업체가 적극적으로 다가가게 되었고, 자원의 상호 보완을 통해 시장을 조정했다. 그러나 기업마다 각기 다른 전략적 의도가 있게 마련이므로 합작 방식 또한 각기 다르다. 예를 들어 징둥과 슈퍼마켓 체인 융후이永輝의 합작은 신선식품 시장을 개발하기 위한 목적이었고, 융후이는 이를 통해 온라인 판매를 높이려 했다.

알리바바와 징둥은 서로 상황이 다르다. 알리바바의 자산 경량화 모델은 표면적으로 이윤이 높은 것처럼 보이지만 징둥에 비해 핵심 경쟁력이 결코 뛰어나지 않다. 징둥은 물류에 의존해 서비스의 질을 보장하고 브랜드를 창조했다. 예를 들어 베이징에서 동등한 조건으로 구매한다면 고객은 징둥을 선택한다. 또한 징둥이 직영 판매를 우선으로 선택한 것은 이미 브랜드를 창출했음을 뜻한다. 반면 알리바바의 타오바오는 채널 브랜드와 더 유사하다. 이러한 차이로 징둥은 대량 제품 판매 시장에서 우세를 점하게 되었다. 그러므로 타오바오가 승리할 수 있는 요소는 롱테일(틈새시장) 제품 및 징둥 물류가 미치지 못하는 시장이다. 그러나 징둥의 물류 확장은 점차 타오바오의 영역을 잠식하고 있다.

징둥의 강력한 공격에 맞서 알리바바는 오프라인 판매업체와의 합작을 고려했고, 쑤닝은 최적의 선택이었다. 과거 2년 동안 쑤닝의 온라인 판매 전략은 점점 효과를 발휘하고 있었다. 장기적으로 핵심 경쟁력을 키우기에 괜찮은 선택이었다. 이러한 모델이 성공한다면 알리바바는 계속 다른 오프라인 업체와 합작할 것이다.

알리바바와 쑤닝의 합작이 중국의 비즈니스 역사상 이정표적인 행보임은 의심할 여지가 없다. 그러나 양측은 아직 가야 할 길이 멀다. 양측의 규모는 결코 대등하지 않다. 쑤닝의 기업가치는 1,400억 위안이 넘고, 알리바바는 약 1조 4천억 위안으로 쑤닝의 10배에 달한다. 경영 실적이 좋은 기업 간의 상호 합작은 아름다운 미래를 기대하지만 최종 결과를 예측하기는 어렵다.

옴니채널, 즉 복합적인 채널은 판매업이 반드시 거쳐야 할 길이다. 이러한 의미에서 알리바바가 쑤닝과 손을 잡은 것은 필연적인 선택이다. 그러나 양측이 진정한 합작을 이루려면 소비 채널, 물류, 빅데이터뿐만 아니라 각각의 기업이 지닌 판매의 기본 요소가 필요하다.

거시적인 측면에서 볼 때 판매업에는 건강하고 안정되게 발전할 수 있는 전자상거래 시장이 있어야 한다. 또한 적절한 조정을 거친 효율적인 오프라인 판매 시장도 필요하다. 선진국은 전자상거래 업체와 오프라인 업체가 비교적 양호한 균형을 이루었다. 그러나 중국 시장은 특성상 균형을 이루기가 쉽지 않다. 알리바바와 쑤닝, 징둥과 융후이의 협력은 이러한 모델의 시작점이 될 것이다.

제프 베조스는 확장, 마윈은 매수

2015년 11월, 대형 전자상거래 업체 아마존은 시애틀에 첫 번째 오프라인 서점을 열었다. 그 뒤를 이어 포틀랜드와 샌디에이고에도 열었다. 2017년 벽두부터 아마존은 뉴욕에 매장을 열었고, 연말까지 적어도 8개의 매장을 보유할 계획이었다. 거의 같은 시기에 아마존은 무인 마트 시범 운영을 발표했다. 고객은 매장에서 줄을 서거나 계산할 필요 없다. 매장에 들어가서 바코드를 스캔하고 원하는 제품을 가지고 매장을 나서는 즉시 구매 금액이 자동적으로 고객의 아마존 계좌에서 빠져나간다.

서점과 잡화점은 오프라인 판매에서 가장 위태로운 분야로, 아마존이 가장 먼저 넘어뜨린 대상이다. 아마존은 전 세계 10대 판매업체를 파고들면서 두 분야의 오프라인 시장에 진출하겠다고 선포했는데, 시기나 동기를 깊이 생각해볼 가치가 있다.

알리바바의 인수전 또한 잠시도 멈추지 않았다. 알리바바는 2016년 11월에 21억 위안을 투자해 쇼핑센터 체인 싼장거우우三江購物의 주식 35퍼센트를 획득했다. 그리고 2억 6,700만 위안에 O2O 서비스 업체 싼디엔고우閃電購를 인수했다. 식료품 전자상거래 업체 이궈성셴易果生鮮의 협력 투자자가 되었고, 1억 5천만 달러로 신선식품 매장 허마셴성盒馬鮮生의 주요 투자자가 되었다. 신선식품 구매의 새로운 모델과 체험을 시도하려는 것이다. 2017년 1월 백화점 체인 인타임쇼핑銀泰商業의 주식 74퍼센트를 보유하며 지배주주가 되었다.

알리바바의 이러한 행보는 온라인과 오프라인을 아우르는 복합 채널 플랫폼을 구축하려는 것이다. 이때 마윈의 신유통은 이미 초기 형태가 구축되었다. 알리바바는 단일 채널 전자상거래 기업에서 복합 채널 판매 플랫폼 및 판매업체로 전환되었다.

2016년 알리바바의 이사회 회장 마윈은 주제 강연 발표에서 이렇게 말했다.

"2017년부터 알리바바는 더 이상 전자상거래라는 말을 쓰지 않을 것이다. 순수 전자상거래 시대는 곧 끝날 것이다. 향후 10년, 20년에는 전자상거래가 사라지고 그 자리를 신유통이 대신할 것이다. 온라인과 오프라인의 물류가 하나로 결합되어야 비로소 신유통이 탄생한다."

'신유통'이라는 세 글자는 마치 마법의 주문처럼 단번에 업계 사람들의 입에 오르내렸다. 그렇다면 신유통이란 과연 무엇인가? 온라인과 오프라인의 결합만을 의미한다면 특별할 것도 없다. 2016년 미국의 시장조사 기관 이마케터eMarketer는 180곳의 전자상거래 업체를 추적 조사한 결과 전자상거래 총판매액은 약 2천억 달러, 그중 상위 25곳이 1,590억 달러가 넘는 판매액을 차지할 것이라고 예측했다. 25곳 중 18곳이 지난 5년 안에 온라인 경영을 시작한 전통 판매업체다. 예를 들어 메이시스 백화점, 노드스트롬, 타겟, 갭 등이다.

지난 20년을 돌아보면 전자상거래는 일찍이 할인 판매업체와 함께 시작되었다. 두 업체 모두 가격과 편리성에 중점을 두고 있다. 이 2가지 필요성을 겨냥해 전자상거래 업체는 표준화 정도가 매우 높은 제품(예를 들어 도서나 CD)을 오프라인에서 온라인으로 이동시켰다. 온라인 소비 습관이 양성되고 고객의 체험이 끊임없이 개선됨에 따라 전자상거래는 다른 분야까지 뻗어나가 효율을 높였다. 전자상거래가 나아갈 길은 표면적으로는 자산 경량화이지만 실제로는 자산 중량화이다. 경량이란 고정자산, 인원 배치, 관리 부담이 전통적인 판매업에 비해 크지 않은 것을 말한다. 중량이란 물류, 창고, 저장에 막대한 투입이 필요하다는 것을 의미한다. 물류 방식의 변화는 전자상거래의 높은 효율을 보장한다.

그렇다면 신유통이란 무엇일까? 우리가 오랫동안 이야기해온 옴니채널에 불과한 것일까?

*
**

온라인은 어떻게 체험을 제공할 것인가?

어느 나라든 전국적인 체인 판매업체의 출현은 업계 발전에 필연적인 요소이자 업계가 성숙했음을 상징한다. 충분한 조정을 거치지 않은 중국의 판매업에서 오프라인의 신속한 인수합병과 조정은 피할 수 없다. 이들의 비즈니스 논리는 규모, 범위, 비중을 내세운 경쟁력이다. 전국적인 판매업체가 있어야 비로소 제품, 매입가, 판매가를 통제할 수 있다. 중국에 월마트 같은 거대 기업이 탄생한다면 원가는 즉시 크게 내려갈 것이다.

기업 합병 자문회사 머저마켓Mergermarket에 따르면 2013년 중국의 전통 판매기업의 합병 거래 총액은 2012년의 3배에 달한다. 판매업 성장이 바닥일 때 실력 있는 기업은 유리한 기회를 잡을 수 있다. 대규모의 기업 합병은 규모를 확장하고 경영 방식을 확대해서 지역적 장애를 돌파할 수 있다.

전통 판매업체든 인터넷 판매업체든 모두 온라인과 오프라인의 벽을 뛰어넘어 옴니채널 모델에 들어서야 한다. 물론 이러한 방식이 탄탄대로인 것은 아니다. 다양한 채널은 단일 채널보다 더 많은 자원과 능력을 필요로 하지만 반드시 받아들여야 할 도전이다.

세계적으로 볼 때 판매업체와 전자상거래 업체는 단일 채널에서 출발해 복합 채널과 옴니채널로 나아가는 과도기에 있다. 치밀하게 조정된 옴니채널 전략은 판매를 촉진하고 구매자를 끌어들여서 판매액과 이윤을 높인다. 옴니채널은 오프라인 매장, 전자상거래 업체, 모바일 사용자와 소셜미디어를 아우르는 신유통 체계다. 미국에서 옴니채널 모델은 일찍이 판매업의 새로운 형태가 되었다.

매년 연말 블랙 프라이데이(Black Friday, 추수감사절 다음 날)와 크리스마스 쇼핑 시즌은 판매업계가 전략적으로 노리는 기간이다. 2014년 대형 온라인 판매업체 아마존은 크리스마스 쇼핑 시즌을 준비하기 위해 예상을 뛰어넘는 조치를 단행했다. 뉴욕 맨해튼에 오프라인 매장을 오픈한 것이다. 부근에는 메이시스 백화점을 포함해 유명 브랜드가 입점한 쇼핑몰이 있었다. 아마존의 오프라인 매장은 뉴욕 시내 일부에 당일 배송과 교환 및 환불을 처리하는 서비스를 제공하여 창고와 비슷한 역할을 했다.

이 오프라인 매장은 진정한 의미의 상점이라기보다 아마존의 제품 전시장과 더 비슷하지만 아마존은 연이어 오프라인 매장을 시도했다. 이 것은 오프라인 매장을 다른 것과 대체할 수 없음을 증명한다. 판매업의 가치사슬에서 오프라인 매장이 사라지지 않는 이유는 가장 오래된 판매 루트이자 가장 친근한 쇼핑 방식이기 때문이다. 기술적인 지원이 뒷받침되면 오프라인 매장은 쇼핑 체험에서 더욱 대담한 시도를 할 수 있다.

아마존이 오프라인 매장을 기획하자 다른 전통 판매업체도 당일 배송을 시도했다. 구글이 제공하는 택배 서비스를 선택한 기업도 있다. 800여 곳의 매장을 소유한 메이시스 백화점도 온라인 서비스를 시작했다. 월마트는 4천여 매장을 고객에게 상품을 발송하는 중추로 삼을 예정이었고, 대략 20퍼센트의 온라인 주문이 매장에서 출하되었다. 매장을 상품 출고 센터로 바꾼 것이다.

이와 같은 조용한 변화는 판매업체가 자신의 조직구조와 전략을 바꾸고 있음을 상징한다. 시장조사 기관 포레스터 리서치Forrester Research 의 분석에 의하면 판매업체의 온라인 주문 중 30~50퍼센트가 매장에서 직접 물건을 수령하는 방식으로 이루어진다고 한다. 또한 미국 소비자의 40퍼센트는 실제로 매장에 가서 교환 및 환불 서비스를 받은 적이 있다고 한다. 방대한 매장을 지닌 전통 판매업체에게는 좋은 소식이다.

저렴한 가격은 오랜 기간 전자상거래의 우세였다. 웰스 파고 은행과 마케팅 전략 기업 360pi의 연구 보고에 따르면 아마존이 전자상거래의 리더이기는 하지만 9곳의 주요 판매업체에서 판매하는 100종류의 제품 가격을 비교해본 결과 월마트와 타겟의 의류 및 신발, 전자제품, 일상용품 및 건강·미용 제품의 가격이 더 저렴했다. 2014년 2월까지 3개월간 월마트의 판매가는 아마존과 막상막하였다. 그러나 8월이 되어 월마트의 상품 가격은 아마존에 비해 대략 10퍼센트 저렴했다. 1년 전 메이시스 백화점의 의류 및 신발 가격은 아마존보다 17퍼센트나 높았지만 1년 후에는 1퍼센트까지 떨어졌다.

쇼핑은 감각기관과 체험의 여행이다. 체험이 필요 없는 제품은 온라인이 오프라인을 완전히 대체할 수 있다. 그러나 체험이 필요하기 때문에 온라인은 오프라인을 대체할 수 없다. 전자상거래는 오프라인 매장을 대체할 수 없고, 양자는 반드시 공존해야 한다. 오프라인은 체험을 제공하고, 온라인은 편리함을 제공하기 때문에 둘 다 포기할 수는 없다.

판매업의 가치사슬은 판매 채널 전체가 소비자를 위해 제공한 이익의 총체다. 소비자는 각 업체를 직접 찾아가 다양한 요구를 충족한다. 구체적으로 말하자면 소비자들은 상품 구매와 가격 비교를 분리할 것이다. 온라인은 상품 구매에 적합하고, 오프라인은 가격 비교에 적합하다.

온라인과 오프라인이 융합하는 추세이지만 모든 판매업체가 참고할 만한 성숙된 모델이 없기 때문에 경험을 통해 모색해야 한다. 전통 판매업체가 인터넷과 모바일을 새로운 판매 채널로만 여기고 구매 과정의 변혁을 시도하지 않으면 결국 시대에 뒤처지게 될 것이다. 전자상거래 업체는 오프라인 매장으로 나아가는 과정에서 반드시 판매 가치사슬에 각종 자원을 조합해야 한다.

＊
＊＊

너의 이윤은 나의 기회다

대중들 사이에는 '온라인은 편리함을 제공하고, 오프라인은 경험을 제공한다'는 개념이 형성되었다. 전자상거래 업체와 전통 판매업체는 방법은 달라도 나아가는 방향이 동일하고 융합되는 것처럼 보인다. 그러나 온라인과 오프라인의 옴니채널은 비록 관련성이 있지만 차이가 분명하다.

전통 판매업체가 온라인 사업을 할 때 중점 포인트는 오프라인의 소비 흐름을 플랫폼으로 끌어와서 판매하는 것이다. 하지만 제품, 가격, 서비스 등에서 온라인과 오프라인의 차이가 발생한다. 특히 오프라인 채널이 주로 가맹점으로 구성되어 있을 때가 그렇다. 전통 판매업체가 순수 전자상거래 모델을 도입해서 온라인 채널을 구축할 수는 있지만 오프라인 모델을 온라인상에 완전히 복제할 수는 없다.

반대로 전자상거래 업체가 오프라인 매장을 개설하기 위해서는 더 많은 소비 흐름을 온라인으로 끌어와야 한다. 그러므로 전자상거래가 고려할 핵심은 어떻게 하면 고객의 쇼핑 결정 과정을 도와주고 유도하는가이다. 예를 들어 이베이와 호주의 판매업체 마이어Myer는 서로 합작하여 세계 최초의 가상현실 백화점을 만들었다. 이베이의 가상현실 기술을 이용해 HTC(훙다 전자회사)의 가상 장비를 장착하면 고객은 '직접 그 장소에 간 것'처럼 마이어에서 판매하는 1만 2,500개의 제품을 훑어본 다음 온라인에서 구매하고 배송받을 수 있다. 순수 전자상거래 업체가 오프라인 매장을 복제한 것이다. 온라인 판매업체는 어떻게 하면 쇼핑 과정을 더욱 간편하고 흥미롭게 만들 수 있을지 고민해야 한다.

온라인 플랫폼의 모델을 오프라인으로 옮겨놓으면 강력한 흡인력이 발생한다. 아마존의 서점이 좋은 예다. 서점의 모든 책은 표지가 고객을 향해 배치되어 있고, 평점 시스템에 따라 진열되어 있다. 모든 책 밑에는 고객의 서평이 달려 있다. 아마존 온라인 서점의 현실 버전인 것이다. 이렇게 온라인 판매업체는 일류 오프라인 매장을 소유하게 되었고, 고객과 접촉하지 않는 서비스라는 전제하에 온라인과 오프라인의 융합이 실현되었다.

더욱 복합적인 채널이 출현하고 있지만 각기 요소가 다르기 때문에 각 채널도 각각의 모델로 발전해나간다. 순수 전자상거래의 복합 채널은 데이터와 각종 첨단기술을 이용해 쇼핑 체험을 충족할 수 있다. 또한 점차 기술이 인간의 서비스를 대체하기 때문에 일련의 제품을 오프라인으로 가져올 수 있다. 반면 전통 판매업체는 환경과 인간의 서비스를 강조하면서 오프라인 진지를 굳게 지켜나갈 수 있다.

아마존의 창립자 제프 베조스는 경쟁 상대를 향해 "당신의 이윤은 바로 나의 기회다"라는 도발적인 명언을 남겼다. 상대의 이익을 빼어오겠다는 것은 게임의 구조를 바꿔서 승패를 뒤바꾼다는 것이다. 물론 이것은 전통 판매업체나 전자상거래 업체 중 어느 한쪽의 일방적인 승리를 의미하지는 않는다. 오히려 판매업체의 경쟁이 불공평에서 공평에 가까워지는 상황으로, 불균형에서 균형으로 진화하는 것을 의미한다. 공평한 경쟁 환경이 마련되어야 승자 없는 소모전을 피할 수 있다.

복합 채널이 무엇인지 이해하고, 각기 다른 요소를 지닌 복합 채널이 각기 다른 모델을 전개해야 한다는 사실을 이해할 때 신유통이라는 개념이 상당히 추상적이라는 사실을 발견할 수 있다. 마윈이 신유통 개념을 제시하기 전에 알리바바의 오픈마켓인 타오바오의 모델은 이미 한계에 달했다고 할 수 있다.

가짜가 판치는 시장

2014년 9월 뉴욕 증권거래소에서 기업공개를 한 이래 자본시장의 열광적인 지지를 받은 알리바바의 기세는 더욱 등등해졌다. 우리는 일련의 데이터를 통해 베일을 벗은 알리바바의 진정한 모습을 살펴볼 수 있다. 2013년 회계연도에 아마존의 총영업수익(판매액)은 744억 달러였고, 순이익은 2억 7,400만 달러(약 3,250억 원)였다. 같은 해 이베이의 영업수익은 160억 달러, 순이익은 28억 달러(약 3조 3천억 원)였다. 2014년 회계연도(2013년 4월~2014년 3월)에 알리바바의 판매액은 525억 위안으로 100억 달러에 달하지 못했다. 이윤은 234억 위안으로 약 38억 달러였으며 순이익률은 44.57퍼센트에 달했다. 알리바바는 게임 플랫폼과 최대의 SNS 위챗을 보유한 텐센트(약 120억 달러)에 이어 중국 판매액 순위에서 2위를 차지하는 인터넷 기업이 되었다.

비록 아마존의 판매액이 알리바바의 8배나 되고 이베이의 판매액이 알리바바의 약 2배에 달하지만 그들의 순이익 합계는 30억 달러로, 38억 달러인 알리바바의 적수가 되지 못했다. 이것은 판매업에서 그야말로 신화나 다름없었다. 그러나 가치사슬 안에서 보답을 얻으려면 반드시 자신의 가치를 지니고 있어야 한다는 것이 비즈니스 상식이다. 그렇다면 타오바오(알리바바의 온라인 마켓)의 가치는 과연 어떤 방면에서 실현되었을까?

알리바바는 2017년 회계연도의 전체 수익이 전년 대비 56퍼센트 성장했으며 1,583억 위안에 달한다고 밝혔다. 알리바바 플랫폼의 한 달 이용자 수는 이미 중국 휴대폰 이용자 수에 근접했다. 2017년 3월까지 〈포브스〉에서 선정한 세계적으로 가장 가치 있는 100대 브랜드 중 75퍼센트가 이미 알리바바 그룹 온라인 쇼핑 플랫폼 티몰(T-mall, 톈바오天猫)에 진출했다.

이러한 수치는 알리바바가 전자상거래 분야의 맹주임을 알려준다. 알리바바는 중국 인터넷 거래액의 80퍼센트를 차지하고 있다. 알리바바 혼자 중국 네트워크에 들어가는 트래픽의 80퍼센트를 틀어쥐고 있다고 할 수 있다. 이러한 트래픽이 그대로 도입되면 금융업계 또는 여행업계에도 새로운 알리바바가 출현할 수 있다. 맨손으로 창업한 마윈은 비즈니스 제왕이라는 꿈을 이루었다. 그러나 판매 플랫폼 모델이 마윈이 원하는 무경계를 이룰지는 여전히 물음표로 남아 있다.

미국에서 플랫폼 모델은 시장의 23~24퍼센트만 점유하고 있다. 그러나 중국에서는 90퍼센트에 가까운 네트워크 판매업체가 플랫폼을 운영하고, 그중 70퍼센트 이상이 C2C(소비자와 소비자 간의 전자상거래)에 속한다. 다른 나라에서는 이러한 수치가 한 자릿수에 지나지 않는다. 여기에는 세계의 공장이라 불리며 소비자와 직접 대면하고자 하는 중국의 수많은 소형 생산 제조기업이 있다. 이름 없는 기업이 남다른 성과를 올리는 방법은 바로 사회의 발전 추세에 적응하는 것이다. 타오바오는 절호의 시기에 나타났고, 사회 수요를 촉진하는 비즈니스 기회를 포착했다.

마윈은 타오바오에 몇 차례의 스핀오프(Spin-Off, 회사 분리의 방법으로 자회사를 신설하고 취득한 주식이나 기존 자회사 주식을 모회사의 주주에게 나눠 주는 것)를 진행했다. B2B(기업과 기업 간의 전자상거래) 기업이 홍콩 시장에서 물러난 다음부터 2014년까지 알리바바는 전 세계에서 IPO(상장을 위한 기업공개) 융자액이 가장 높은 회사였다. 몇 차례의 변화를 거치며 타오바오의 비즈니스 모델은 점차 명확해졌다. 그것은 전자상거래 서비스 기업이 아니었다. 전자상거래 광고 기업인 타오바오는 플랫폼의 모든 광고를 독점하고 있었다.

투자설명서에 따르면 알리바바 그룹의 3개 판매 플랫폼(타오바오, 티몰, 쥐화쏸聚劃算)의 상품 거래액은 1조 6,800억 위안이라고 한다. 알리바바의 판매액 525억 위안은 대략 3퍼센트이다. 이것은 타오바오에서 판매하는 업체는 매출액의 3퍼센트를 트래픽 구입비로 지불해야 한다는 의미다. 마진이 적은 판매업체의 세후 순이익은 평균 판매액의 3.4퍼센트다. 2013년 중국의 100대 체인 기업은 평균 총이익률이 16.9퍼센트였다. 유량 구입비에 들어가는 3퍼센트는 받아들이기 힘든 원가다.

2017년 '싱글의 날'로 쇼핑 축제일인 광군제(光棍節 또는 쐉스이雙十一)를 맞이해 거래액은 다시금 기록을 경신했다. 253억 달러라는 거래액은 미국 블랙 프라이데이의 3배였다. 총 167개 상점의 당일 거래액이 억 단위를 넘겼고, 그중 17개 상점이 5억 위안, 6개 상점이 10억 위안을 넘겼다. 2016년까지 타오바오에서는 총 940만 개의 판매업체가 수십억 개의 상품을 판매하고 있다고 한다. 문턱이 낮기 때문에 타오바오의 판매업체 동질화 현상은 매우 심각하다. 어디서나 가격 전쟁이 일어나고, 어느 정도로 출혈경쟁일지 미루어 짐작할 수 있다.

광군제에 전 인터넷 판매량 1위를 차지한 쑤닝홀딩스와 의류 판매 1위의 유니클로는 모두 '매장 직접 수령', '매장에서 반품 및 교환'을 통해 오프라인 매장으로 유입했다는 점에 주목할 가치가 있다. 남녀 의류 분야에서 높은 순위를 차지하는 타이핑냐오푸스太平鳥服飾도 '매장 스캔 주문', '온라인 주문 후 매장 수령' 등의 서비스를 제공해 오프라인 매장의 참여도를 높였다.

이러한 상황이 벌어지는 주요 원인은 온라인의 가격이 갈수록 높아지기 때문이다. 알리바바의 광군제 거래량은 2017년에 약간 반등하기는 했지만 과거 4년 동안 둔화되고 있었다. 바이두에서 광군제 관련 검색지수 또한 2년 연속 하락하고 있다. 이는 온라인에서 순이익이 점점 줄어들고 있다는 의미다. 그렇다면 기업을 운영하기 위해 정가를 높여야 한다.

경쟁이 극단으로 치달으면 판매업체는 막대한 투자를 해야 살아남을 수 있다. 타오바오에서 판매하는 업체 간의 빈부 격차가 갈수록 커지는 이유가 여기에 있다. 2007년부터 타오바오는 매월 소득 불평등을 측정하는 지니계수를 발표하는데, 이 수치가 해가 갈수록 높아지고 있다. 규모가 큰 업체는 갈수록 커지고 규모가 작은 업체의 생존 주기는 갈수록 짧아진다.

본래 치열한 경쟁은 시장 행위다. 다양한 업계와 국가에서 치열한 경쟁이 벌어지고 있다. 그러나 한 업체에 의한 것이라면 더 이상 순수한 시장 행위가 아니다. 타오바오의 우세가 트래픽에만 있다면 타오바오의 비즈니스 모델은 트래픽으로 상점을 묶어두고 그로부터 막대한 거래액을 얻는 것에 지나지 않는다.

타오바오의 또 다른 문제점은 바로 모조품이다. 모조품 판매를 막기 위해 큰 힘을 기울이고 있지만 플랫폼 비즈니스 모델은 모조품 문제에 제대로 대처하기 힘들다. 거래 과정에서 플랫폼과 실제 제품이 결코 접촉하지 않기 때문이다. 모조품을 판단하고 처리하는 플랫폼 업체의 원가는 특정 상품만 판매하는 버티컬 커머스Vertical Commerce 업체와 오프라인 업체보다 훨씬 높다. 그러므로 일단 정부가 모조품을 엄격하게 관리 감독하기 시작하면 타오바오의 원가는 신속하게 상승할 것이다.

모조품에 대한 우려가 소비 심리에 반영될 경우 소비자의 유형은 점차 분화될 수밖에 없다. 어떤 소비자는 아마존을 선택하고, 또 어떤 소비자는 징둥을 선택할 수도 있다. 소비자가 점차 성숙해지고 이성적일 때 피할 수 없는 추세다. 버티컬 비즈니스 모델도 일정한 지위를 지니고 있다. 모든 전자상거래 업체가 세분화된 영역으로 특정 소비자를 끌어들이는 것이 비교적 합리적인 시장 배분이다.

전 세계 투자자들에게 열렬한 사랑을 받고 있는 알리바바의 트래픽은 갈수록 비싸질 것이다. 일단 타오바오의 대형 혹은 초대형 판매업체가 위험을 감수할 수 있다면 필연적으로 타오바오를 떠날 것이다. 타오바오에서 잘 팔리는 대량 상품은 징둥에게 빼앗길 가능성이 있다. 중국의 관세 정책이 바뀌자 아마존의 우세는 더욱 확연하게 드러났다. 아마존은 중산층의 고급 고객을 빼앗아갈 것이다.

2017년 하반기에 중국 최대의 SNS 웨이보의 트래픽 가격은 6개월 동안 거의 3배나 치솟았다. 창업 초창기의 기업들은 "선전과 상하이의 부동산보다 트래픽 가격이 훨씬 빠르게 오른다. 부동산 가격처럼 거품이 꺼질 것이라고 하지만, 내일 아침에 일어나면 최고치보다 더 높은 수치를 발견할 뿐이다"고 불평할 정도였다. 트래픽은 갈수록 비싸질 뿐만 아니라 점차 분산되고 있다.

중국의 인터넷 판매 증가 속도가 둔화되는 추세라면 타오바오는 경쟁 상대에게 점차 잠식될 가능성이 있다. 트래픽은 파괴할 수 없을 정도로 견고하지 않다. 그것은 단지 소비자의 구매 습관의 연장선일 뿐이다. 소비자가 더 이상 맹목적으로 저가를 추구하지 않고 브랜드에 충성하기 시작할 때 저렴한 트래픽은 돈으로 구매할 수 있지만 가치 있는 트래픽은 그럴 수 없다. 그러므로 타오바오의 경계는 반드시 축소되어야 한다.

2018년 1분기에 중국의 스마트폰 출하량이 8,137만 대였고, 전년도 대비 26퍼센트 폭락했다고 한다. 이것은 트래픽 증가가 한계에 달했음을 의미한다. 트래픽에 기인한 비즈니스 모델은 이미 사망했다. 소수 기업이 트래픽을 독점하고 있고, BAT(바이두, 알리바바, 텐센트)라 하더라도 플랫폼 전자상거래는 곧 거대한 감독 관리를 마주하게 될 것이다.

마윈이 풍미하는 거금이 알리바바의 신유통 영역을 다지는 사이, 2017년 말 소셜네트워크 및 게임의 거두 텐센트도 마윈의 신유통을 겨냥하기 시작했다. 급변하는 상황의 배후에는 판매 데이터를 둔 쟁탈전이 있었다. 인터넷 기업들의 전쟁은 현재 트래픽에서 데이터로 이동하고 있다. 오프라인에서 데이터와 시나리오를 찾는 것이 가장 중요한 논리가 되었다.

*
**

텐센트가 인터넷 쇼핑몰에 뛰어든 이유

2017년 알리바바와 징둥 사이에 타오른 광군제 전쟁은 12월까지 점점 더 격렬하게 진행되었다. 12월 15일 슈퍼마켓 체인 융후이차오스는 린즈텐센트가 42억 위안의 현금으로 자사의 주식 5퍼센트를 매수했다고 선포했다. 3일 후 텐센트와 징둥은 현금으로 온라인 쇼핑몰 웨이핀후이唯品會에 합계 약 8억 6,300만 달러를 투자했다. 텐센트와 징둥은 각각 웨이핀후이의 주식을 7퍼센트, 5.5퍼센트 소유하게 되었다. 웨이핀후이의 판매량 중 90퍼센트는 중국의 대도시에서 나온 것이다. 텐센트는 징둥의 최대주주이기도 하다.

일주일 동안 텐센트 계열은 누계 100억 위안에 달하는 대규모 매수를 시작해 온라인과 오프라인 판매 업무를 배치했다. 온라인과 오프라인을 통틀어 풍부한 영업 채널을 소유하고 브랜드와 판매 흐름에서 더욱 광범위한 연맹을 추구하면서 알리바바 계열의 강력한 공세에 대항하는 것이었다. 그러나 실상은 방어일 뿐만 아니라 대세를 따르기 위한 투쟁에 가깝다.

장기적으로 데이터는 가장 핵심적인 자산이다. 텐센트의 핵심 사업인 게임은 이윤이 가장 높은 분야이지만 여기서 생산되는 데이터의 가치는 매우 낮다. 게다가 시간이 흐를수록 데이터의 가치가 계속 떨어진다. 텐센트는 줄곧 소셜네트워크에서 우세를 보였지만, 전자상거래에 비해 소셜네트워크 데이터의 가치가 훨씬 낮다.

이것이 바로 텐센트가 전자상거래에 주력하게 된 이유다. 알리바바가 과거 1년 동안 신유통을 위해 500억 위안을 들여서 주식을 매수한 것도 같은 이유다. 텐센트의 전자상거래 논리를 이해하는 것은 판매업의 미래를 이해하는 것과 마찬가지다.

텐센트가 전자상거래에 손을 뻗친 것은 처음이 아니다. 경쟁이 치열하던 2012년 텐센트는 대담하게 전자상거래에 발을 들여놓았다. 2012년 텐센트의 전자상거래 수익은 44억 위안(약 7,500억 원)으로 총판매액의 10퍼센트를 차지했다. 2013년 전자상거래의 거래량이 큰 폭으로 증가하면서 거래 플랫폼 서비스 수입도 성장했다. 텐센트의 전자상거래 수익은 98억 위안으로 급증했고 총판매액의 16퍼센트에 달했다. 전년도에 비해 121퍼센트 증가한 것이었다.

그러나 2014년 3월이 되자 텐센트는 전자상거래를 분리해 징둥에 매각하고 징둥의 최대주주가 되었다. 텐센트가 전자상거래를 포기한 이유는 소셜미디어가 노력을 적게 들이고도 수익은 크다고 인식했기 때문이다. 전자상거래는 노력이 많이 들면서도 벌이는 시원찮았다. 텐센트 같은 IT 기업으로서는 전혀 아쉽지 않았다. 2013년 다양한 상품 종류와 지역 범위를 확장하는 것으로 텐센트의 전자상거래 수익은 98억 위안에 달했다. 그러나 상품 판매 원가의 증가로 매출 원가는 92억 위안에 달했다. 두 자릿수에 익숙한 투자자들은 한 자릿수의 이윤율에 크게 놀랐다.

그러나 지금은 전자상거래가 소셜네트워크보다 훨씬 유리하다는 점을 인식하기 시작했다. 가장 중요한 것은 전자상거래가 얼마나 돈을 벌어다줄 것인가가 아니라 전자상거래가 생산하는 시나리오와 데이터다. 판매업계는 줄곧 구매 행위가 소비자를 정의한다고 믿어왔다. 과거에도 그랬고 현재도 마찬가지다. 또한 메신저 앱인 위챗 대화 데이터에서 얻을 수 있는 정보량은 물건을 구입하는 과정에서 얻은 정보량과 비교할 수 없었다. 위챗의 성장 속도는 둔화되기 시작했고, 다른 한편으로는 소셜화가 진행 중이다. 개인의 사교권이 기업 수준의 응용으로, 사적인 공간이 공공의 공간으로 바뀌고 있는 것이다.

전자상거래 업체는 풍부한 데이터를 지니고 있다. 이것은 텐센트가 절대 포기할 수 없는 것이었다. 일단 전자상거래 데이터와 소셜네트워크의 데이터를 장악하면 2가지 요소는 서로 중첩되어 화학반응을 일으킬 것이다. 모바일 게임 왕자영요王者荣耀가 비정상적일 정도로 히트한 이유는 게임과 소셜네트워크가 결합되었기 때문이다. 게임은 소셜네트워크를 촉진했고, 반대로 소셜네트워크는 게임을 강화했다.

중국 판매업의 폐단은 업계가 지극히 분산되었기 때문이다. 전자상거래 업체가 오프라인 업체를 제멋대로 공격해도 반격할 힘이 전혀 없다는 것이다. 통계국의 데이터에 의하면 2016년 중국의 소비재 판매 총액은 33억 2천만 위안이었고 그중 온라인 판매액이 16퍼센트를 차지하는 5억 2천만 위안이었다. 전년도 대비 26.2퍼센트 증가했지만 증가 속도는 3년 연속 둔화되었다. 이것은 과거 폭발적인 성장을 보였던 중국의 인터넷 판매시장이 점차 성숙하고 안정된 단계에 들어섰음을 의미한다.

지속적으로 높은 성장률을 보이는 네트워크 판매 분야에는 알리바바와 징둥이 나타났다. 그러나 알리바바가 제아무리 대단하다 해도 시장점유율이 10퍼센트에 못 미치고, 징둥도 6퍼센트가 채 되지 않는다. 두 기업을 상대하는 것은 수많은 소기업들이다. 성장이 둔화되고 경쟁이 격화되는 상황에서 전체 업계는 반드시 조정을 거쳐야 한다.

현재로서는 알리바바와 징둥에 필적할 만한 기업이 없다. 이것은 알리바바와 징둥의 경쟁 체제로 바뀔 수 있음을 의미한다. 징둥은 조정에 들어갈 동기와 의욕이 커 보이지만 적자의 압력이 발목을 잡고 있다. 소기업은 알리바바보다 징둥에 물건을 파는 것이 더 낫다. 그러나 결국 자원을 배치할 때는 누가 더 필요로 하는지를 고려해야 하고, 시장에 의해 정해져야 한다.

판매업계 전체의 조정은 필연적이다. 시장의 조정이 어느 정도 이루어지면 시장점유율이 20~30퍼센트인 회사의 독점을 정부가 허락하지 않는다. 이것은 전 세계적으로도 마찬가지다. 딜로이트의 보고서에는 2015년 회계연도에 세계 10대 판매업체의 총판매액이 250대 판매업체의 전체 판매액에서 차지하는 비율이 30퍼센트가 되지 않는다고 밝혔다. 그러므로 중국의 전자상거래 시장은 조정을 거쳐야 하고, 과두독점이 되었을 때 반드시 정부가 나서서 관여해야 한다. 이는 어떠한 시장경제 국가도 마찬가지다.

전자상거래 데이터를 쟁탈하기 위해서는 온라인과 오프라인의 융합이 필연적이다. 텐센트와 알리바바의 데이터 쟁탈전은 점차 매수 신기록을 세우는 것으로 변화했다. 전자상거래와 전통 판매업계의 분쟁이 천하를 지배하게 되면서 징둥 그룹 이사회의 수석이사 겸 CEO 류창둥 劉强東은 '무경계 소매'가 도래하는 도중에 갑자기 차질이 생겼다고 이야기했다. 금수저를 물고 세상에 태어나자마자 모든 사람들의 주목을 받은 것은 바로 '무인 판매'다.

✳
✳✳

무인 판매의 미래

몇 년 전 미국의 전통 판매업체는 강력한 경쟁 상대 아마존을 만났다. 그리고 현재 그들은 다시금 새로운 경쟁 상대 아마존고(Amazon Go, 아마존의 무인 편의점)와 맞닥뜨렸다.

아마존고는 아마존이 거액을 투자해 설립한 새로운 유망 업종이다. 아마존고의 특징은 인공지능을 이용해 전자상거래의 쇼핑 체험을 오프라인에 도입해 원 클릭으로 쇼핑을 완성한다는 것이다. 2017년 아마존의 연구개발 비용은 226억 달러(약 31조 4천억 원)에 달했는데 2016년에 비해 41퍼센트나 증가한 것이었다. 거액의 연구개발비 덕분에 아마존은 미국 IT 업계 연구개발 투자액 순위에서 1위를 차지했다. 이러한 자금은 일련의 프로젝트에 사용되었는데, 그중 하나가 아마존고다.

아마존고의 기술에는 컴퓨터 화상, 감응신호 장치 및 심도 학습 등이 융합되어 있다. 카메라와 감응신호 장치 네트워크로 고객의 동태를 살피고, 앱을 통해 고객이 구매한 물품의 비용을 자동으로 결제한다. 이러한 프로젝트를 성공시키기 위해 아마존은 연구개발 투자 외에도 하이테크놀로지 기업을 매수했다.

무인 판매라고 하면 거창하게 들리지만 실제로 아마존고에 들어갔을 때 특별히 공상과학 영화 같은 느낌이 들지는 않는다. 입구에는 손님을 맞이하는 직원이 있고, 판매하는 물건은 즉석 식품과 간식 등이다. 알코올 음료 부근에는 신분증을 검사하는 직원이 배치되어 있고, 재료를 준비해 즉석 식품을 만들고 진열대를 정리하며 고객을 돕는 직원들도 있다. 블룸버그 통신은 "167제곱미터(약 50평) 규모에 비해 직원 수가 상당히 많은 편이다"라고 보도했다.

아마존고의 최대 특징은 지불 단계를 없앤 것이다. 고객이 줄을 설 필요 없이 자동으로 결제되므로 영업 효율이 상승하고 소비 체험이 개선되었다. 그러나 사실 자동 결제 시스템을 개척한 곳은 월마트였다. 아마존은 지불 과정을 휴대폰 앱에 업그레이드한 것뿐이다.

아마존은 줄곧 자사가 물건을 판매하는 기업이 아닌 하이테크놀로지 기업이라고 이야기하면서 판매업을 새롭게 정의했다. 미래에 자동 진열 시스템까지 완벽하게 실현된다면 아마존고는 판매업의 새로운 장이 될 수 있다. 그러나 단기적으로 볼 때는 매우 제한적인 경영 형태다. 제품에도 한계가 있고, 인건비도 오히려 증가할 가능성이 있다. 그러므로 전통적인 오프라인 매장에 큰 영향을 끼치지는 않을 것이다.

판매업 분야에 인공지능을 응용한 또 다른 선구자는 바로 월마트다. 월마트는 자동 스캔 기계로 진열대의 여유 공간을 스캔하고 가격표가 정확한지 검사하는 시스템을 추진하고 있다. 이 기계는 대략 90초 내에 진열대 하나를 스캔할 수 있는데, 사람이 하는 것보다 절반의 시간이 절약된다. 월마트는 현재 미국 4개 주의 50개 상점에서 스캔 로봇을 테스트하고 있다. 이것은 판매점의 운영 효율을 확실히 높일 것이다.

미국에 비해 중국의 무인 판매는 기술적으로 간단하게 실용화할 수 있다. 제품마다 판독 가능한 칩을 장착해서 자동화 결제를 실현하는 것이다. 무인 판매는 전자상거래뿐 아니라 중국 최대 유통업체인 바이렌百聯 같은 전통 판매업체가 무인 편의점 형태로 시행하고 있다.

중국 최초의 24시간 무인 편의점 젠24簡24는 매장 면적이 330제곱미터(약 99평)를 넘고, 고객 20명을 한꺼번에 수용할 수 있다. 빙고박스繽果盒子는 100여 군데의 무인 편의점을 열었다. 알리바바는 35군데의 허마셴성에 자동화 식자재 마트를 개설했다.

2015년에 설립된 허마셴성은 알리바바의 전액 출자로 이루어진 신선식품 매장이다. 허마셴성은 품질 높은 중고가 제품이 높은 비율을 차지한다. 허마셴성의 타깃은 중·상류층 젊은 소비자들이다. 이들은 품질을 중요시하고 시간에는 민감하지만 가격 민감도는 비교적 낮은 계층이다. 허마셴성이 발표한 데이터에 의하면 상하이 매장의 고객 단가는 평균 150위안(약 2만 5천 원) 정도이고, 베이징은 200위안 정도이다. 알리바바의 기술적 지원 아래 허마셴성은 소비자의 이미지와 행동 데이터를 명확하게 파악해 효율적인 마케팅과 재고 관리를 할 수 있었다.

징둥은 현재 새로운 형태의 상점을 테스트하고 있다. 진열대의 컴퓨터 화상과 감응신호 장치를 통해 상품이 언제 팔렸는지 알 수 있는 시스템이다. 칩을 심지 않고도 상품 구매 과정을 추적할 수 있지만 계산대 앞에서 안면 식별을 거쳐야 지불이 완성된다. 무인 편의점의 주요 타깃은 생활 속도가 빠른 젊은 중산층으로, 이들은 전자상거래의 핵심 소비자층이기도 하다.

편의점은 산만해 보이지만 사실은 매우 체계화된 판매업이다. 편의점의 판매 부진과 품절을 방지하려면 물류센터가 뒷받침되어야 한다. 물류센터는 모든 점포의 수요에 따라 하루에도 여러 차례 배송을 한다. 알리바바에 비해 줄곧 막대한 투자로 물류센터를 건설해온 징둥은 오프라인 편의점에서 독보적인 우세를 점하고 있다.

과거 월마트가 성공할 수 있었던 것은 중소 도시까지 미치는 강력한 물류 네트워크가 있었기 때문이다. 월마트는 물류센터 1곳이 반경 240~480킬로미터까지 감당하고, 여기에는 100~175개의 점포가 있다. 물류센터는 주문서를 받으면 화물의 양과 관계없이 48시간 이내에 배송한다.

대표적인 전자상거래 기업들은 줄곧 온라인 이외의 영역을 개척해왔다. 그 이유는 오프라인에서 데이터를 수집하기 위해서다. 트래픽으로는 더 이상 이익을 볼 수 없고 트래픽 원가가 갈수록 비싸질 때 무인 판매는 적은 자본으로 고객을 얻을 수 있는 채널 중 하나다. 온라인을 오프라인으로 돌리면 전자상거래 업체는 풍부한 소비자 행동 데이터를 얻을 수 있다. 그러나 최종적으로 무인 판매의 미래는 앞으로 얼마나 다양한 응용 시나리오를 창조할 수 있는지에 달려 있다.

광군제 독점의 이익과 손실

독점과 독점 남용은 별개의 개념이다. 과거 20여 년 동안 IBM은 PC 시장을 독점해왔고, 마이크로소프트는 PC 운영체제 시장을 독점해왔다. 오늘날 구글은 미국에서 검색엔진 시장의 70퍼센트를 점유하고, 페이스북과 아마존도 시장의 독점적인 지위에 있다. 인터넷 시대에 독점은 결코 보기 드문 현상이 아니다.

그러나 독점이 기형적인 형태로 시장에 개입한다면 어떻게 될까? 예를 들어 업계 1위의 판매자가 상업적인 이익을 전부 포기하고 소비자에게 영합한다면, 더구나 이것이 판매자 스스로 원한 게 아니라면 자유경쟁에 위배된다. 이러한 상황은 판매업의 역사에서 꽤 자주 나타났다. 소비자는 자신의 이익을 위해 침묵하고 판매자는 역량을 제대로 발휘하지 못해 희생물이 된다. 시장이 균형을 잃었을 때 정부는 반드시 감독자로서 상응하는 행동을 취해야 한다.

판매업에는 자극이 필요하다. 숫자상으로는 광군제가 의미 있는 자극이다. 그러나 정상적인 상업 활동에는 독점이 존재해서는 안 된다. 판매자가 자신이 판매하는 제품으로 돈을 벌고 합리적인 보답을 얻는 것이 비즈니스의 영원한 규칙이다. 그러나 현재 중국의 판매업에는 영원한 승리를 거머쥘 거대한 독점자가 나타났다.

여기서 의문점이 생긴다. 다른 판매자들이 돈을 벌지 못하는 상황에서 플랫폼은 어떻게 많은 돈을 벌며 도박장의 딜러처럼 밑지지 않는 장사를 하는 것일까? 더욱 두려운 것은 거래량이 늘어날수록 타오바오가 벌어들이는 돈은 그보다 훨씬 많다는 점이다. 그 이유는 판매자의 쟁탈전이 더욱 격렬해지기 때문이다. 자신의 독점적 지위를 이용해 부당한 이익을 추구하는 수법은 아무리 빛나는 성과를 자랑한다 해도 자유경쟁의 규칙에 위배된다.

광군제의 판매 포인트는 저렴한 가격이다. 이것은 소비자들이 비정상적일 정도로 가격에 민감하게 만들고, 장기적으로는 시장에도 백해무익하다. 시장이 아닌 타오바오가 판매업체의 생사를 결정한다면 분명 권력 쟁탈전이 벌어지고 타오바오 내부는 부패하게 될 것이다. 전통 경제에서 일어나는 부패가 인터넷에 쉽게 복제된다면 타오바오의 비애이자 중국 네트워크 판매업의 비애다.

전국적인 판매의 거두를 창조하는 것은 중국 판매업이 반드시 이뤄내야 할 일이다. 정부의 책임은 사회 복리를 최대화하는 것이다. 사회 복리는 기업의 이윤과 소비자의 복리를 모두 포괄한다. 정부가 더욱 고려해야 할 것은 사회 복리이므로 소비자의 복리에 편향된다. 그러나 중국의 판매업체는 틈새에서 가까스로 살길을 모색한다. 이익을 얻는 것은 타오바오와 소비자뿐이고 제조업체와 공급업체는 이익을 얻지 못한다면 결코 지속적인 발전 모델이 아니다. 독점적 지위로 사회 복리를 해치는 행위를 정부가 수수방관해서는 안 된다.

정부가 나서야 할 또 다른 일은 모조품 박멸이다. 모조품은 어디에나 존재한다. 오프라인은 시장이 분산되어 있기 때문에 모조품이 한정된 시장에만 존재한다. 그러나 모든 시장이 하나의 가상 플랫폼에 집중되어 있고, 가격이 완전히 드러나 있는 온라인에서는 소비자의 가격 민감도가 급격히 증가한다. 모조품의 속성과 특징은 바로 낮은 가격이다. 인터넷에서 모조품의 위해와 살상력이 증폭될 수 있다는 것이다. 모조품이 시장 질서를 어지럽힐 때 정부는 적시에 개입해야 한다. 인터넷이 모조품이 활개 치는 무인지대가 되어서는 안 된다.

＊
＊＊

판매의 정의를 바꿔라

중국의 전자상거래 규모는 이미 세계 1위이며 놀랄 만한 성장 속도를 보여주고 있다. 인터넷에는 1천만 곳이 넘는 업체가 10억 개가 넘는 종류의 제품을 판매하고 있다. 2018년 인터넷 거래액은 1조 달러를 돌파했다. 마윈이 제시한 신유통이든, 류창둥이 제시한 무경계 소매이든, 아마존의 '무엇이든 살 수 있다'는 슬로건이든 판매업의 본질로 돌아가야 한다. 그것은 시간과 공간을 포함해 가장 효율적인 제품 공급자가 되는 것이다. 월마트의 창립자 샘 월튼의 말을 인용해보자.

"관리자가 진심으로 판매에 대한 열정(제품을 매매하고 이윤을 얻는 열정)에 힘쓰고 이것을 모든 직원의 마음에 전한다면 우리는 무적의 존재가 될 것이다."

50년 전 어느 날 아직 월마트가 작은 판매점에 불과할 때 샘 월튼은 회사의 운명을 바꿀 결정을 내렸다. 매주 토요일 아침 매장의 사무실에서 직원 회의를 할 때 전주의 판매 수량을 점검하는 것이었다. 이것이 바로 훗날 전설적으로 회자되는 토요일 아침 회의다.

월마트가 세계 최대의 판매업체로 성장하는 과정에서 토요일 아침 회의의 성과를 결코 낮게 평가할 수 없다. 그것은 역사상 가장 유명한 관리층 회의였다. 토요일 아침 회의 덕분에 월마트는 경쟁 상대를 며칠 앞설 수 있었고, 결국 한 세대를 리드하게 되었다. 속도가 성공의 요인으로 떠오른 오늘날 경쟁 상대를 리드하는 데 며칠이 걸리지 않는다. 단 한 걸음의 차이일 뿐이다.

피터 드러커는 "월마트의 성공은 판매 자체가 아니라 판매를 새롭게 정의하고 상품을 유통한 것이다"라고 말했다. 드러커의 말에 일리가 있지만 샘 월튼에게 묻는다면 예상치 못한 대답을 할 것이다. 샘 월튼은 자서전《샘 월튼, 불황 없는 소비를 창조하라Sam Walton, Made in America》의 서문에서 다음과 같이 이야기했다.

"진정으로 회고하기 시작했을 때 나는 월마트의 이야기가 우선 전통적인 규칙에 관한 이야기라는 사실을 의식했다. 바로 이러한 전통적인 규칙이 미국을 더 살기 좋은 나라로 바꿨다."

한 나라를 더욱 살기 좋게 만드는 전통적인 규칙을 찾는 것, 이것이 바로 중국 판매업이 나아가야 할 길이다.

제
4
장

인플루언서, 인기를
현금화할 수 있는가?

Unicorns

완전히 공개되어 타인의 주목을 받는 삶은 천박하다. 이러한 삶은 비록 투명성을
유지할 수는 있지만 깊은 어둠에서 밝은 곳으로 상승하는 성질을 잃어버린다.
– 한나 아렌트

인터넷은 전통적인 브랜드 마케팅 모델을 완전히 뒤집어놓았고, 사람들이 개성을 선호하면서 파워 블로거 혹은 인플루언서의 탄생을 촉진했다. 중국에서는 이들을 왕훙이라고 부른다. 왕루어훙런網絡紅人의 줄임말로 '인터넷에서 인기 있는 사람'을 의미한다. '왕'은 '인터넷', '훙'은 '유명하다'는 뜻이다. 이들은 1천만 명이 넘는 팔로어를 거느리며 인기를 끌지만 지명도만으로는 부족하다. 반드시 현금화 능력이 있어야 한다.

중국에는 세계적으로 방대한 전자상거래와 가장 활발한 구매 계층으로 인해 타오바오의 왕훙이 생겨났다. 전자상거래에서 라이브 방송에 이르기까지, 스포츠 중계에서 오피니언 리더에 이르기까지 왕훙은 인터넷 시대 브랜드 마케팅의 근본적인 변화를 반영한다. 또한 '모든 제품을 갖춘 규모'의 브랜드 경영 모델은 극심한 타격을 받았고 심지어 사라지기도 했다.

＊
＊＊

브랜드를 뛰어넘으려는 인터넷 스타

2019년 미국의 소셜미디어에서는 미켈라 소사(Miquela Sousa, 릴미켈라)가 관심의 초점으로 떠올랐다. 〈워싱턴포스트〉까지 그녀를 철저히 분석했다. 미켈라 소사는 2016년부터 SNS를 시작했다. 두 갈래의 만두 머리, 주근깨 가득한 그녀의 모습은 활기차고 귀엽다. 평소에 출몰하는 지점으로 짐작하건대 그녀는 LA에 살고 있는 것 같다. 미켈라 소사는 인스타그램에서 150만 명의 팔로어를 거느리고 있으며, 그들을 미켈라이츠Miquelites라고 부른다. 미켈라 소사의 코디와 메이크업은 큰 반향을 일으켜 샤넬과 프라다도 그녀와 합작하기를 원했다.

과거 몇 년 동안 전 세계에서 가장 야만적으로 성장한 집단이 인터넷 스타다. 주도권은 전통적인 미디어에서 20억이 넘는 사람들이 사용하는 소셜네트워크로 넘어갔다. 소셜 플랫폼에서 인기 스타는 이미 유명한 스타들과 대등한 역량을 지닌다. 중국은 1천만 개가 넘는 온라인 업체와 수십억 종류의 제품이 접속을 기다리고 있다. 덕분에 1천만 팔로어를 거느린 타오바오의 왕훙은 일시에 벼락부자가 되었다.

'브랜드brand'라는 단어는 고대 노르웨이 문자인 '브란드르Brandr'에서 기원했다. 원래 '낙인'이라는 뜻으로, '어떻게 소비자의 마음속에 인상을 남길 것인가'를 의미한다. 브랜드는 제품의 기능적 가치, 감정적 가치, 핵심적 가치, 부가적 가치가 소비자의 마음속에 종합적으로 체현된 것이다. 브랜드는 기업의 이미지를 대표할 뿐만 아니라 제품과 사용자의 유대를 나타내기도 한다. 브랜드는 오랜 시간 소비자의 마음에 새겨진 낙인인 것이다.

기업은 아낌없이 거금을 투자해 브랜드를 만들어간다. 배우 니콜 키드먼은 샤넬 넘버 5 향수의 홍보대사 계약을 맺으면서 매년 400억 달러를 받았고, 12년 동안의 수입이 5천만 달러에 달한다. 이처럼 유명인은 브랜드를 더욱 빛나게 한다. 그러나 인터넷 시대에는 브랜드에도 변화가 일어나고 있다. 높은 지위에서 내려와 일반인을 향하고 있는 것이다.

*
**

인플루언서와 소비자의 강력한 연결 고리

인터넷에서는 전통 오프라인 브랜드와는 차별화되는 독특한 마케팅이 대세다. 우선 브랜드는 '모든 제품을 갖춘 규모'에서 '작지만 완벽한 규모'로 변화하고 있다. 과거의 롱테일 시장(틈새시장)에서 발굴했던 소수 제품의 수요가 점차 늘어나고 SNS와 팔로어를 이용한 브랜드 운영 모델이 크게 유행하면서 자연스럽게 인플루언서가 생겨났다.

인플루언서는 사교적 자산을 갖춘 가상의 계정이다. 한 무리에서 어느 방면에 뛰어난 재주를 지닌 오피니언 리더가 출현했을 때 그 무리는 팔로어로 변신한다. 오피니언 리더는 경험을 공유하면서 팔로어 수를 점차 늘려나가고, 흥미와 제품이 결합해 팔로어를 거대한 잠재적 소비자 집단으로 만든다.

인플루언서의 현금화 방식으로는 전자상거래, 다샹(打賞, 인터넷의 글이나 사진, 동영상에 만족한 사용자가 게시자에게 주는 일종의 현금적 포상—옮긴이), 광고, 오프라인 활동 및 서비스 비용이 포함된다. 그중 전자상거래, 특히 의류 전자상거래는 문턱이 낮고 빠른 시간 내에 돈을 벌 수 있다. 특히 구매전환율과 재구매율이 높아 현금화가 쉽기 때문에 젊은 여성 인플루언서의 첫 번째 선택지가 된다.

2016년 광군제에 타오바오의 의류 판매 왕훙은 판매 순위 10위 중 8개를 차지했다. 당일 개장한 지 4분도 되지 않아 400만 명의 팔로어를 거느린 모델 출신 장다이張大奕는 인터넷 여성 의류 부문 전체에서 1위를 차지했고, 최종 순위는 2위였다. 그녀는 대대적인 세일 기간에 단일 업체로는 처음으로 억대급 매출을 올렸다. 이를 통해 '타오바오 최고의 인기'를 자랑하는 장다이가 팔로어에게 얼마나 큰 영향력을 발휘하는지 알 수 있다.

장다이 외에도 ASM ANNA, 첸푸런錢夫人의 당일 판매량도 억대를 돌파했다. 그중 첸푸런은 30개의 신제품을 선보였는데, 단품 최고 판매량이 2만 개를 넘었다.

인터넷 스타들은 소비자들이 소셜네트워크 활동을 하면서 자기도 모르게 브랜드를 그대로 받아들이게 만든다. 전통적인 브랜드가 유명인을 모델로 내세워 지명도를 높이는 것과 달리 이들은 그 자체가 브랜드다. 업체는 팔로어가 쇼핑 체험을 공유하도록 격려해(예를 들어 구매 리뷰) 소비자의 참여와 공감도를 높인다. 또한 잠재적인 소비자가 직관적으로 제품을 이해하고 입소문을 퍼뜨리게 해서 지명도를 쌓는다.

소셜네트워크 활동은 브랜드를 구축하는 시간을 최대한 줄이고, 입소문은 상업적인 광고보다 훨씬 설득력을 지닌다. 국외의 연구에서도 링크트인, 트위터, 페이스북의 공유와 평가가 있으면 구매전환율이 2퍼센트에 달하고, 그중 구매전환율을 유지하는 비율은 6퍼센트에 달한다는 사실이 증명되었다.

미국의 메가 인플루언서 미켈라 소사는 셀카를 사랑할 뿐만 아니라 오피니언 리더의 역할도 한다. 미국의 흑인 인권, 페미니즘, 총기 규제, 종교 및 난민 문제부터 오바마가 추진한 아동 입국자의 송환 보류 정책에 이르기까지 다양한 분야에서 자신의 입장을 표현한다. 그녀는 팔로어들이 외모 때문에 자신을 좋아하는 것이 아니라 영혼이 연결되어 있기 때문에 서로를 아끼는 것이라고 한다.

소셜네트워크에 흥미를 지닌 그룹과 강력한 연결 고리를 유지하는 것이 무엇보다 중요하다. 오프라인 브랜드가 새로운 고객을 획득하기 위해 사용하는 비용은 기존 고객을 유지하는 데 들어가는 비용보다 4~6배 더 들고, 기존 고객이 2퍼센트 감소하는 것은 자본이 10퍼센트 감소하는 것에 상당한다. 그러나 인플루언서 업체는 기존 고객이 차지하는 비율이 통상적으로 70퍼센트에 달한다.

이들은 정확하고 신속하게 플랫폼을 넘나드는 소비 데이터를 획득해 팔로어의 기호를 파악할 수 있다. 예를 들어 어떤 사진의 클릭 수가 높고 더 광범위하게 공유되는지, 트래픽과 구매전환율은 어떤지 등이다. 예를 들어 인플루언서 양성 기업 린자LIN家는 플랫폼의 경계를 뛰어넘어 타오바오와 웨이보의 빅데이터를 이용한다. 린자는 어느 사진이 가장 인기 있는지, 팔로어들이 본 시간과 구매 변환 데이터를 알 수 있다. 그리고 팔로어들의 평가를 수집해 가장 호평을 받은 제품을 선택하고 생산한다.

타오바오에서 스포츠 중계와 인기 크리에이터에 이르기까지 왕훙은 소셜 플랫폼의 모든 콘텐츠에 영향을 미친다. 왕훙은 단순한 계정에 불과해 보이지만 중국의 인터넷에 큰 파문을 일으켰다. 개성과 매력으로 수많은 팔로어를 끌어들이고, 전자상거래에서 구매를 촉진한다. 전자상거래에서 전통적인 검색 기능은 크게 약화되고 있다.

중국의 리서치 전문 기업 제일재경상업 데이터 센터CBNData의 자료에 따르면 2016년 왕훙 산업 생산액(왕훙과 관련된 제품 판매액, 마케팅 수입 및 기타 수입 포함)을 580억 위안으로 추산하고 있다. 이것은 2015년 중국 영화 박스오피스 총수익을 웃돌며, 중국 최대 체인 백화점 바이렌의 2015년 판매액에 상당하는 수치다. 이러한 예측을 바탕으로 '인터넷 스타가 영화배우보다 가치 있다'고 단언했다.

인플루언서가 큰 영향력을 발휘하게 된 이유 중 하나는 광고 차단 기능 때문이다. 요즘은 거의 모든 모바일 설비에 광고 차단 기능이 있다. 기술적인 한계는 광고업의 방향을 인플루언서 마케팅으로 돌렸다. 그러나 인플루언서에도 결함이 존재한다. 브랜드와 비교하면 인플루언서는 패스트 소비재에 더 가깝고, 기업가와 비교했을 때는 벼락부자에 더 가깝다.

*
**

지명도가 현금화로 전환되는가?

1천만 이상의 팔로어를 지녔다 하더라도 지명도만으로는 부족하다.

지명도와 브랜드 사이에는 격차가 존재한다.

브랜드는 현금화 능력을 의미한다. 지명도와 팔로어 수를 네트워크 용어로 개괄한 것이 트래픽이다. 소셜미디어 시대에 트래픽 쟁탈전은 끊임없이 이어져왔다. 그러나 가치를 측정하려면 트래픽 자체만이 아니라 현금화 능력이 있어야 한다. 그렇기 때문에 거의 모든 소셜 플랫폼이 머리를 쥐어짜내 트래픽을 현금화하려는 것이다.

왕훙은 웨이보와 타오바오가 협력해 소셜네트워크와 전자상거래를 결합하고 팔로어와 흥미를 연동함으로써 생겨난 산물이다. 2017년 6월에 대대적인 세일을 실시한 타오바오의 7월 베스트셀러 브랜드 10위권 순위에 새로운 얼굴이 연이어 올라왔다. 여성 화장품 분야에서는 루미에RUMERE, 戎美, 마시모 두티Massimo Dutti, 린 에디션 리미트Lin Edition Limit, 林限量版 3개의 브랜드가 나타났다. '아동복/유아복/패밀리복' 분야에서는 천천마辰辰媽가 3위를 차지했는데, 자라ZARA와 갭GAP보다 앞선 순위였다. 수억 위안에 달하는 판매액의 배후에는 백만 명이 넘는 팔로어들의 지지가 있었다. 위챗의 웨이상(微商, 위챗의 톡방을 활용해 판매하는 상인)은 더 말할 것도 없다. 위챗, 웨이보와 같은 소셜 플랫폼이 직면한 최대의 문제는 트래픽을 현금화하는 능력이다.

소셜 플랫폼뿐만 아니라 모든 버티컬 커머스(특정 상품만 판매하는 업체)도 소셜미디어 요소를 도입해 현금화를 높인다. 유명 유아용품 업체 미야蜜芽와 온라인 패션 플랫폼 샤오홍슈小紅書는 모두 소셜화하기 전에 먼저 커뮤니티를 만들어 고객을 끌어들이고 수요를 만들어냈다.

재미있는 것은 소셜미디어에서 실력을 발휘하는 것은 대형 브랜드가 아니라 1인 미디어라는 점이다. 전통 미디어의 기준에서 볼 때 뤄전위羅振宇의 음악 및 동영상 프로그램은 뚜렷한 장점이 없고, 기술적으로도 상당히 조잡해서 전문적인 방송 수준에 못 미친다. 그런데 위챗의 지식 커뮤니티 뤄지쓰웨이(羅輯思維, 뤄전위가 창립), 경제 전문가 우샤오보吳曉波 채널, 유명 뮤지션 가오샤오쑹高曉松은 소셜미디어를 잘 이용하고 있는데, 전통 브랜드는 왜 제대로 활용하지 못하는가? 대형 브랜드가 돈과 지지층이 없는 것도 아니다. 뤄지쓰웨이가 할 수 있다면 대형 브랜드도 충분히 할 수 있고, 게다가 더욱 치밀하고 전문적으로 운영할 수 있을 텐데 말이다.

이유는 간단하다. 하나의 브랜드만 공략한다면 당신의 모든 행위는 브랜드의 제품을 홍보하는 것에 지나지 않는다. 예를 들어 소비자는 BMW의 공식 사이트나 공식 SNS 계정을 보지 않아도 당신이 말하는 것이 모두 BMW를 판매하기 위해서라는 사실을 안다. 소셜미디어에서 가장 중요한 것은 신선함을 유지하는 것이다. 의외의 기쁨이나 신선함이 없으면 팔로어도 생기지 않는다.

1인 미디어가 눈길을 끄는 이유는 어떠한 제약도 없고 소비자에게 항상 의외의 기쁨과 신선함을 주기 때문이다. 반면 브랜드는 제품과 브랜드 포지션의 제약을 받기 때문에 신선함은 말할 것도 없고 역량을 자유롭게 발휘하지 못한다. 이러한 점에서 대형 브랜드는 1인 미디어보다 합리적이지 못하다.

그렇다면 소셜미디어를 능숙하게 운용하는 1인 미디어의 현금화 능력은 어떨까? 그들은 전통 브랜드의 수백 배 심지어 수천 배나 되는 팔로어를 거느리고 있다. 그렇다면 그들의 현금화 능력도 강력할까? 장기적으로 보면 1인 미디어의 현금화 능력에는 한계가 있다.

1인 미디어에는 팔로어를 끌어들이는 다양한 수단이 있다. 그러나 일단 현금화해야 한다는 압박을 받으면 매우 곤란해진다. 오로지 제품만 판매해서 현금화한다면 전통 브랜드와 별다른 차이점이 없다. 하나의 제품을 판매할 때마다 제약도 하나씩 더해지는 것이다. 다른 방법을 사용해도 똑같은 문제에 직면하게 된다. 상상의 공간이나 신선함이 없는 것이다. 그렇다면 어떻게 해야 할까? 끊임없이 새로운 제품을 찾아서 신선함을 만들어내는 것이다. 뤄지쓰웨이는 쌀, 책, 판화, 시계, 커리큘럼, 심지어는 20년 이후의 입장권을 판매한다. 그러나 결국 그는 수많은 제품을 지닌 중소기업이 될 가능성이 있다. 게다가 대단한 제품이라고는 할 수 없다.

소셜미디어 브랜드는 생명주기가 매우 짧다. 1인 미디어는 문턱이 거의 없는 것이나 마찬가지지만 차별화가 쉽지 않기 때문에 브랜드 가치는 하락할 것이다. 초기에는 개인의 역량만으로 대대적인 홍보 효과를 얻었지만 현재는 이미 전문적으로 1인 미디어를 양성하는 기업이 있다. 대량생산되는 1인 미디어는 공급 측의 트래픽 경쟁을 확대하고 트래픽 획득 원가를 높였다. 1인 미디어가 대중의 환심을 사서 트래픽을 얻으려다 보면 콘텐츠의 신선함을 유지하기 어렵다. 이것은 모든 인터넷 브랜드가 직면한 문제다.

아름다운 날개가 달렸다고 해서 반드시 하늘을 훨훨 날아오를 수 있는 것은 아니다. 지명도를 브랜드로 만들기 위해서는 현금화라는 격차를 넘어야 한다. 현금화는 서두른다고 해결되는 일이 아니다. 팔로어의 과도한 사랑과 신뢰는 위험한 게임이 될 수 있다. 브랜드 하나를 창조하려면 우선 현금화에 대한 갈망을 포기해야 한다. 더욱 중요한 것은 얼마나 많은 사람들이 당신의 콘텐츠를 사랑하느냐 하는 것이다. 다시 말해 사용자를 이해하는 것이다.

✳
✳✳

인플루언서에게 러브콜을 보내는 주류 브랜드

시장조사 기관 닐슨^{Nielson}의 2015년 조사에 의하면 인플루언서의 추천은 친구 또는 가족의 추천과 비슷한 신뢰도를 지니고 있으며, 전 세계 80퍼센트의 소비자가 인플루언서를 신뢰한다고 한다. 미국에서는 2013년부터 주류 브랜드가 인플루언서를 이용해 브랜드 이미지를 구축하기 시작했다. 네트워크 마케팅이 유튜브에서 시작되기는 했지만 사진 공유 사이트 인스타그램도 주목할 만하다. 2012년 페이스북은 10억 달러에 인스타그램을 매수했다.

2016년 처음으로 인터넷 광고 예산이 TV 광고 예산을 초월했다. 글로벌 광고 대행사 제니스 옵티미디어^{Zenith Optimedia}는 2019년에 소셜 미디어 광고가 인터넷 광고의 20퍼센트를 점유할 것이라고 예측했다. 2020년이 되면 온라인 광고는 종이 매체의 광고 점유율을 초월할 것이다.

2015년 정상급 브랜드가 인스타그램에 약 10억 달러를 투입했다. 재미있는 사실은 인스타그램이 결코 전자상거래 사이트가 아니라는 점이다. 그들은 아마존처럼 더 많은 제품을 추천하지 않는다. 그러나 그들이 정성 들여 찍은 사진을 보고 구매 충동을 억누르기 힘들 것이다. 이것이 바로 전자상거래 사이트가 필사적으로 실행하려던 것이다.

인플루언서들은 팔로어에게 강력한 권위와 설득력을 지닌다. 이러한 힘을 이용하면 브랜드 마케팅에 엄청난 효과를 발휘할 수 있다. 2015년 3월 미국의 백화점 로드 앤 테일러^{Lord & Taylor}는 새로운 라인의 의류를 출시하면서 인스타그램의 인플루언서 50명에게 돈을 지불하고 같은 날 동일한 스커트를 입은 사진을 올리게 했다. 주말이 되자 해당 라인의 스커트가 완판되었다.

광고주가 소셜미디어 플랫폼을 좋아하는 이유 중 하나는 사용자의 연령, 소비 모델, 흥미와 기호 등 각종 데이터를 수집할 수 있기 때문이다. 이러한 데이터를 이용해 정확한 타깃을 대상으로 광고할 수 있다. 과거에는 거의 불가능한 일이었다. 몇 년 전부터 나이키, 포드, 홀리데이인뿐만 아니라 버버리, 벤츠, 마세라티 등 명품 브랜드도 인플루언서를 고용해 제품을 홍보하기 시작했다. 코치도 과거 몇 년 동안 줄곧 인터넷 스타를 고용해 가방을 홍보했다.

중국의 단순한 PPL 광고 방식과 달리 미국의 인플루언서는 물물교환 방식의 협력을 한다. 24세의 프리랜서 사진가 앨리나 츠보어^{Alina Tsvor}는 인스타그램에 도시 풍경 사진을 올리는 것을 좋아한다. 그녀는 시카고의 한 헬리콥터 회사에 메일을 보내 자신과 친구들이 헬리콥터를 타고 도시를 한 바퀴 돌게 해준다면 아이폰으로 야경 사진을 찍어서 5만 5천 명의 팔로어와 공유하겠다고 제안했다. 물론 해당 게시물에 헬리콥터 회사의 이름을 언급하겠다고 했다. 그녀와 친구들은 두 차례나 헬리콥터를 탔다.

브랜드는 돈을 쓰지 않아도 되고, 인플루언서는 신선한 경험을 하면서 충분한 주목을 받을 수 있다는 것이 물물교환의 장점이다. 벤츠도 이러한 전략을 시도했다. 최저가가 2만 9천 달러부터 시작하는 벤츠의 CLA 모델은 주로 젊은 소비자층을 겨냥한 것이다. 하루 종일 소셜미디어에 빠져 있는 젊은 사람들에게 인플루언서는 인기 스타보다 더 큰 영향력을 지닌다. 벤츠는 인스타그램 네트워크를 핵심 마케팅 전략으로 결정했다.

벤츠의 마케팅 방식은 결코 신선한 것이 아니었다. 3일 동안 벤츠를 몰고 워싱턴 거리를 돌아다니면서 인스타그램에 사진을 올리고, 글에 '@벤츠 아메리카'라는 마크와 'CLA 앞으로 나아가다'라는 태그를 추가하는 이벤트를 열었다. 28세의 은행원 니콜레타 체니가 이벤트에서 우승해 CLA를 3년간 탈 수 있는 이용권을 받았다.

중국에서는 일반인 인플루언서가 주류 브랜드에게 인정받지 못하고 있다. 광고주는 이들의 포지션을 명확하게 인식하지 못한다. 과거에도 그랬지만 소셜미디어 시대에도 일반인 인플루언서에 비해 유명인 인플루언서가 더 쉽게 성공한다. 게다가 양자 사이의 불평등은 소셜미디어에서 더욱 심해지고 있다.

2018년 8월 〈포브스〉의 표지를 장식한 사람은 젊고 아름다운 낯선 얼굴이었다. 사진의 주인공은 인스타그램에서 1억 명이 넘는 팔로어를 거느린 카일리 제너였다. 그녀는 미국의 억만장자 여성 순위에서 최연소로 1위를 차지했다. 21세 생일을 갓 지난 그녀의 몸값은 이미 9억 달러에 달했다. 23세에 억만장자에 오른 마크 저커버그를 제친 기록이었다.

카일리 제너는 일반인이 아니다. 그녀는 킴 카다시안과 아버지만 다른 자매다. 그녀는 10세에 160여 개국의 텔레비전에 얼굴을 비췄다. 그녀는 할리우드 TV 제작자인 어머니 크리스 제너의 지도를 받으며 10대에 모델로 비즈니스계에 발을 들여놓았다. 그래서 순위가 공표되었을 때 카일리 제너는 진정한 의미의 자수성가가 아니라는 의혹을 받았다.

브랜드 홍보대사로 활동하는 것 외에 카일리 제너의 주요 수입은 100퍼센트 주식을 소유한 카일리 코스메틱Kylie Cosmetics이다. 2017년 이 회사의 매출액은 대략 3억 3천만 달러(약 4천억 원)였고, 주력 상품은 립스틱과 립라이너다. 그녀의 팔로어 중에는 젊은 여성이 많고, 이들은 메이크업 제품에서 가장 가치가 높은 소비자 계층이다. 카일리 제너는 매 시간 인스타그램과 스냅챗Snapchat에 자기 브랜드 제품을 사용한 메이크업 셀카를 올린다. 곧 시장에 나올 신제품을 보여주고 사용하면서 홍보하는 것이다.

시장가치가 10억 달러에 달하는 카일리 코스메틱이 전통적인 화장품 기업과 확연하게 다른 점은 7명의 정직원과 5명의 파트타임 직원을 두고 있다는 것이다. 비결은 바로 아웃소싱에 있다. 〈포브스〉에서 밝힌 바에 따르면 카일리 제너는 생산, 포장, 운송을 모두 아웃소싱하고 있다. 판매 아웃소싱은 쇼피파이(Shopify, 전자상거래 플랫폼)에 주어 매년 약 48만 달러에 판매액의 0.15퍼센트를 추가로 지불한다. 재무와 홍보는 어머니 크리스 제너가 담당하면서 판매액의 10퍼센트를 받는다. 연구개발 아웃소싱은 스파츠 랩스Spatz Labs에 주었는데 이곳은 중국 난징南京에도 연구실을 하나 보유하고 있다.

미켈라 소사는 카일리 제너와는 달리 일반인 인플루언서다. 그러나 일반인이라고 해서 유행 브랜드와 협력하지 못하는 것은 아니다. 2017년 8월 미켈라 소사는 음악 스트리밍 서비스 스포티파이Spotify에서 첫 번째 싱글 '낫 마인Not Mine'을 발표했다. 그녀는 R&B(리듬 앤 블루스) 음악가로 변신해 음악계에도 진출했다.

*
**

인플루언서 중개업이 등장하다

한 업계가 지탱하기 위해서는 하나의 완벽한 공급 사슬이 필요하다. 인플루언서에게 가장 중요한 것은 브랜드와 연결해주는 중개인이다. 인터넷 최대의 특징어 경로의 가치를 약화하는 것이기는 하지만 수많은 브랜드와 인플루언서가 서로에게 적합한 상대를 찾기 위해서는 중개인의 알선이 필요하다.

미국에서 중개인은 전체 공급 사슬에 영향을 미친다. 예를 들어 24세의 코벳 드러미Corbett Drummey가 창립한 포퓰러 페이즈Popular Pays 애플리케이션은 인플루언서와 브랜드를 서로 소개한다. 이 회사는 뉴욕, 시카고, 샌프란시스코 등 10개 도시에서 운영되고 있고, 월 사용자가 약 1만 명에 달한다.

인기가 떨어지는 브랜드와 인플루언서가 서로 연결되기란 쉽지 않다. 그들은 업계 피라미드의 하층을 차지한다. 수량도 방대하고 거액을 투자할 경제적 능력도 없다. 그러나 이러한 맹점이 창업 기회를 촉진한다. 고등학교 동창들이 모여 창립한 마케팅 플랫폼 페임 비트Fame Bit는 신속하게 성장하는 '인플루언서 마케팅'을 겨냥했다. 그들은 페이스북에서 5천 명 이상의 팔로어를 지닌 햇병아리 인플루언서에 주목했다. 페임 비트는 현재 매월 약 100만 달러의 수익을 올리고 있다. 2016년 10월 구글에 매수된 페임 비트는 유튜브 인플루언서와 브랜드가 비즈니스 관계를 맺을 수 있도록 돕고 있다. 그러나 구글은 페임 비트의 재무에 대해 세부적인 부분은 공개하지 않았다.

페임 비트에서 모든 인플루언서는 개인의 작품을 올리고 사용자의 분포와 참여도, 즉 사용자가 동영상 하나를 시청하는 시간과 공유 횟수 등을 알 수 있는 개인 홈페이지를 소유한다. 통상적으로 브랜드 측이 가격을 제의하면 인플루언서는 수락하는 방식이다. 대다수의 브랜드는 하나의 제품 혹은 서비스를 확장할 때 인플루언서에게 500~2천 달러를 지불한다. 현재 2만 3천 명이 넘는 인플루언서(대다수가 동영상 제작자)와 3,500여 개의 브랜드가 이 플랫폼을 사용하고 있다. 그중에는 소규모 창업 기업뿐만 아니라 아디다스와 로레알 등 대형 브랜드도 있다.

페임 비트는 자신들의 중개를 거치지 않고 인플루언서와 브랜드가 직접 연락하는 것도 허용한다. 브랜드는 플랫폼에 무료로 가입해서 직접 인플루언서를 고용할 수 있다. 페임 비트는 콘텐츠 창작, 심사 및 발표 등 전 과정이 이루어지고 나면 양쪽에게 각각 거래액의 10퍼센트를 받는다.

중국에도 왕훙을 대량으로 양성하는 기업이 있다. 루한如涵과 린자 LIN家는 가장 빠르게 왕훙을 양성하기 시작했다. 루한의 비즈니스 모델은 왕훙의 양성과 공급 사슬 서비스다. 2016년 인플루언서가 전성기를 맞이했을 때 루한홀딩스는 우회상장을 통해 신싼판(新三板, 비상장 중소기업을 대상으로 한 중국 내 지분 거래 플랫폼-옮긴이)에 등록했다.

루한홀딩스의 기업가치가 650만 위안에서 31억 위안으로 급등하자 알리바바는 루한홀딩스의 4대 주주가 되었다. 100명이 넘는 왕훙과 타오바오의 최고 왕훙인 장다이를 보유하고 있던 루한홀딩스는 왕훙의 핫 트렌드를 이끌어나갔다. 그러나 2018년 초 투자자가 2017년 회계연도 보고를 받지도 못한 상황에서 루한홀딩스는 갑자기 주식시장에서 사라졌다.

2017년 연중 보고에서는 2017년 상반기에 루한홀딩스가 약 3억 위안(약 507억 원)의 영업이익을 달성했고, 총이익률은 50퍼센트가 넘는다고 공표했다. 그러나 순이익에서는 1,500만 위안이 넘는 적자를 보았고, 경영 활동에서도 약 1억 위안에 가까운 적자를 보았다. 초창기에 700여 명이었던 직원은 900여 명으로 증가했다. 이처럼 방대한 인원 규모만 보면 루한홀딩스가 왕훙을 마케팅하는 기업이라고 생각하기 힘들다.

타오바오 왕훙이 갓 출현했을 때 사람들은 전대미문의 타깃 마케팅을 할 수 있을 것이라고 생각했다. 팔로어의 수요를 신속하고 정확하게 예측해서 적시에 제품을 조정하는 운영 전략이라고 보았다. 왕훙 쇼핑몰은 '신상품 반짝 세일+예약 구매 모델'을 사용한다. 그래서 연 판매액이 수억 위안에 달하는데도 왕훙의 전자상거래 업체는 기본적으로 재고가 나오지 않는다. 보통의 전자상거래 업체로서는 하기 힘든 일이다. 그러나 루한홀딩스의 재무 보고는 왕훙의 아름다운 허울을 벗겨 버렸다. 루한홀딩스가 경영 부진으로 묵혀둔 재고가 과잉 상태였음이 드러난 것이다.

장다이를 대량으로 복제할 수 있다면 왕훙 양성은 확실히 매력적인 사업이다. 그러나 왕훙을 복제할 수는 없다. 루한홀딩스처럼 대량의 왕훙을 보유한 기업도 성공하기 힘들 정도다. 루한홀딩스는 2016년 회계 연도 보고에서 자사의 순이익이 약 2,400만 위안이라고 밝혔다. 장다이를 제외하고 다른 왕훙이 올린 순이익은 100여 만 위안에 불과했다. 게다가 온라인 쇼핑몰은 운영 자본이 결코 적지 않다. 티몰은 왕훙 쇼핑몰에서 5퍼센트를 공제하는데 여기에 광고비와 인건비를 더하면 운영 자본은 매출의 45~65퍼센트가 된다.

왕훙을 양성하는 데는 대량의 자금이 필요하기 때문에 수십 명의 왕훙을 운영하려면 결코 적지 않은 비용이 든다. 루한홀딩스는 융자를 받은 후 용도 변경 성명을 발표한 적이 있다. B2B 프로젝트 개발 및 확장에 사용할 1억 3천만 위안을 전부 유동자금을 메우는 데 사용하겠다고 발표한 것이다. 융자를 받은 4억 3천만 위안 중 유동자금 보충에만 65퍼센트가 들어갔다.

트래픽 비용이 비쌀수록 운영 원가는 높아지는데 왕훙의 생명주기는 3~5년에 지나지 않는다. 게다가 취약한 공급 사슬 때문에 전자상거래 왕홍 쇼핑몰은 처참할 정도로 경쟁이 치열하다. 공급 사슬의 제약 때문에 연 판매액이 1~2억 위안 정도를 웃돌지만 왕홍에게는 매출을 지속적으로 확대할 능력이 없다. 장다이와 루한홀딩스가 공동으로 설립한 항저우 다이 전자상거래 유한공사杭州大奕電商有限公司는 2016년 영업수익이 2억 3천만 위안이었다. 순이익은 약 4,500만 위안으로 순이익률은 약 20퍼센트였다. 왕홍이 일단 2억 위안이라는 난관을 돌파하더라도 루한홀딩스의 실패를 되풀이할 가능성이 크다.

재고는 기업의 운영 수준을 가늠하는 척도다. 기업이 재고 관리에 실패하는 주요 원인은 공급 사슬을 제어하지 못하기 때문이다. 그리고 공급 사슬에서 최대의 적은 복잡성이다. 복잡성은 회사의 원활한 경영에 영향을 끼치고 구매량을 분산시킨다. 또한 수요에 제때 대응하지 못하고 관리도 어려워져서 더 많은 자원을 소모하고 재고를 남긴다.

복잡성을 25퍼센트 낮추면 공급 사슬의 전체 원가가 30~45퍼센트 하락한다. 또한 일반 재고는 35~50퍼센트, 잉여 재고 및 기간이 지난 재고는 70퍼센트 감소하며, 정기적인 배송률이 50퍼센트 상승한다. 공급 사슬이 발전하는 과정은 간략화에 힘쓰는 과정이라 할 수 있다.

대량으로 복제된 왕홍은 가상 세계에서는 통용되지만 현실의 생산 운영에서는 통용되지 않는다. 대량의 복제에는 복잡성이 따르기 때문이다. 그러므로 루한홀딩스는 장다이 한 사람의 공급 사슬을 제대로 구축할 수는 있어도 다른 왕홍에게 복제하면 실패할 수밖에 없다.

루한홀딩스는 융자를 받을 때 2016년 온라인 판매액을 7억 위안으로 설정하고 2017년에는 10억 위안에 달할 것으로 예측했다. 그러나 실제로 2016년에 온라인 판매액은 4억 위안에 미치지 못했고, 2017년 상반기 영업수익은 3억 위안에 불과했다. 현재도 루한홀딩스 공식 홈페이지의 최신 데이터에는 '2016년 GMV(총거래액)가 10억 위안을 초과하며 시장가치는 31억 위안에 달한다'고 되어 있다. 2016년은 모든 왕훙 양성 기업이 가장 그리워하는 시기이자 루한홀딩스가 꿈에서 깨어난 시기다.

✳
✳✳

개인이 브랜드가 되는 시대

마케팅은 사실 스토리텔링이다. 체험 스토리는 직접 제품을 설명하는 것보다 훨씬 사람들의 흥미를 끈다. 젊은 소비자들에게 시각 콘텐츠는 문자 콘텐츠보다 더욱 설득력을 지닌다. 그러나 중국 사람들은 보편적으로 문자 콘텐츠를 더 중요하게 여기는 경향이 있다. 중국의 1인 미디어는 대부분 문자 콘텐츠 위주다. 내용도 격려가 되는 글, 스캔들, 독설 등이 주를 이룬다. 그래서 파피장과 같은 동영상 콘텐츠 1인 미디어가 등장하자마자 인기를 끌었다.

시각적 마케팅 모델을 수립한 미국의 인플루언서들은 유행, 식도락, 여행 등 다양한 분야에서 활약한다. 그러나 중국의 1인 미디어는 대부분 문자 마케팅 위주이기 때문에 미디어의 성격이 단순하다. 콘텐츠 모델의 단일화는 이윤 모델의 단일화를 뜻한다.

미국의 인기 인플루언서들은 개인 브랜드를 창출해서 이윤을 얻는다. 전 세계적으로 가장 인기 있고 돈을 잘 버는 인플루언서 20명 중 7명이 자신의 의류 브랜드를 소유하고 있다. 예를 들어 인스타그램에서 560만 명의 팔로어를 자랑하는 이탈리아의 미녀 키아라 페라그니Chiara Ferragni는 28세의 나이에 이미 사장으로 변신했다. 2년 전 그녀는 신발 시리즈를 선보이며 전 세계 300곳의 판매업체에 등록했고, 2017년에는 1천만 달러(약 118억 원)가 넘는 수익을 올렸다.

개인 브랜드 론칭뿐만 아니라 콘텐츠에 광고를 삽입하는 것도 가장 흔히 볼 수 있는 비즈니스 모델이다. 인스타그램에서 140만 명의 팔로어를 거느리고 있는 20대의 다니엘 번스타인Danielle Bernstein은 〈바자Bazaar〉의 특별 인터뷰를 통해 세계적인 지명도를 얻었다. 그녀는 100만 팔로어를 보유하고 있을 때 인스타그램에 올린 사진 한 장으로 여섯 자릿수의 수입을 얻은 적이 있다고 밝혔다. 그녀는 유행하는 코디네이션을 위주로 사진을 올리는데 가장 좋아하는 것은 최신 액세서리와 신상품이라고 한다.

중국의 왕훙과 마찬가지로 인스타그램의 인플루언서 경제는 비교적 은밀한 지하 거래가 이루어지는 곳이다. 당신이 수십만 팔로어를 보유하고 있다면 당신이 올린 사진 한 장당 500~5천 달러의 수익을 얻을 수 있고, 팔로어 수가 600만 명에 달하면 사진 한 장당 2만~10만 달러를 받을 수 있다. 팔로어에 따른 수익의 차이는 매우 명확하다.

미국 인플루언서의 제3수입원은 상업적 링크다. 브랜드의 해당 사이트로 연결되는 링크인데, 사용자가 링크를 클릭하면 쿠키(cookie, 인터넷 웹사이트의 방문 기록을 남겨 사용자와 웹사이트를 연결하는 데이터) 프

팔로어 수	유튜브	페이스북	인스타그램
10만~50만	12,500달러	6,250달러	5,000달러
50만~100만	25,500달러	12,500달러	10,000달러
100만~300만	125,000달러	62,500달러	50,000달러
300만~700만	187,500달러	93,750달러	75,000달러
700만 이상	300,000달러	187,500달러	150,000달러

팔로어 수	스냅챗	바인	트위터
10만~50만	5,000달러	3,750달러	2,000달러
50만~100만	10,000달러	7,500달러	4,000달러
100만~300만	50,000달러	37,500달러	20,000달러
300만~700만	75,000달러	56,250달러	30,000달러
700만 이상	150,000달러	112,500달러	60,000달러

소셜미디어 플랫폼 팔로어 수에 상응하는 포스팅 1개당 평균 수익

로그램이 사용자의 컴퓨터에 설치된다. 사용자가 브랜드의 사이트에서 구매하면 인플루언서는 4~8퍼센트의 수수료를 받는다. 수십만 명의 팔로어를 지닌 인플루언서에게는 적지 않은 수익이다.

물물교환이든 콘텐츠 추천이든 미국의 인플루언서와 브랜드의 관계는 이미 전통적인 의미의 홍보대사에서 벗어났다. 브랜드 측이 매우 가혹한 조건을 제시하기는 하지만 그들과 인플루언서의 요구는 일치한다. 그들은 브랜드뿐만 아니라 브랜드가 생활 방식의 일부분이라는 사실을 부각하기를 원한다. 그러나 중국에서 왕훙과 브랜드의 관계는 매우 피상적이고 광고에 가깝다. 또한 1인 미디어는 판매하는 상품이

많을수록 상업적으로 보여 신뢰도가 하락한다. 그렇게 되면 팔로어에게 끼치는 영향력도 낮아진다.

또 다른 방향은 오프라인에서 강연을 하는 것, 즉 '인터넷+전통 강연'이다. 이는 현재 현금화가 가장 빠른 방식 중 하나이지만 지속될지는 두고 봐야 한다.

경제 전문 작가이자 부동산 투자자인 우샤오보는 채널 프로그램의 클릭 수가 매회당 80만 정도였고 동영상 사이트 아이치이愛奇藝와 트래픽을 나눴지만 이익을 얻지는 못했다고 밝힌 적이 있다. 2014년 우샤오보 채널의 수입 중 절반은 광고, 나머지 절반은 오프라인 강연에서 나왔다. 우샤오보는 2015년부터 채널의 시작 부분에 더 이상 광고를 넣지 않고 광고 수입의 비중을 줄이겠다고 표명했다. 이러한 생각은 양질의 콘텐츠가 집중된 플랫폼을 만들었고, 강사와 청중을 연결해 전통적인 강연을 대신했다. 그는 "1년 동안 1억 회를 시청하는 프로그램을 만들고 싶다"고 했다.

웨이촹신쉐위안微創新學院의 창시자 진춰다오金錯刀는 2013년 바이두의 이아러훠愛樂活를 그만두고 창업을 했다. 그의 강연료는 하루에 20만 위안이고, 연소득은 1천만 위안(약 17억 원)을 넘는다. 그는 자신이 전통적인 경영대학원을 뒤집어놓았다고 이야기했다. 선전에서 1천 명을 앞에 두고 강연을 한 적이 있는데 9시간짜리 강연 하나에 받은 다샹(중국의 온라인 팁 문화) 총액이 117만 위안(약 2억 원)을 넘었다고 한다. 다샹 중 최고액은 11만 888.88위안(약 1,900만 원)이었고 최저액은 1위안이었다.

다샹은 라이브 플랫폼의 주요 수입원이다. 화지아오花椒, 잉커映客, 이즈보一直播 3곳의 라이브 플랫폼은 다샹 금액 순위가 1만 등 안에 드는 사용자를 총 3만 명 보유하고 있다. 1년 동안 라이브 방송에 쏟아진 다샹 금액이 35억 위안(약 6천억 원)에 달하며 3개 플랫폼 총수익의 43퍼센트를 차지한다. 그중 1년 누적 다샹 금액이 1천만 위안을 넘는 사용자가 38명이며, 500만 위안이 넘는 사용자가 96명이다.

모모陌陌, 잉커, 화지아오, 이즈보, 메이파이美拍, 라이펑來瘋 6곳의 라이브 플랫폼에서 방송하는 BJ는 총 877만 명이다. 각각의 플랫폼에서 수익 순위 1만 등 안에 드는 6만 명의 BJ 중 20명만이 1천만 위안 이상의 수익을 얻는다. BJ의 약 68퍼센트가 연수익이 5만 위안 이하이므로 0.02퍼센트의 BJ가 플랫폼 수익의 41퍼센트에 가까운 금액을 벌어들이는 것이다.

타오바오의 전 검색 책임자 구이지아오치鬼脚七는 2013년 위챗 계정을 개설한 후 80만 명에 달하는 전자상거래 계층을 아우르고 있는 것으로 유명하다. 그도 2014년에 오프라인 강연을 시작했고, 한 번의 강연으로 대략 100만 위안(약 1억 7천만 원)의 이윤을 얻는다. 누군가 그의 위챗 모멘트에 홍보용 뉴스를 올리면 그는 1만 위안을 받는다. 그에게는 전혀 비싼 가격이 아니다. 그는 20여 개의 위챗 계정에 등록되어 있고 친구 수가 10만 명에 달하기 때문이다. 일단 협의가 이루어지면 홍보용 콘텐츠는 그의 계정과 친구들에게 전부 전달된다.

왕훙 쇼핑몰은 일반적으로 공급 사슬 관리 능력이 부족하다. 운영은 마케팅 인원 위주이고, 주요 소비층은 팔로어라는 비교적 단일한 모델이다. 또한 왕훙 효과는 시효가 있다. 어떻게 소비자의 마음을 더 깊이 사로잡을 것인가, 어떻게 왕훙 효과를 지속하고 브랜드를 업그레이드할 것인가는 왕훙 쇼핑몰의 장기적인 발전에 중요한 문제다. 그 밖에도 인터넷에서는 악질적인 경쟁 때문에 브랜드 가치를 수립하지 못하는 문제가 있다.

최첨단 유행을 달리는 젊은 1인 미디어를 이해하기 위해 역사적으로 가장 성공한 1인 미디어를 살펴보자. 오랜 기간 이윤을 창출해온 1인 미디어와 오늘날 인플루언서의 가장 큰 차이점이 무엇인지 알아보자.

✳︎
✳︎✳︎

최초의 인플루언서 오프라 윈프리

마이크로소프트의 창립자 빌 게이츠는 매년 50권의 책을 읽고, 자신의 블로그 게이츠 노트Gates Notes에 서평을 올린다. 비록 그는 세상에서 모르는 사람이 없을 정도로 지명도가 높지만 출판업계에 끼치는 영향력은 토크쇼 진행자 오프라 윈프리보다 훨씬 뒤처진다. 오프라 윈프리 북클럽은 출판업계 전체에 영향력을 끼친다. 그녀는 세계에서 가장 부유한 흑인 여성으로 〈포브스〉가 매년 선정하는 '가장 영향력 있는 유명인' 순위에서 두 차례나 1위를 차지했다. 오프라 윈프리는 역사상 가장 성공한 인플루언서라고 할 수 있다.

오프라 윈프리의 성공 비결은 브랜드 복제를 성공적으로 실현한 것이다. 브랜드 복제란 어떠한 제품이든 자신의 이름을 내걸기만 하면 되는 것이다. 일단 브랜드 복제가 완성되면 복제 원가가 매우 낮아지고 신속하게 확장된다. 오프라 윈프리는 1996년 '오프라 윈프리 북클럽'을 시작했고 2011년 오프라 윈프리 쇼가 끝날 때까지 총 74권의 책을 추천했다. 그녀가 추천한 책은 예외 없이 베스트셀러가 되었다.

미국 출판업계에 따르면 오프라 윈프리 북클럽에 선정되면 판매량이 적어도 60만 부 증가한다고 한다. 2005년 150여 명의 여성 소설가들은 오프라 윈프리에게 보내는 청원서에 서명하고 현대문학에 관심을 가져달라고 호소했다. 이를 통해 오프라 윈프리가 출판업계에 얼마나 큰 영향력을 끼치는지 짐작할 수 있다.

오프라 윈프리 북클럽을 시작한 지 1년 만에 그녀는 출판업계 전체에서 강력한 브랜드 파워를 지니게 되었다. 출판업계는 주도적으로 오프라 윈프리에 영합했고, 출판사는 그녀와 비밀 유지 협의를 체결했다. 오프라 윈프리 쇼에서 자신이 선택한 책을 발표하기 전에는 그 누구도 오프라 윈프리의 날인이 찍힌 서적을 열어볼 수 없었다. 심지어 작가조차 비밀 조약에 서명해야 했다.

선정된 책에는 오프라를 상징하는 커다란 'O' 자 심벌마크의 라벨이 붙는다. 정해진 읽기 달이 끝나면 더 이상 라벨을 사용할 수 없고 심지어 광고에서도 오프라 윈프리 북클럽을 언급할 수 없다. 오프라 윈프리의 이야기는 심지어 하버드 경영대학원의 사례에도 사용되고 있다.

오프라 윈프리는 자신의 영향력을 잡지 발행에도 복제했다. 2000년 4월 그녀와 미국 최대 잡지사 허스트 매거진Hearst Magazins은 공동으로 〈O〉The Oprah Magazine라는 잡지를 창간했다. '오프라 윈프리의 잡지'인 것이다. 이어지는 9년 동안 그녀는 매 분기에 발행되는 잡지의 표지를 장식했다. 오프라 윈프리가 좋아하는 'O 리스트', 전용 요리사가 제공하는 식단, 개인 트레이너의 다이어트 조언이 실렸고, 오프라 윈프리가 직접 유명인을 취재했다. 비록 평론가들은 그녀의 이러한 방식에 조소와 풍자를 보냈지만 1년 동안 잡지 발행량은 250만 부에 달했다. 또한 연수입은 1억 4천만 달러를 넘어 잡지 역사상 보기 드문 성공 사례가 되었다.

1999년부터 오프라 윈프리는 매년 프로그램에서 1시간을 할애해 '오프라 윈프리가 가장 좋아하는 것'을 발표했다. 이는 '비즈니스 지혜'가 있는 오프라 윈프리를 잘 드러내는 전형적인 브랜드 복제 사례로 볼 수 있다. 그녀는 과거 제조업체에 전화를 해서 스튜디오 방청객을 위해 300개의 무료 증정품을 만들어달라고 요구한 적이 있다. 프로그램에서 그녀는 이러한 제품의 원래 판매가격을 말해준다. 프로그램 방송이 끝나고 주문이 이어져 수많은 제작업체가 큰 이익을 얻었다. 2004년 그녀는 276명 관객 모두에게 2만 8천 달러(약 3,200만 원)에 달하는 승용차 폰티악 G6를 증정했는데 그 금액은 총 780만 달러에 달했다.

1986년 오프라 윈프리는 하포(Harpo, 하포 엔터테인먼트 클럽, 오프라의 알파벳 철자를 거꾸로 읽은 것이다)를 설립해 직접 사장에 취임하고 90퍼센트의 주식을 소유했다. 회사는 정기적으로 〈오프라 윈프리 쇼〉를 제작하고 각 방송국에 판매했다. 〈오프라 윈프리 쇼〉는 매주 5편, 1년에 260편이 방영되었으며 25년 동안 이어졌다. 생명주기가 짧은 요즘 인터넷 스타들과 달리 그녀는 지속적인 인기를 유지했다. 더욱 중요한 것은 그 누구도 오프라 윈프리를 복제할 수 없다는 사실이다. 그녀는 흑인 여성, 뚱뚱한 몸집, 큰 목소리, 어린 시절 학대, 강렬한 야심과 비즈니스 지혜 등 다양한 특징을 지니고 있다.

브랜드는 현금화 능력을 가진다. 시대의 요구에 따라 탄생한 인플루언서들이 1인 미디어에 한정한다면 앞날은 깜깜하다. 자신을 복제할 수 없는 브랜드로 만드는 것, 이것이 바로 진정한 성공이다.

2015년 말, 시리즈B 투자를 달성했다고 발표한 뤄지쓰웨이(중국 최대의 인터넷 기반 지식 커뮤니티)의 브랜드 가치는 약 13억 2천만 위안(약 2,300억 원)에 달했다. 수많은 팔로어를 보유한 뤄지쓰웨이는 독서 프로그램을 시작했다. 이러한 브랜드 복제 방식은 오프라 윈프리의 방법을 답습한 것이다. 뤄지쓰웨이의 창립자 뤄전위가 1인 미디어 갑부가 된 것을 보면 그의 현금화 능력은 이미 자본시장의 인정을 받은 것이나 마찬가지다. 브랜드는 저마다 크기와 역사가 다르다. 뤄전위가 과연 중국의 오프라 윈프리가 될 수 있을지는 아직 의문이다.

그렇다면 여기서 미국의 인플루언서 미켈라 소사(릴미켈라)의 이야기로 돌아가 보자. 미켈라 소사는 최근 기분이 영 좋지 않은 듯했다. 그 이유는 그녀의 경쟁 상대인 또 다른 인플루언서 버뮤다Bermuda가 소셜 미디어 계정에 침입해 미켈라 소사가 올린 게시물을 전부 삭제하고 자신의 셀카를 올리기 시작하면서 "당신이 다른 사람들에게 사실을 인정하면 계정을 돌려주겠다"고 큰소리쳤기 때문이다.

버뮤다는 미국 대통령 트럼프의 지지자로 금발에 포니테일 스타일을 하고 있다. 서로를 헐뜯고 있지만 미켈라 소사는 결코 외롭지 않다. 그녀의 남자 친구가 줄곧 함께하고 주말이 되면 두 사람은 비욘세의 공연을 보러 가기도 한다. 그러나 〈워싱턴포스트〉 기자는 화제가 되었던 미켈라 소사의 단체 사진을 보고 사진에 찍힌 다른 사람을 찾아가 물어보았는데 '이 사람이 누구인지는 모르겠지만 꽤 흥미롭다'는 대답이 돌아왔다.

시대의 물결과 함께 인터넷의 브랜드 마케팅에는 이미 근본적인 변화가 일어나고 있다. 그리고 미켈라 소사는 바로 이러한 변혁의 중심에 있는 기묘한 인물이다.

✱
✱✱

중소 브랜드가 인터넷을 지배하다

인플루언서의 인기에는 인터넷 시대 브랜드 마케팅의 근본적인 변화가 반영되어 있다. 인터넷 시대가 브랜드화로 탈바꿈하는 과정에 있다고도 할 수 있다. 이러한 변혁이 일어나는 이유는 인터넷 시대의 브랜드 운영과 전통적인 오프라인 브랜드 운영에 큰 차이가 있기 때문이다. 전통 브랜드는 가장 치명적인 위협을 마주하고 있다. 중국 시장에서 인터넷 플랫폼의 악질적인 경쟁이 벌어지고 있고, 그로 인해 브랜드 가치가 급격히 하락했기 때문이다.

한편으로 정보 전파 방식의 혁명은 전통 오프라인 제품 정보의 불투명성을 해소했다. 소비자는 브랜드, 광고, 가격, 원산지 등 판매자의 정보를 일방적으로 받아들이지 않고 사용자 후기와 공유, 전문가의 평가 등을 수집한다. 소비자가 다양한 경로를 통해 정보를 접하면 브랜드의 품질과 소비자의 충성도는 더 이상 구매 결정에 영향을 미치지 못한다.

가격에 더욱 민감해진 소비자는 이성적인 선택을 하게 되는 것이다. 소비자는 더 이상 브랜드에 비싼 가격을 지불하지 않는다. 전자상거래는 브랜드 간의 가격 경쟁을 격화했고, 가격은 제품 기능의 일부분이 되었다.

한편으로 중국의 전자상거래 시장에는 가짜가 판을 치고 있다. 진품 여부를 판별하기 어려운 소비자는 더더욱 가격에 신경 쓴다. 악질적인 가격 경쟁은 기업의 이윤을 떨어뜨릴 뿐 고객의 충성도를 배양할 수 없다. 게다가 주요 전자상거래 플랫폼은 트래픽을 판매하여 이익을 얻는데, 시장 경쟁이 격화되면 트래픽의 가치가 올라간다. 그래서 타오바오가 검색 알고리즘을 조정할 때마다 가장 큰 영향을 받는 것은 대형 브랜드다.

인터넷 판매 채널의 가격 민감도를 극도로 높이고 악질적인 경쟁을 조성하는 요소 때문에 브랜드 가치를 만들어가기 힘들다. 그렇게 되면 인터넷 판매 채널이 품질 좋은 고급 브랜드를 생산하기 어렵고, 어느 정도 규모를 갖춘 인터넷 브랜드가 메인 브랜드로 성장하지 못한다. 브랜드는 주로 트래픽을 끌어들이는 작용을 하는데, 고객이 브랜드를 보고도 개성이나 공감을 느끼지 못한다는 것이다.

인터넷과 전통 오프라인 판매 채널의 근본적인 차이점은 미래의 브랜드 경영 모델에 매우 큰 타격을 주었다. 그중 '모든 제품을 다 갖춘' 브랜드 경영 모델은 극심한 타격을 받고 사라질 위험도 있다. 기존의 대형 브랜드는 대대적인 마케팅 투자로 이미지를 구축해왔다. 브랜드 이미지를 바탕으로 차별화된 제품 라인을 개발해 모든 계층의 소비자를 충족하는 것이다. 이러한 경영 모델에서 중저가 제품은 원가를 보존해주고 고가 제품은 이윤을 올려준다.

인터넷 판매 채널은 비록 고급 제품에 큰 영향력을 끼치지는 않지만 중저가 제품의 이윤에 타격을 주어 기존의 비즈니스 모델을 유지하기 힘들다. 월마트와 코스트코가 저가 제품 및 대용량 포장 제품을 판매해 소형 판매업체로부터 SKU(재고 유지 품목)를 빼앗아 경영을 어렵게 만드는 것과 같은 방식이다.

미래에는 대형 브랜드의 영향력이 점차 감소하고 그 자리를 개성 있는 중소 브랜드가 대신할 것이다. 소비자는 다양한 서브 브랜드를 체험하면서 메인 브랜드를 이해하기 때문에, 메인 브랜드의 영향력은 상대적으로 감소한다. 시장에는 여전히 다양한 브랜드 계층이 존재하지만 대부분 저렴한 가격에 가성비가 높은 브랜드가 하위층을 구성하고, 대형 그룹의 개성 있는 서브 브랜드가 중간층, 체험과 스타일을 최대한 발휘해 높은 이윤을 남기는 브랜드가 상위층을 구성할 것이다. 전체적으로 몇몇 업계를 제외하고 하위층과 중간층의 브랜드는 모두 브랜드화의 영향을 받을 것이다.

*
**

100만 팔로어를 보유한 AI 인플루언서

표면적으로 볼 때 일반인 인플루언서는 막대한 수익으로 사람들의 부러움을 산다. 그러나 인플루언서 경제는 공급 사슬이 안정적이지 않고 브랜드 복제가 힘든 데다 주류 브랜드처럼 광범위하게 인정받지 못하기 때문에 아직 갈 길이 멀다. 이러한 문제를 해결하지 못하면 인플루언서가 아닌 평범한 사람으로 다시 돌아갈 것이다.

자신을 드러내기를 원하는 인플루언서들은 열심히 출로를 찾고 있다. '타오바오 최고의 왕홍' 장다이는 1년이 넘게 국제 전자상거래를 시도하고 있다. 그녀의 타오바오 브랜드는 타이완과 말레이시아의 쇼피(Shopee, 국제 수출 전자상거래 플랫폼)에 진출했고, 페이스북과 인스타그램에도 계정을 등록했다. 2018년 6월이 되자 그녀의 페이스북에는 14만 명의 팔로어가 생겼고, 13만 개의 '좋아요'를 얻었다. 인스타그램에서는 19만 명의 팔로어를 보유하고 있다. 웨이보에서 500만 명이 넘는 팔로어를 지닌 것과 달리 페이스북과 인스타그램에서는 아직 초보다. 이러한 소셜 자산을 지속적으로 늘릴 수 있을지, 그녀가 진정한 글로벌 브랜드가 될 수 있을지는 여전히 지켜봐야 한다.

장다이는 여성 의류 외에도 화장품 업계에 진출해 자기 브랜드의 폼 클렌저, 아이섀도, 립스틱 등을 출시했는데 가격은 전부 100위안(약 1만 5천 원) 이하다. 대단한 판매량을 자랑하기는 했지만 누리꾼에 의해 일본 다이소의 OEM 제품이라는 사실이 밝혀졌다. 이 회사의 제품은 일반적으로 100엔(약 1,500원)을 넘지 않는다.

비록 비틀거리는 행보를 보여주고 있지만 장다이는 줄곧 새로운 돌파구를 찾아왔다. 인터넷 스타들이 더 많은 영역에서 자신의 브랜드를 복제하려 하지만 말처럼 쉽지 않다. 이런 상황에서 존슨앤존슨의 화장품 브랜드 뉴트로지나가 장다이를 꽤 인정하고 있다는 사실은 언급할 가치가 있다. 2017년에 양측은 서로 손을 잡고 한정판 마스크를 출시했는데

2만 개의 제품이 4시간 만에 매진되었다. 2018년에 다시 한 번 손을 잡고 공동 명의로 두 종류의 선케어 제품을 판매했다. 브랜드 메이커의 인정을 받으면 개인 브랜드로서 큰 걸음을 내딛을 수 있다. 그러나 안타깝게도 장다이와 브랜드의 합작은 더 이상 이루어지지 않았다.

2018년 7월에 타오바오의 색채가 강렬하게 느껴지는 장다이는 온라인 위챗 미니 앱 쇼핑몰 '장다이쉬張大奕說'를 개설했다. 그녀는 3대 주력 제품 라인을 위챗 플랫폼에 등록할 예정이라고 한다. 이것은 타오바오 계열에서 벗어나 자신만의 소비 흐름을 소유하고 온라인 옴니채널을 실현할 수 있음을 의미한다. 현명한 선택이라 할 수 있지만 과연 위챗이 타오바오의 소비 흐름을 끌어들일 수 있을지, 위챗의 팔로어 수가 판매량으로 전환될 수 있을지는 아직까지 데이터가 없다. 어쨌든 위챗의 소셜 생태계와 타오바오 판매의 기본 요소는 완전히 다르다.

우리는 장다이를 통해 중국 인플루언서들이 현금화를 위해 필사적으로 노력하고 있음을 볼 수 있다. 인플루언서의 등장은 소셜미디어의 공로다. 2가지는 함께 번영하고 함께 손해 본다. 인플루언서의 현금화 능력은 곧 소셜미디어의 현금화 능력이기도 하다. 예를 들어 구독자에게 회원비를 받을 것인가가 줄곧 민감한 화제가 되고 있는데, 미국은 이미 소셜미디어에서 이를 시도했다. 유튜브는 구독자 계층이 성숙하고 안정되면 무료 회원 모델을 타파할 수 있다는 사실을 보여주었다. 구독자에게 비용을 받으면 인플루언서의 수입이 늘어날 뿐만 아니라 더 많은 구독자를 불러올 수 있다.

2018년 6월 22일 유튜브는 기존의 광고 외에도 현금화가 가능한 기능을 창출해서 인플루언서의 경제적 수입을 도왔다. 10만 구독자를 보유하면 구독자들에게 매월 4.99달러의 회원비를 받을 수 있다. 회원이 된 구독자는 개성적인 프로필 마크와 독자적인 이모티콘을 얻는다.

이러한 사실을 광범위하게 배포하기 전에 유튜브는 2018년 1월에 일부 인플루언서에게 이러한 기능을 시도했다. 6개월 이상의 데이터로 보면 구독자들이 이러한 방식을 잘 받아들이는 편이었다. 코미디 영상 제작자 마이크 팔존Mike Falzone의 유튜브 수익은 2배 넘게 증가했고, 스페인의 게임 해설자 엘 루비우스El Rubius, elrubiusOMG의 구독자 수는 6배 늘어났다. 또한 2천여 개의 쇠구슬을 사용한 기계적인 장치로 감동적인 음악을 연주하는 빈테르가탄Wintergatan은 구독자 회원비가 총수입의 50퍼센트를 넘었다. 유튜브는 전체적으로 매년 수입이 다섯 자릿수에 달하는 크리에이터가 35퍼센트 늘어났으며 여섯 자릿수의 수입을 얻는 사람은 40퍼센트나 증가했다고 밝혔다. 유튜브도 30퍼센트의 거래 수수료를 챙겨 이익을 나눠 가졌다.

크리에이티브는 구독자에게 비용을 받는 것 외에도 동영상 아래 링크를 달아 팔로어에게 티셔츠, 모자, 휴대폰 케이스 등 20여 종의 다양한 제품을 직접 판매할 수 있다. 2017년 말부터 인플루언서가 되기 시작한 귀엽고 엉뚱한 3D 애니메이션 주인공 거미 루카스Lucas the Spider는 인형으로 만들어져 온라인에서 판매되고 있다. 현재 루카스 인형의 판매량은 6만 개를 넘었고, 18일 동안 100만 달러가 넘는 이윤을 벌어들였다. 그 밖에도 유튜브는 채널 라이브 서비스를 개발해 경제적 수입을 얻을 수 있는 경로를 넓혔다.

무료였다가 회원비를 받는 것은 위험성이 크다. 중국의 소셜미디어는 광고 수입 이외의 현금화 방식을 찾아 시장가치를 포착해야 한다. 또한 다양한 판매 방식을 통해 시장을 넓히고 이익을 늘려야 한다. 비록 위험성은 있지만 시도할 가치가 있다.

미국의 인플루언서 미켈라 소사는 항상 신비로운 분위기를 풍겼다. 수많은 의혹을 마주한 미켈라 소사는 결국 진실을 자신의 팔로어들에게 공개했다.

"저는 방금 고통스러운 발견을 했답니다. 그건 제가 진짜 사람이 아니라 구글이 만들어낸 로봇이라는 거예요!"

알고 보니 미켈라 소사는 실존 인물이 아니었다. 어쩌면 그녀는 최초의 가상 인플루언서인지도 모른다. 그녀의 남자 친구와 미켈라 소사를 '위대한 거짓말쟁이'라고 비난한 버뮤다도 가상 인물이었다.

도대체 누가 이런 인물들을 만들어냈는지는 아직까지 수수께끼로 남아 있다. 그러나 150만 명에 이르는 팔로어는 가상이 아니라 진짜다.

✻
✻✻

인플루언서 양성 기업의 몰락

2007년 대학을 졸업한 지 5년 된 '80후後 세대'(1980년대 이후 출생자) 펑민馮敏은 SP(의류 제공업체) 업무를 통해 인생 첫 거금을 벌어들였다. 당시 타오바오는 항저우에서 두각을 드러내고 있었고, 천만 위안이라는 창업 자금을 손에 쥐고 있던 펑민은 항저우로 갔다. 그는 전자상거래 업체 유유優郵를 창립하고 중국 최초의 인터넷 쇼핑몰 마이카오린麦考林

考林을 모방해 사업을 전개했지만 뜻하지 않게 망하고 말았다.

2011년 자금을 탕진한 펑민은 처음부터 다시 시작하기로 결심하고 타오바오 브랜드인 여성 의류 리베이린莉貝琳을 창립했다. 여성 의류 브랜드를 경영했던 경험을 기반으로 리베이린은 타오바오 시장에서 10위권에 안착했다. 이 시기에 펑민은 여성 의류 모델 장다이와 줄곧 긴밀한 협력을 유지하고 있었다. 장다이는 원래 잡지 모델이었다.

2013년 웨이보에서 일정한 지명도를 쌓고 있던 장다이는 의류 브랜드를 출시했지만 공급 사슬이 원활하지 못했다. 그래서 펑민 그룹은 장다이와 협력해 의류 브랜드를 경영하기로 하고, 2014년 늦여름에 정식으로 판매를 시작했다. 펑민의 운영 경험과 장다이의 100만 팔로어는 곧바로 화학반응을 일으켰고, 그룹 전체가 놀랄 정도로 판매량이 급증했다. 2015년 9월 펑민은 리베이린의 운영을 그만두고 기업의 형태를 왕훙 양성과 공급 사슬로 전환했다. 중국 최초의 왕훙 양성 기업 루한롄상電商이 정식으로 설립된 것이다.

2015년 말 펑민은 "우리 회사의 휘하에 있는 판매업체 중 적어도 5곳이 타오바오의 여성 의류 판매 순위에서 연달아 1등을 차지하고 있다"고 밝혔다. 당시 루한과 계약한 왕훙 중에는 이미 전자상거래 업체를 운영하고 있는 사람이 50명에 가까웠다. 루한롄상의 한 해 불량 재고율은 2~3퍼센트였고, 이는 15~18퍼센트인 전통 의류업체보다 훨씬 낮은 수치였다.

재고회전율은 기업의 판매 능력과 재고 관리 수준을 가늠하는 지표로 수치가 높을수록 좋다. 예를 들어 자라ZARA의 연 재고회전율은

12회 정도였고, 제품 디자인에서 입점까지 가장 빠를 때는 14일이 걸렸다. 유니클로의 재고회전율은 약 6회, 갭은 약 5회, 세계 최대의 상장 의류 기업 중 하나인 VF그룹(노스페이스와 팀버랜드 보유)은 약 4회였다. 일반적으로 일류 의류 기업의 재고회전율은 3~4회 정도다.

왕훙 양성 기업인 루한홀딩스의 6개월 재고회전율은 0.6회에 불과했다. 6개월 동안 경영이 좋지 못했고, 재고 문제가 심각하다는 것을 의미한다. 초기 재고 금액이 1억 6천만 위안(약 272억 원)이었지만 이 수치는 떨어지지 않고 계속 상승해 경영 말기에는 2억 위안에 달했다. 게다가 1억 2천만 위안의 판매 자본이 더해져 루한홀딩스는 경영을 지속하기 힘든 상황이었고, 당연히 주식시장에서 퇴출당했다.

0.6회라는 재고회전율은 0.8~1.2회인 중국 내 일반 의류 기업과 루한의 경영 수준이 비슷하다는 것을 의미한다. 왕훙, 빅데이터, 온라인 공급 사슬을 활용했지만 전통 의류업체보다 뛰어난 점이 없었다는 것이다.

루한홀딩스는 '계약을 맺은 왕훙의 수준, 왕훙과 기업 경영 모델의 적합성 여부, 왕훙의 안정성이 기업 경영의 위험 요소 중 하나'라는 사실을 이미 인식하고 있었다. 왕훙을 발굴하고 길러내는 일은 연예인을 키우는 것과 마찬가지로 성공 확률이 매우 낮다. 다른 한편으로 공급 사슬 구축은 매우 전문적이고 힘든 일이다. 루한홀딩스는 왕훙에게서 비롯된 소비 흐름을 보유하고 있었고, 빅데이터 분석을 종합해 소비자의 기호를 예측했다. 그리고 계획대로 왕훙 브랜드 제품을 통해 스타일 세분화와 제품 포지션을 정했다. 그러나 결국 루한홀딩스는 공급 사슬에서 쓰러지고 말았다.

2017년 루한홀딩스는 투자자들을 위로하며 이렇게 말했다. "의류와 같은 제품은 계절성이 명확해서 추동 의류가 춘하에 비해 종류가 많고 단가가 높다. 추동 의류는 한 해의 제품 판매 수입에서 비교적 높은 비중을 차지하며 영업수익과 순이익은 일반적으로 하반기에 높고 상반기에는 낮은 양상을 띤다." 그러나 시장은 결국 좋은 소식을 들을 수 없었다. 루한홀딩스는 2018년 2월 22일에 상장 종료를 신청하는 자료를 보냈고, 현재는 이미 처리되었다.

루한은 기울어가는 의류 판매업계에 빛나는 별처럼 떠올랐다가 동이 트기도 전에 사라졌다.

2018년 1분기에 중국 내에서 상장한 의류 브랜드 중 80퍼센트가 영업수익과 순이익 모두 성장했다. 전자상거래 업체의 판매 속도 역시 큰 폭으로 상승했다. 통계국의 데이터에 따르면 2018년 1분기 전국의 일정 규모 이상 의류업체의 판매액은 전년도 대비 9.8퍼센트 증가했다. 또한 증가 속도도 같은 기간 사회 전체의 소비재 판매 총액과 비슷한 수준이었다.

온라인 의류 제품의 판매액은 전년도 대비 33.9퍼센트나 크게 상승했다. 중국 A주(상하이와 선전 증시에 상장된 내국인 전용 주식-옮긴이)에 상장된 31개 의류업체는 1분기에 313억 6천만 위안의 누적 영업수익을 달성했고, 순이익은 34억 4,200만 위안에 달했다. 온라인 의류업계가 당당하게 전진할 때 '최초의 왕훙 전자상거래 기업'이었던 루한은 안타깝게도 과거의 영광을 잃고 다시는 회복하지 못했다.

10억 사용자 위챗,
소셜 기능을 잃어버리다

삶에서 가장 중요한 것은 무엇을 조우했는가가 아니라
어떤 일들을 기억하고, 어떻게 마음에 새기고 있는가이다.
– 가브리엘 마르케스

    소셜미디어에서 허구의 이야기는 진실보다 더 멀리, 빨리, 넓게 전파
된다는 사실이 밝혀졌다. 사람들이 공유하는 거짓 정보에는 한 가지 특
징이 있는데, 바로 신기하다는 점이다. 사용자 가치를 피라미드에 비유
하면 거짓 정보가 범람하는 곳은 피라미드의 하부 계층이다. 이곳의 구
성원은 주로 가치가 낮은 사용자들이다.

    소셜미디어가 등장한 지 10년, 이것은 정부와 기 싸움을 벌인 10년
이기도 하다. 소셜미디어는 프라이버시(사생활)의 역설을 가져왔고,
심지어 프라이버시라는 개념 자체가 이미 죽었다고 한탄하는 사람도
있다. 개인에게 프라이버시는 그림자와 같다. 기업이 돈을 지불하고 그
림자를 구입할 것인가 아니면 개인이 돈을 주고 암흑을 구입해 자신의
그림자를 숨겨야 하는가. 이에 대해 경제학자들은 각기 다른 견해를 가
지고 있다.

페이스북이 내 정보를 팔았다

"정말 극심한 스트레스를 받은 1년이었다. 불과 4개월 전이라는 사실을 믿을 수가 없다."

2018년 5월 1일, 소셜미디어의 선두주자인 페이스북의 개발자 대회가 시작되자마자 창립자 겸 CEO 마크 저커버그는 지난 1년 동안 고통스러웠던 심경을 토로했다.

4월 10일과 11일, 저커버그는 각기 다른 의회 청문회에 두 번 출석했다. 첫째 날은 미국 상원 상무과학교통위원회와 사법위원회가 주관한 연합 청문회에 참석했다. 미국 상원의원 총 100명 중에 44명이 출석했다. 청문회는 원래 4시간 동안 진행될 예정이었으나 실제로는 5시간이 걸렸다. 둘째 날에는 미국 하원 에너지 및 상업위원회의 청문회에 참석했고, 저커버그는 다시금 혼자 5시간의 설전을 벌이느라 악전고투했다.

미국의 의회 청문회는 흔히 볼 수 있는 정치적 활동이다. 증인을 의회에 초청 혹은 소환해서 의원들이 질문하고 증언을 듣는다. 이는 입법 초기에 다양한 방면에서 의견을 수집하고 청취하기 위한 일종의 정식적이고 주요한 방법이다. 20년 전 마이크로소프트의 빌 게이츠도 청문회에 출석해서 독점 혐의를 입증해야 했다.

저커버그를 증인석으로 내몬 것은 별로 유명하지 않은 케임브리지 애널리티카^{Cambridge Analytica, CA}라는 영국 회사였다. 〈뉴욕타임스〉가 밝힌 바에 따르면 2016년 미국 총선 기간에 케임브리지 애널리티카는

5천만 명의 페이스북 사용자 정보를 무단 수집하여 정치적인 광고에 사용했다고 한다. 폭로한 사람은 바로 케임브리지 애널리티카의 창립을 도운 크리스토퍼 와일리Christopher Wylie였다. 그 후 페이스북은 개인정보가 유출된 사용자가 8,700만 명을 넘지 않으며, 주로 미국 사용자들이라고 밝혔다. 일주일 동안 페이스북의 주가는 14퍼센트까지 하락했고, 약 750억 달러가 증발했다. 페이스북은 창사 이래 전대미문의 위기에 직면했다.

*
**

'좋아요'의 심리 프로파일링

케임브리지 애널리티카는 2013년에 설립되었고, 런던, 뉴욕, 워싱턴에 사무소가 있다. 이 회사의 주식 일부는 미국 헤지펀드를 경영하는 로버트 머서Robert Mercer 가족이 소유하고 있다. 〈USA 투데이USA Today〉에 따르면 케임브리지 애널리티카는 영국의 정치 컨설팅 기업 SCLStrategic Communication Laboratories의 자회사라고 한다. 1993년에 설립된 SCL은 데이터를 분석하여 전 세계의 정부와 군사기구에 전략을 제공한다. 그들은 전 세계 60개가 넘는 나라에서 프로젝트를 전개하고 있다.

케임브리지 애널리티카는 주로 비즈니스와 정치 2개 부문으로 나뉜다. 비즈니스 부문은 데이터 분석과 과학적인 행동 예측 및 혁신적인 광고 기술을 한데 모은 빅데이터를 시장 마케팅에 활용하는 서비스를 기업에 제공한다.

케임브리지 애널리티카가 논쟁을 불러일으킨 분야는 바로 정치 부문이다. 이 부서는 선거, 투표 등 정치 활동에 필요한 서비스를 제공한다. 2014년 케임브리지 애널리티카는 총 44건의 미국 경선 활동에 참여했다. 2015년 이들은 미국 대통령 경선에 참가하는 공화당 의원 테드 크루즈Ted Cruz에게 데이터 분석 서비스를 제공했다. 2016년에는 도널드 트럼프의 대통령 경선 및 영국의 브렉시트 확산 운동에 참여했다.

케임브리지 애널리티카의 공식 홈페이지에는 "우리는 당신의 유권자를 찾아서 그들을 행동하게 만든다"는 홍보 문구가 걸려 있다. 이처럼 케임브리지 애널리티카가 사용자의 행동 모형을 수립하고 다양한 정치 활동에서 잠재적인 유권자들에게 영향을 끼칠 수 있었던 이유가 있다. 2013년 케임브리지 대학교의 계량심리학 센터 교수였던 마이클 코신스키Michal Kosinski와 데이비드 스틸웰David Stillwell이 발표한 한 편의 논문 덕분이었다.

2013년에 그들은 〈페이스북의 '좋아요'를 통해 형성된 개인 심리 프로파일링〉 프로젝트를 전개해 예측 모형을 만들었다. 이 프로젝트의 내용은 페이스북에서 나에게 '좋아요'를 10번 보낸 사람은 함께 일하는 동료보다 나를 더 잘 이해할 수 있으며, '좋아요'를 70번 보낸 사람은 친구보다 나를 더 잘 이해할 수 있고, 300번 이상 '좋아요'를 보낸 사람은 가장 친밀한 반려자보다 나를 더 잘 이해할 수 있다는 것이었다.

2014년 27만 명의 사용자를 보유한 페이스북은 케임브리지 대학교 심리학과 교수 알렉산더 코건Aleksandr Kogan이 연구를 목적으로 개발한

'이것이 당신의 디지털 라이프다This is your digital life'라는 성격 검사 애플리케이션에 전체 공개를 한 사용자에 한해 개인정보 수집을 허가해주었다. 그러나 그 앱은 직접적인 참여자들뿐만 아니라 그 친구들의 데이터까지 수집했다. 대다수는 이러한 상황을 알지 못했다. 그리고 알렉산더 코건은 규정을 어기고 케임브리지 애널리티카에 개인정보를 넘겼다.

2015년 페이스북은 알렉산더 코건과 케임브리지 애널리티카에 사용자의 데이터를 모두 삭제해달라고 요구했다. 케임브리지 애널리티카는 삭제를 승낙했지만 페이스북은 그들이 정말로 약속을 이행했는지 확인하지 않았다. 페이스북이 내부 관리에 문제가 있다는 의혹이 제기됐고, 저커버그의 리더십이 부족하다는 이야기가 나왔다. 크리스토퍼 와일리는 이러한 상황을 미디어에 폭로하며 알렉산더 코건이 상업적인 용도로 사용자 데이터를 SCL에 팔아넘겼다고 주장했다. 최종적으로 케임브리지 애널리티카는 이러한 데이터를 운용해 심리 테스트와 분석을 진행했고 사용자에게 친트럼프 성향의 광고가 전달됐다.

2016년 대선에서 유명한 슬로건이 '당신이 수수방관한다면 힐러리가 이기고 당신은 지게 된다'는 것이었다. 이 슬로건은 케임브리지 애널리티카가 배후에서 전략적으로 운영한 것이었다. 이러한 전략의 바탕은 사용자 데이터를 분석해서 개발한 모형이었는데, 그들은 사람들의 감정적 동력, 즉 희망과 공포를 이용해 투표 경향을 컨트롤했다.

대규모의 개인정보 유출 사건이 있은 후 저커버그는 페이스북에 장문의 글을 올렸다. 그는 "우리는 여러분의 데이터를 보호할 책임이 있다. 우리가 그러지 못한다면 당신에게 서비스를 제공할 자격이 없다"고 말했다. 그는 자신의 책임을 깊이 통감하고 있는 듯 보였지만 사람들은 여전히 "다년간 페이스북은 마치 사탕을 나눠 주듯 사용자들의 데이터를 나눠 주었다"고 비판했다.

*
**

내 정보와 서비스를 맞바꿀 것인가?

중국에서는 개인정보 유출을 걱정하는 목소리가 줄곧 끊이지 않는다. 지리吉利홀딩 그룹의 회장 리수푸李書福는 포럼에서 중국의 개인정보보호 정책과 정보 보안이 규범에 맞지 않는다고 한탄했다. 이에 수많은 기업과 사용자들이 공감했다.

소셜 플랫폼, 결제 플랫폼, 배달 음식 앱, 여행 내비게이션 소프트웨어는 이미 우리 생활에서 빠질 수 없는 일부분으로 자리 잡았다. 우리는 다양하고 편리한 서비스를 누리는 대신 개인정보를 제공해야 한다. 그들은 직업, 재무 능력, 건강 상태, 학력, 개인의 기호, 신용도, 행동 패턴 등 우리의 개인적인 자료들을 분석해 특징을 예측하는 모형을 만드는데, 이것이 '페르소나 기법을 이용한 사용자 분석'이다.

조사에 따르면 사람들은 1인당 평균 50개가 넘는 앱을 휴대폰에 설치한다. 이러한 앱이 수집하는 사용자 데이터에는 주로 개인정보, 네트워크 식별 정보, 위치 정보, 로그 정보 및 휴대폰 통화 기록, 사진 앨범 등 다양한 정보가 포함된다. 우리는 무료 서비스를 이용하기 위해 낯선 사람에게 개인정보를 제공한다. 이것이 바로 프라이버시의 역설이다.

그들은 반드시 이러한 정보를 수집해야 서비스를 제공할 수 있는 것일까? 그들이 우리의 개인정보를 어떻게 이용하고 있을까? 이러한 문제를 곰곰이 생각해보면 아마도 소름 끼칠 것이다.

2018년 초 위챗의 개인정보 유출을 의심한 사람이 있었다. 텐센트는 위챗 공식 계정인 '웨이신파이微信派'에 다음과 같이 회답했다.

"위챗은 사용자의 어떠한 대화 기록도 보존하지 않는다. 대화 내용은 오직 사용자의 휴대폰, 컴퓨터 등 개인 기기에만 보존되며, 위챗은 어떠한 사용자의 대화 내용도 빅데이터 분석을 위해 사용하지 않는다."

그러나 바람이 잠잠해지기도 전에 또 다른 풍파가 일어났다. 2018년 4월 말 한 뉴스가 위챗을 여론 투쟁의 장으로 몰아넣었다.

"2018년 3월, 모 지역의 국가 기관이 특정 사건을 수사하면서 수사 대상의 휴대폰에서 이미 삭제된 위챗 대화 기록을 추출했다. 수사관은 이를 실마리로 대화를 분석했고 수사 대상이 심리적인 경계를 풀게 만들어 문제를 제기하고 조사를 추진했다."

위챗 공식 사이트는 이에 신속하게 답변했다.

"뉴스에서 언급한 삭제된 위챗 대화 기록 추출은 사법적인 증거 수집 방법을 통해 휴대폰 자체의 보존 시스템에서 복원한 것이다."

그러면서 다음과 같이 강조했다.

"사법적인 증거 수집 영역에서 휴대폰의 증거 수집은 매우 중요한 연구 방향이다. 공개된 대량의 논문을 보면 이를 알 수 있다. 중국에서는 이미 몇십 종류의 애플리케이션을 통해 증거를 수집하고 있다."

해외의 소셜 애플리케이션 몇 곳은 개인정보보호 정책을 더욱 투명하게 명시하고 있다. 젊은 사용자층의 충성도가 높은 소셜 애플리케이션 스냅챗Snapchat의 개인정보보호 정책 페이지에는 "개인의 사진은 사용자의 휴대폰뿐 아니라 회사의 서버에도 저장된다"고 명시하고 있다. 또한 "이러한 사진은 비록 삭제된 후라도 형사 사건 수사에 사용될 수 있다"고 밝혔다. 위스퍼Whisper(익명 메신저 애플리케이션)의 개인정보보호 정책 페이지에는 "사용자가 올린 사진과 글의 지적재산권은 본사가 소유하며, 본사는 제3자에게 사진과 글의 권리를 판매하는 것을 아직 보류하고 있다"고 되어 있다.

위챗뿐만 아니라 바이두의 창업자 리옌훙李彦宏이 중국 고위층 포럼에서 사용자의 개인정보에 대해 했던 말이 사람들을 놀라게 했다.

"저는 중국인들이 더욱 개방적이어야 한다고 생각합니다. 개인정보보호 문제에 민감하게 굴 필요는 없습니다. 아마 대부분의 사람들은 개인정보를 편리함과 교환하고자 할 겁니다. 우리는 데이터를 이용해 사람들의 생활을 편리하게 만드는 일을 합니다."

리옌훙의 말은 페이스북의 개인정보 유출 파문과 함께 중국에서 개인정보보호에 대한 토론을 불러일으켰다.

리옌훙의 말은 사실일 것이다. 의식하지 못할 수도 있지만 우리는 인터넷에서 줄곧 자신의 데이터, 즉 개인정보를 편리하거나 가치 있는 제품 혹은 서비스와 교환해왔다. 그러나 세상에 공짜 점심은 없다.

2014년 대형 데이터 저장 서비스 업체 EMC는 전 세계 15개국의 소비자 1만 5천 명을 대상으로 조사를 실시했다. 프라이버시의 역설 문제가 가장 직접적으로 드러난 문항은 "당신은 개인정보를 제공하는 대가로 더욱 다양한 편의를 누리겠는가"였다. 응답자 중 51퍼센트가 '원하지 않는다'고 대답했고, 27퍼센트가 '원한다'고 대답했다. 나머지는 의견이 없거나 잘 모르겠다는 사람들이었다.

나라별로 다르기는 하지만 결과는 대부분 비슷했고 특히 선진국일수록 '원하지 않는다'고 응답한 비율이 높았다. 미국은 '원하지 않는다'고 대답한 사람이 56퍼센트, '원한다'고 대답한 사람이 21퍼센트였다. 영국은 '원하지 않는다'고 대답한 사람이 55퍼센트, '원한다'고 대답한 사람이 18퍼센트였다. 개인정보를 가장 중요하게 생각하는 독일은 '원하지 않는다'고 대답한 사람이 71퍼센트였고, '원한다'고 대답한 사람은 12퍼센트에 그쳤다. 인도는 48퍼센트가 '원한다'고 대답했고, 40퍼센트가 '원하지 않는다'고 대답했다.

2018년 5월 4일 중국정보통신연구원의 산업계획연구소가 발표한 '2017년 위챗 경제의 사회 영향력 연구'에서는 53.2퍼센트의 사용자가 위챗이 개인정보보호에서 일반적인 대처를 보이고 있으며 개인정보 유출 및 보안에 폐해가 존재한다고 대답했다고 밝혔다. 2017년 공안이 네트워크 범죄 사건을 적발하는 데 위챗이 협조한 사례는 160건이었으며, 사건에 연루된 금액은 32억 위안에 달했다. 불법적으로 국민의 개인정보를 수집한 것은 100억 건 이상으로 막대한 규모였다.

중국이 개인정보보호에 손을 놓고 있는 것은 아니다. 2017년 6월 1일 「중화인민공화국 네트워크 안전법」이 정식으로 시행되었는데 그중 개인정보보호 항목이 있다. 2018년 5월 1일부터는 '정보 안전 기술 개인정보 안전 규범'이 정식으로 시행되었다. 법률보다 낮은 단계이기는 하지만 개인정보 수집, 사용, 저장, 전송, 공유, 양도, 공개 및 정지 등에 관한 일련의 규범을 제시했다. 이 규범은 정보를 사용하는 측이 개인정보를 수집할 때 횟수, 수량 및 보존 기한이라는 3가지 항목에서 최소화 원칙을 지켜야 한다고 요구했다.

최소화 원칙은 비록 소비자의 이익을 보호하기는 하지만 상업적인 이익과 충돌하는 부분이 있다. 데이터를 사용하는 측은 될 수 있는 한 많은 사용자의 데이터를 원한다. 그들은 될 수 있는 한 다양한 시나리오를 지닌 데이터 자원을 획득해야 가장 정확한 사용자 페르소나를 생성할 수 있고, 더 나아가 정확한 마케팅 콘텐츠를 만들어낼 수 있다.

규범에서는 개인정보 처리 업무를 담당하는 직원이 200명 이상인 조직, 또는 50만 명을 초과하는 개인정보를 처리하는 조직에서는 반드시 개인정보보호 전문 인력과 개인정보보호 기구를 설립해야 한다고 요구했다.

빅데이터 시대에 개인정보보호는 원시시대의 황야와도 같다. 한 기업이 데이터를 실제로 조작하는 행위는 외부에서는 알 수 없는 블랙박스와도 같다. 이것은 전 세계의 보편적인 난제다. 일부 유럽 국가에서는 「일반개인정보보호법General Data Protection Regulation, GDPR」이 2018년 5월 25일부터 발효되었다. 논쟁의 초점은 페이스북와 구글을 비롯한 IT 기업에서 정말로 수집해야 하는 정보가 무엇이며, 사용자의 동의 후에 수집할 수 있는 정보는 무엇인가였다. 이러한 논쟁은 데이터 사용으로 운영되는 기업에게 일종의 구속이나 다름없다.

유럽의 「일반개인정보보호법」의 두드러진 특징 하나는 데이터 주체의 동의를 더욱 엄격하게 규정했다는 점이다. 반드시 구체적이고 명확해야 하며 사용자가 충분히 상황을 파악했다는 전제하에 동의를 구할 수 있다는 것이다. 디폴트와 같은 방법은 비록 금지를 명령하지는 않았지만 개인의 동의를 얻었다고 하기에는 부족하다. 이처럼 가혹한 조건은 전망이 밝은 '페르소나 기법을 이용한 사용자 분석'에 매우 큰 시련이 되고 있다. 사용자의 동의를 얻기가 힘들어지면 빅데이터에 근거한 마케팅은 심각한 타격을 입는다.

반면 중국의 '규범'은 페르소나 기법을 이용한 사용자 분석에 대해 비교적 개방적인 태도를 보인다. 데이터를 사용하는 측이 페르소나 기법을 사용했는지 여부와 용도를 설명하기만 하면 된다고 규정한다. 다만 개인정보 주체의 권익에 현저한 영향을 끼쳤을 때 이의를 제기할 수 있다. 예를 들어 개인의 신용 및 대출액을 결정하는 경우, 면접시험에 사용하는 경우 등이다.

국제프라이버시전문가협회International Association of Privacy Professionals의 부회장 겸 최고지식책임자 오머 텐Omer Tene은 "논쟁의 관건은 타깃성 광고의 합법성에 있다"고 말했다. 타깃성 광고란 사용자의 SNS 활동을 바탕으로 기업이 그들을 조준한 광고를 보내는 것이다. 규모는 매년 수백억 달러에 달한다.

구글은 이미 유럽에서 개인 맞춤 광고 기능을 차단했지만 사용자가 사이트의 데이터 수집을 모두 차단할 수는 없다. 페이스북도 유럽연합EU의 사용자들에게 타깃 광고를 시청할 것인지 묻는 서비스를 시작했다. 이러한 광고는 사용자들이 열람한 웹페이지 혹은 인터넷 구매 등의 활동을 바탕으로 설정된다. 그러나 페이스북 사용자는 데이터 수집과 관련해 새로운 서비스 조항에 동의하지 않으면 계정을 삭제할 수밖에 없다.

유럽의 「일반개인정보보호법」은 두 종류의 차등 벌금을 규정하고 있다. 가벼운 벌금은 1천만 유로 혹은 다음 연도 전체 경영수익의 2퍼센트 중 금액이 높은 쪽을 납부하는 것이다. 무거운 벌금은 2천만 유로 혹은 기업의 다음 연도 전체 경영수익의 4퍼센트 중 금액이 높은 쪽을 납부하는 것이다. 중국의 '규범'에는 이러한 처벌 규정이 없다.

〈월스트리트저널〉의 보도에 의하면 프랑스 IT 컨설팅 기업 캡제미니Capgemini가 2018년 3월과 4월에 1천 개 기업을 대상으로 진행한 조사에서 절반의 기업이 기본적으로 법을 준수하고 있으며, 60~85퍼센트가 완벽하게 법을 지키기 어렵다고 밝혔다고 한다.

위법적인 개인정보 수집, 남용 및 개인정보를 폭로하는 사례가 더 많이 밝혀지고, 개인의 합법적인 권익과 사회의 공공이익을 침해하는 행위에 더 많은 처벌이 가해질 때 기업은 비즈니스 모델과 비즈니스 윤리 면에서 더욱 성숙해질 수 있다. 또한 개인정보의 범주도 더욱 명확해질 것이다.

데이터 보안이 소셜미디어의 약점이라면 가짜 뉴스는 소셜미디어의 천적이라 할 수 있다. 불행히도 인간의 본성에 따라 가짜 뉴스는 소셜미디어에 틈만 있으면 파고들어 비정상적일 정도로 강력하게 확산된다.

가짜 뉴스가 확산되는 것은 인간의 본능

미국에서 페이스북, 애플 등의 독점은 이미 완성되었다. 마찬가지로 중국에서도 웨이보, 위챗과 진르터우탸오(今日頭條, 중국 1위 뉴스 앱) 등 콘텐츠 배포 플랫폼이 이미 뉴스를 독점하고 있다. 전통 미디어 시대와는 달리 소셜미디어 시대는 콘텐츠 배포의 문턱이 낮아서 누구나 콘텐츠 생산자가 될 수 있다. 동시에 광고를 기반으로 하는 비즈니스 모델은 클릭 수가 높을수록 이득을 얻는다. 이익을 추구하려는 개인과 단체가 콘텐츠 제작 영역에 대량으로 뛰어들면서 소셜미디어는 가짜 뉴스의 온상이 되었다.

2018년 3월 과학 논문 저널 〈사이언스〉는 매사추세츠 공과대학MIT 의 연구원 3명이 가짜 뉴스 전파에 대한 연구를 발표했다고 전했다. 이것은 현재까지 가장 규모가 크고 체계적인 연구다. 그들은 2006년부터 2017년까지 트위터에서 유행한 모든 진짜 뉴스와 가짜 뉴스의 탄생부터 전파까지 분석했다. 연구 데이터에는 트위터에서 유포된 약 12만 6천 개의 '폭포식 구조 뉴스'(단일한 기원에서 비롯되고 아직 차단되지 않은 뉴스)와 300만 명에 의해 전송된 450만 개의 뉴스가 포함되었다.

연구 결과 정치, 연예 혹은 비즈니스 분야의 가짜 뉴스가 진짜 뉴스보다 훨씬 멀리, 빠르게, 넓게 전파되는 것으로 나타났다. 트위터가 모든 사용자의 연령, 계정 활동, 팔로어 수 및 주목도를 컨트롤하고 계정의 진위 여부를 검증하고 있지만, 가짜 뉴스가 유포될 가능성은 진짜 뉴스에 비해 70퍼센트 정도 높았다. 특히 정치 분야는 다른 분야보다 가짜 뉴스가 유포될 가능성이 훨씬 높았다.

연구자들은 4가지 차원에서 가짜 뉴스와 진짜 뉴스의 전파를 대조했다. 첫째는 깊이, 즉 뉴스가 전파되는 단계다. 가짜 뉴스가 전파되는 단계는 진짜 뉴스를 훨씬 초월했고, 가장 깊은 단계는 19단계에 달했다. 반면 진짜 뉴스의 전파는 기본적으로 10단계를 넘지 않았다. 둘째는 인원수로, 뉴스 전파에 참여한 계정의 수다. 진짜 뉴스를 전달하는 사람은 1천 명을 넘는 경우가 드물었지만 상위 1퍼센트에 포함되는 가짜 뉴스는 1천~1만 명에게 전파되었다. 셋째는 시간으로, 가짜 뉴스가 1,500명에게 전파되는 속도가 진짜 뉴스보다 6배 빨랐다. 임의의 계층에서 뉴스 전파에 참여한 최대 인원수를 살펴보면 진짜 뉴스의 범위는 전파력이 가장 강한 경우가 1천 명인 반면 가짜 뉴스는 최대 몇만 명에 달했다. 마지막으로 구조적 바이럴리티structural virality도 가짜 뉴스의 전파력이 더욱 강력했다.

의외의 사실은 가짜 뉴스가 빠르게 전파되는 원인이 팔로어 수가 많거나 영향력이 큰 인기인들의 트위터 계정 탓이 아니라는 것이었다. 작은 불씨를 큰 불로 만드는 사람들은 주목받지 못하는 소수의 인물들이었다. 평균적으로 진짜 뉴스를 전파하는 트위터 사용자들에 비해 가짜 뉴스를 퍼뜨리는 트위터 사용자들의 팔로어 수와 주목도가 확연히 낮았다. 그들은 트위터에서 별다른 활약을 보이지 않았으며 트위터가 계정의 진위 여부를 검증한 비율도 낮고 트위터를 사용하기 시작한 기간도 훨씬 짧았다. 사용자 가치를 피라미드에 비유한다면 가짜 뉴스를 조장하는 계층은 피라미드의 하층 부분을 구성하고 있었다.

연구자들은 인간에 비해 인터넷 봇이 가짜 뉴스를 더 퍼뜨리는 것이 아닌지도 연구했다. 그들은 진짜 뉴스와 가짜 뉴스의 전파에 로봇보다 인간이 더 크게 작용한다는 사실을 발견했다. 기존의 로봇 측정 알고리즘을 통해 로봇이 진짜 뉴스와 가짜 뉴스를 퍼뜨리는 속도는 대체로 일치한다는 점을 발견했다. 가짜 뉴스를 더 널리 퍼트리는 것은 인간이었다.

가짜 뉴스가 빨리 퍼지는 이유는 신기한 것을 좋아하는 인간의 심리 때문이다. 연구자들은 가짜 뉴스에서 '신기함'이라는 특징을 발견했다. 신기한 가짜 뉴스는 사람들의 주의를 끌었고 유포하도록 자극했다. 이를 통해 공유자들의 행동 속도가 '뉴스보다 훨씬 빠르다'는 사실이 입증되었다.

논문을 언급한 글에서 가짜 뉴스를 억제하는 2가지 방법을 제시했다. 하나는 뉴스의 진위를 판별하는 능력을 높이는 것이다. 그러나 실제로 인간은 편견을 가지고 있다. 자신이 믿고 있는 것을 선택하고 받아들이기 쉽다는 것이다. 이러한 해결 방법은 근본적이기는 하지만 한계가 있다. 또 다른 방법은 소셜미디어 플랫폼이 가짜 뉴스를 유포하거나 댓글을 단 사용자의 레벨을 낮추는 알고리즘을 이용해 가짜 뉴스를 제거하는 것이다.

실제로 이러한 방법을 사용한 소셜미디어 업체들이 있다. 2017년 페이스북은 알고리즘 조정을 선포하고 양질의 콘텐츠를 중시하겠다고 했다. 그러나 페이스북 외부에서 이러한 변화가 유효한지는 알 수 없다. 플랫폼은 알고리즘을 비즈니스 기밀로 간주하며 데이터를 외부에 개방하지 않기 때문이다. 연구자들은 이 점이 문제라고 이야기했다. 소셜미디어는 사회에서 매우 중요한 작용을 하기 때문에 플랫폼은 상업적 이익 외에도 도덕적, 사회적 책임을 져야 한다. 소셜미디어의 알고리즘이 사회에 어떤 영향을 끼치는지 평가할 수 있도록 연구자에게 더 많은 데이터와 기술을 개방해야 한다.

사람은 신기하고 새로운 사물을 쉽게 받아들이는 본성을 가지고 있기 때문에 가짜 뉴스의 전파를 막기는 힘들다. 이러한 본성은 원래 비난받을 일은 아니지만 소셜미디어에서는 가짜 뉴스에 날개를 달아주기 쉽다.

소셜미디어 플랫폼은 뉴스의 생태계를 완전히 바꿔놓았다. 우리는 더욱 공정한 정책으로 소셜미디어에 관여하고 올바른 방향으로 인도해야 하며 가짜 뉴스의 침식과 오염을 막아야 한다. 이것은 사회 전체의 책임이다.

커질수록 사라지는 위챗의 역설

소셜미디어는 심리적 교류와 수요를 만족하는 도구의 일종이다. 이러한 심리적 동기를 바탕으로 소셜미디어는 사람들의 사회생활에서 빼놓을 수 없는 중요한 일부분이 되었다. 2014년 4월 위챗이 4.0 버전을 발표한 순간부터 '위챗 모멘트'라는 공간이 탄생했다. 이는 신속하게 중국인들의 사교 도구가 되었고, 중국인들의 인간관계를 바꿔놓았다. 1억 명이었던 위챗 사용자 수는 1일 사용자 수 10억 명으로 단숨에 상승했다.

사람들은 끊임없이 새로운 사교 방식을 받아들였다. 위챗은 한때 유행했던 소셜 플랫폼을 신속하게 몰락시켰다. 최근의 한 연구에서 중국인은 매일 평균 40분 위챗을 사용한다고 밝혔다. 불행히도 위챗 모멘트의 규모는 갈수록 방대해져서 위챗은 소셜이라는 최초의 기능을 잃었다. 위챗 모멘트는 이미 낯선 공간이 되었고, 위챗의 소셜 기능은 사라졌다.

소셜, 즉 사교는 일종의 유동 과정으로 시간에 따라 변화하고 사교를 나누는 사람들의 마음에 감정을 형성한다. 사교의 속성으로 볼 때 우리는 위챗을 한잔의 커피와 비교할 수 있다. 스타벅스의 창립자 하워드 슐츠는《스타벅스 커피 한잔에 담긴 성공 신화》에서 사교적 기능을 탑재할 수 있는 제품은 반드시 온도, 맛, 기쁨을 갖추어야 한다고 말했다. 3가지 조건을 충족해야 하워드 슐츠가 말하는 '소비자의 기대를 초월한 서비스'를 제공할 수 있는 것이다. 3가지 조건으로 위챗을 평가한다면 온도가 이미 식기 시작했고, 맛은 상업적으로 변질되었으며, 기쁨은 갈수록 줄어들고 있다.

사실상 위챗은 사교에 적합하지 않다. 위챗은 참여보다는 전파에 적합하고, 토론이 아닌 게시에 편리하다. 게시글을 보면서 사교하기 때문에 전대미문의 공유 문화가 생겨났다. 글의 마지막을 장식하는 것은 마침표가 아니라 공유, 즉 전파다. 공유는 글의 내용에 심각한 영향을 끼치고 피상적인 내용일수록 공유될 가능성이 높다. 그러므로 위챗은 마케팅 플랫폼으로 변질되기 쉽다. 그리고 마케팅은 사교의 천적이라 할 수 있다. 마케팅은 위챗에 축적된 감정을 잠식하고 사교 기능을 퇴화시킨다. 이것은 위챗의 착오이지만 가장 치명적인 문제는 아니다.

위챗의 가장 핵심적인 문제는 익숙한 사람과의 사교에서 낯선 사람과의 사교로 전환하지 못했다는 데 있다. 익숙한 사람과는 비교적 강한 관계가 형성되어 행복에 영향을 준다. 반면 낯선 사람들과는 비교적 약한 관계가 형성되는데 일반적으로 이러한 관계는 적을수록 좋다. 사람들을 직접 대면한다면 자연스럽게 관계의 강약을 구분할 수 있다. 초기에 위챗 모멘트는 강한 관계를 지닌 소셜 그룹이었다. 그러나 오늘날 급속하게 팽창한 위챗 모멘트는 관계의 강약을 효과적으로 구분할 수 없다.

보통 익숙한 사람의 수는 고정적이다. 그러나 위챗 모멘트의 확대로 낯선 사람이 더욱 많아지게 되었다. 낯선 사람과 익숙한 사람이 뒤섞인 위챗 모멘트에서 친구를 정의하기 힘들다. 그래서 위챗 활용도는 급속하게 하락했다. 사람들은 이미 낯선 공간이 된 위챗 모멘트를 멀리하고, 위챗의 사교 기능을 점점 사용하지 않게 되었다. '인스턴트 메신저', '강력한 소셜네트워크'라는 위챗의 후광은 현재 신속하게 벗겨지는 중이다. 사교 기능을 잃은 위챗은 통신과 전파의 도구, 결제 및 게임 도구로 변질되고 있다.

관계의 강약을 구분하지 못하는 문제점은 기술적으로 쉽게 개선할 수 있다. 예를 들어 사용자가 친구 요청을 받은 경우, 사용자에게 '강한 관계', '약한 관계', '거부'라는 3가지 선택지가 주어지는 것이다. 이러한 방법은 사용자의 체험을 중시하는 대신 소셜 플랫폼의 연결성이 희생

된다. 소셜 플랫폼이 각각의 외딴섬으로 변화하고, 외딴섬의 사람들은 개인적인 범위 안에 속하지 않는 화제를 걸러낼 수 있다. 이렇게 되면 전파력이 약화되고 더 이상 평등한 연결이 불가능해진다. 이것은 결코 텐센트가 원하는 것이 아니다. 사방팔방으로 통하지 않는 전파력, 불평등한 연결은 텐센트의 이윤 모델을 뿌리부터 뒤흔든다.

위챗은 이미 나아갈 길을 선택해야 하는 기로에 서 있다. 위챗은 반드시 공공 공간과 개인 공간 중 하나를 선택해야 한다. 위챗은 사교에서 탄생한 사적인 공간이지만 현재 위챗의 사교적 속성은 갈수록 약해지고 공공적 속성이 강해지고 있다. 웨이보처럼 공공의 공간으로 완전히 변모하면 향후 위챗은 더욱 다양한 감독 관리와 마주할 것이다.

오늘날 급변하는 중국 사회에서 사람들은 인지적인 정보 획득과 전달, 감정적인 공감과 이해, 인정과 수용을 포함한 높은 수준의 소셜 활동을 절박하게 요구하고 있다. 그러나 위챗의 시스템은 토론보다 전파에 더욱 적합하다. 사용자에게 위챗 모멘트의 확대는 강한 관계와 약한 관계의 혼란을 의미한다. 모든 것을 연결하는 전략은 이윤을 올리는 데는 도움이 되지만 사적인 사교의 속성이 떨어진다. 이러한 역설에 빠진 위챗은 텐센트의 맹점이자 하나의 기회이기도 하다.

＊
＊＊

미국 대선 판도를 바꾼 소셜미디어

〈워싱턴포스트〉에 따르면 2016년 대통령 선거일 며칠 후 페루에서 열린 아시아태평양경제협력체APEC 회의에 참석한 미국의 전 대통령

오바마는 페이스북 창립자 저커버그에게 페이스북상의 가짜 뉴스가 차후 미국의 대선 결과에 영향을 끼칠 가능성이 있다고 직접 경고했다고 한다. 당시 저커버그는 '말도 안 되는 생각'이라고 여겼지만, 2017년 10월에 형세가 급격하게 뒤바뀌면서 자신들이 '정치적'으로 이용되었음을 인정했다.

2015년 6월부터 2017년 5월까지 3천여 개의 광고가 500여 개에 달하는 허위 계정과 관련이 있었다. 그리고 3천여 개의 광고는 1천만 명의 유권자에게 유포되었다. 광고에서는 비록 후보자 두 사람의 이름을 언급하지는 않지만 4분의 1에 해당하는 광고가 지리적 위치를 겨냥하고 있었다. 그리고 대다수가 동성애, 인권, 이민, 총기 규제 등 논쟁의 여지가 있는 화제를 언급했다. 미국의 CNN은 익명을 요구한 다수의 정보 제공자들이 밝힌 바에 따르면 광고는 대부분 미시간주와 위스콘신주의 유권자를 겨냥했다고 한다. 2개의 주는 트럼프가 1퍼센트의 약소한 우세로 힐러리 클린턴을 이긴 지역이다.

엄밀히 말해서 이러한 광고는 진정한 의미의 광고가 아니고 사람들이 떠들어대는 가짜 뉴스도 아니다. 그러나 이러한 광고는 분명히 2016년 미국 대통령 선거에 영향을 끼쳤다. 놀라운 점은 미국의 운명에 큰 영향을 끼친 광고가 고작 10만 달러에 성공적으로 유포되었다는 사실이다. 또한 선거 기간 동안 페이스북이 정치적 경선 활동으로 얻은 수익은 4억 달러에 달했다. 이렇게 확실한 수치와 치명적인 결과가 수면 위로 떠오르자 소셜미디어를 감독하는 기관은 일시에 행동을 취해야 할 상황이 되었다.

중국도 마찬가지로 소셜미디어의 감독 관리 방법을 계속 탐색하고 있다. 예를 들어 "클릭 및 열람 횟수가 5천 회 이상이거나 500차례 이상 공유된 비방 뉴스는 「중화인민공화국형법」 제246조 1항에서 규정하는 '무거운 죄'로 인정한다"고 명확하게 밝히고 있다.

휴대폰 번호와 연동되는 위챗은 처음부터 실명제였다. 2017년 10월 8일부터 실행된 '인터넷 그룹 정보 서비스 관리 규정' 및 '인터넷 사용자 공중계정 정보 서비스 관리 규정'은 위챗 그룹 채팅 개설자의 책임을 확정했을 뿐만 아니라 그룹 구성원 수와 개인의 그룹 개설 수, 참가할 수 있는 그룹 수에도 상한을 설정했다.

소셜미디어의 감독 관리는 본질적으로 콘텐츠 관리다. 이러한 의미에서 정부와 운영업체의 목표는 일치한다. 그러므로 운영업체를 향한 모든 제약은 반드시 콘텐츠 관리를 강화하는 입장에서 출발해야 한다. 이것을 위배하는 감독 관리 행위는 모두 본말이 전도된 것이다. 또한 소셜미디어의 감독 관리는 배포자를 중심으로 이루어져야 하며 콘텐츠의 근원부터 관리해야 한다. 관리 맥락은 법률과 운영업체의 자율에 맡겨야 한다. 또한 관리 대상은 계정과 콘텐츠이며 알고리즘뿐 아니라 인력을 투입해야 한다. 다른 나라도 예외일 수는 없다.

소셜미디어는 대부분 뉴스가 올라오고 신속하게 전파되면 확산 속도가 알고리즘에 포착되어 뉴스의 유포와 확산을 가속하는 방식으로 운영되고 있다. 유감스럽게도 현재의 인공지능으로는 뉴스의 열기를 판단할 수 있을 뿐 내용의 진위를 판단하지는 못한다. 진위를 판별하는 유일한 방법은 사람이 직접 심사하는 것이다. 저커버그는 청문회에서 페이스북은 이미 2만 명의 인력을 투입해 뉴스를 심사하고 있다고 강조했다.

　인력에 의한 심사는 사실상 원시적인 방법이다. 인력은 뉴스의 진위를 적절하게 판단할 수 있지만 극단적인 상황에서는 소용없다. 미국 대선에서 인력으로 미시간주와 위스콘신주를 조준한 동성애, 인권, 이민, 총기 규제 광고를 심사했지만 사전에 음모를 발견할 수는 없었다. 그러므로 뉴스의 투명성을 높이기 위한 계정 실명 인증은 피할 수 없는 추세다. 비밀 자금이 미국 대선에 관여되었다는 사실이 밝혀진 후 뉴욕주 정부는 소셜네트워크에서 익명의 인사 혹은 단체의 정치적 광고를 금지하는 법안을 제안했다.

　소셜미디어에서 사람들의 행위를 법으로 규제하는 것은 비록 낙후된 방법이기는 하지만 반드시 필요하다. 〈뉴욕타임스〉의 보도에 의하면 과거 5년 동안 50여 개 국가에서 소셜미디어를 감독 관리하는 법률이 통과되었다고 한다. 미국은 금융, 교육, 국방 등 기초 분야에서 법규를 공포하고 소셜미디어 사용 규범을 마련했다. 미국 금융산업규제기구FINRA는 금융기관이 소셜미디어와 관련된 인물과 소통해야 한다면 반드시 통신 기록을 남길 것을 요구한다.

　미국 증권거래위원회는 상장 기업이 소셜미디어를 통해 중요한 뉴스를 발표할 때는 반드시 사전에 투자자에게 어떤 소셜미디어를 사용할 것인지 알려야 한다고 명확하게 규정했다. 미국 국방부는 군인이 소셜미디어를 사용할 때는 반드시 「군사법 통일법전」을 준수해야 한다고 규정하고 있다. 소셜미디어는 결코 사적인 공간이 아니며 모든 언행은 반드시 군인의 신분에 맞아야 한다는 것이다. 「아동 온라인 프라이버시 보호법」은 13세 이상이 되어야 페이스북을 사용할 수 있다고 규정했다. 상업적 사이트 혹은 온라인 서비스 업체가 아동의 개인정보를 온라인에서 수집하거나 사용 및 공표할 때는 반드시 부모의 허가를 얻어야 하며 부모가 어떤 방식으로 허가했는지 고지해야 한다.

2003년 영국이 공포한 「통신법」 제127조는 "공공 전자통신 네트워크(네트워크 소셜미디어 포함)를 통해 악의적인 비방, 풍속을 문란하게 하는 음란한 내용, 위협 등의 성질이 포함된 내용을 유포하는 행위는 곧 범죄다"라고 규정하고 있다. 2012년에 영국 내각은 공무원을 위한 '소셜네트워크 사용 지침서'를 제정하고 발표했다.

일찍이 1997년에 독일은 「민법전」과 「형법전」의 틀 안에서 일련의 네트워크 콘텐츠 감독 관리 조문을 제정했다. 언론은 2009년 1년 동안 독일 정부가 구글에 차단을 요구한 웹페이지 혹은 사용자 자료가 200여 차례에 달한다고 밝혔다. 프랑스에서는 관련 법률에 의거해 소셜미디어에서 위법적인 내용을 발표한 네티즌에게 최고 4만 5천 유로의 벌금과 1년의 감금형을 부과할 수 있다. 2013년 하반기 프랑스 정부는 트위터 본사에 146개 계정의 트윗 306개를 삭제해달라고 요구했다. 프랑스는 트위터를 사용하는 국가 중 트윗 삭제를 가장 많이 요구한 정부였다. 그러나 요구한 트윗의 35퍼센트만 삭제되었다.

애플이 공포한 2017년 하반기 투명성 보고서Transparency Report에는 자사가 전 세계적으로 총 2만 9,718회에 걸쳐 사용자의 개인정보 데이터 공유 요구를 받았다고 밝혔다.

미국의 「전자통신 개인정보보호법」에 근거해 정부기구는 애플에게 사용자 계정 데이터를 최장 180일(통상적으로 90일, 애플이 갱신 요구를 받으면 기한은 최대 180일로 연장) 동안 보존하라고 요구할 수 있다. 또한 이 기간에 관련 기구는 애플에게 대상자의 일차적인 데이터를 요구할 수 있다. 2017년 하반기에 각국 정부와 관련 기구는 애플에게 총 1,214개의 안건에 해당하는 2,547개의 계정 데이터 보존을 요구했고, 애플은 그중 1,852개를 승낙했다.

그 밖에도 미국 국가안전보장국의 데이터 조사 관련 요구가 대폭으로 증가하고 있다. 애플은 2017년 하반기에 미국 국가안전보장국으로부터 1만 6,249건에 달하는 사용자 정보 요구를 받았다고 밝혔다. 이는 2017년 상반기의 1만 3,499건보다 20퍼센트 증가하고, 2016년 같은 기간 대비 약 170퍼센트 증가한 수치였다. 2016년 하반기에 애플은 5,999건의 정보 요구를 받았으며 관련 계정은 8,249개에 달했다.

애플 외에도 구글, 페이스북 등 대형 IT 기업이 정부 및 관련 기구로부터 사용자 데이터를 요구받는 사례가 늘어나는 추세다. 구글이 발표한 2017년 하반기 투명성 보고서에서는 해당 기간에 전 세계의 정부와 기구로부터 4만 8,877개 항목의 데이터 요구를 받았다고 밝혔다. 여기에는 8만 7,263명의 사용자가 관련되어 있었고, 구글은 66퍼센트의 요구에 협력했다. 2016년 같은 기간 대비 정부가 제출한 요구는 3,300여 차례나 증가한 것이었다.

또한 페이스북이 발표한 2017년 하반기 투명성 보고서에서는 정부가 사용자 정보를 요구한 것이 2016년 하반기 6만 4,279회에 비해

28퍼센트 증가한 8만 2,341회라고 밝혔다. 2017년 상반기보다 4.4퍼센트 증가한 수치였다.

이처럼 소셜미디어가 등장하고 10년은 정부의 감독 관리와 싸움을 벌인 기간이기도 하다.

✳
✳✳

테러리스트의 페이스북 사용법

중국과 미국은 제도나 법률 체계가 다르기 때문에 소셜미디어의 감독 관리 또한 성질이 완전히 다르다. 미국은 성숙한 법률 환경을 갖추고 있기 때문에 소셜미디어에서 민사 분쟁이 발생하면 법적으로 해결할 수 있다.

중국은 제도와 법률적 결함으로 인해 감독 관리가 어렵다. 중국은 「민사법」이 상당히 취약하고, 정부의 공권력은 비정상적일 정도로 강하다. 공권력은 대부분 정치를 안정시키는 데 투입되므로 개인의 권익을 보호하기에는 부족하다. 이로 인해 일종의 기형적 상황이 조성되어 대량의 은폐가 진행되는 한편 가짜 뉴스, 인신공격, 인터넷 마녀사냥이 소셜미디어에 범람하고 있다. 금융, 의약, 위생 등 고도의 규범이 요구되는 분야에서 관리 감독은 거의 공백 상태나 다름없다.

저커버그가 고난스러웠던 1년을 한탄하며 '케임브리지 애널리티카 스캔들'에서 벗어나 한숨 돌릴 때, 영국의 〈데일리 텔레그래프〉는 다시금 최신 연구를 발표했다. 그들은 페이스북의 '친구 추천suggested friends' 기능을 통해 IS 등 테러리스트들이 상호협력 관계를 유지하며 심지어 새로운 구성원을 모집하고 있다고 질책했다. 페이스북에서는 IS 혹은 조직과 관련된 내용의 99퍼센트는 시스템의 자동 식별 및 심사원을 통해 삭제된다.

오바마와의 비공식적인 만남에서 저커버그는 일리 있는 한마디를 했다. 소셜미디어에 떠도는 가짜 뉴스를 처리하는 '간단한 방법은 없다'는 것이다. 절대 과소평가할 수 없는 소셜미디어의 문제를 정리하는 간단한 방법은 없지만 분명 방법은 있을 것이다.

*
**

개인정보가 어떻게 처리되는지 아무도 모른다

자동차를 탈 때 무료로 내비게이션 서비스를 받거나 검색어와 관련된 내용을 무료로 제공받을 때 개인정보를 제공한다. 그러므로 어떤 개인정보 거래 시스템으로 모든 사람이 자신의 권리를 확실히 관리할 수 있을지가 경제학자들의 열띤 토론 주제가 되었다.

개인정보를 사람의 그림자라고 가정해보자. 사람의 그림자는 몸과 잠시도 떨어질 수 없다. 그림자를 사라지게 만들려면 완전한 암흑에 몸을 숨겨야 한다. 누군가 당신의 그림자를 사려고 한다면 어떤 방식으로 거래가 이루어질까? 2가지 방법이 있다. 하나는 기업이 돈으로 그림자를 구입하거나 서비스를 그림자와 교환하는 것이다. 현재 통용되는 방법은 기업이 서비스를 제공하고 개인은 자신의 정보를 기업이 사용하는 데 동의하는 것이다. 이러한 상황에서 데이터의 소유권이 바뀐다.

또 다른 방법으로는 개인이 비용을 지불하고 암흑을 사서 자신의 그림자를 보호하는 것이다. 개인이 기업의 서비스를 구입함으로써 개인 정보보호를 보장받는 것이다. 이러한 상황에서는 데이터의 소유권이 바뀌지는 않지만 사용권이 바뀐다.

중국은 프라이버시의 역설을 깊이 있게 고민해야 한다. 중국은 전 세계에서 인터넷 경제가 가장 활발하고, 대량의 초창기 IT 기업이 개인정보를 수집 및 처리하고 있다. 또한 중국은 전 세계 최대의 스마트폰 시장이고, 스마트폰에는 전 세계의 웹캠 60퍼센트가 모여 있다. 초창기 기업은 규범이 제대로 갖춰지지 않은 데다 비용 때문에 개인정보보호에 자금을 투입하지 않는다. 더욱 큰 문제는 창업 기업 중 실패한 기업의 비율이 매우 높다는 것이다. 창업에 실패한 후 개인정보가 어떻게 처리되는지 현재로서는 알 길이 없다.

개인정보와 긴밀하게 관련된 화제는 바로 타깃성 광고다. 타깃성 광고가 없다면 개인정보의 가치도 없을 것이다. 또한 대다수 인터넷 기업의 이익 모델이 근본적으로 동요할 것이고, 높은 시장가치가 모두 사라질 것이다. 광고업계가 개인정보에 끝없이 욕심을 부리기 때문에 개인정보보호가 세계적으로 민감한 문제가 되는 것이다.

광고는 무료 비즈니스 모델에서 광범위하게 묵인되는 영리 방식이다. 가장 유효한 광고는 바로 타깃성 광고다. 당신이 방문한 사이트, 검색한 단어 등 사용자 개인의 데이터를 수집하기 때문에 마케팅 효과가 매우 크다.

＊
＊＊

'좋아요'로 그 사람의 행동을 예측한다

성격은 사람들의 행동과 감정 뒤에 숨겨진 중요한 원동력이다. 그리고 타인의 성격을 판단하는 것은 성공적인 사교의 기본 기술이다. 물론 사람은 직접 대면해서 겪어봐야 성격을 판단할 수 있지만, 컴퓨터로도 어느 정도 효과적으로 판단할 수 있다.

그렇다면 컴퓨터의 예측과 사람의 판단 중에 어느 것이 더 뛰어날까? 케임브리지 대학교의 계량심리학 센터 교수 데이비드 스틸웰과 마이클 코신스키(현재 스탠퍼드 대학교 컴퓨터과학과 교수)의 연구에서 답을 찾을 수 있다. 그들의 연구는 컴퓨터 알고리즘이 사람보다 더 정확하게 성격 판단을 할 수 있다는 것을 증명했다. 동시에 컴퓨터 알고리즘이 사람의 행동을 더 정확하게 예측하기 때문에 신뢰도가 높다는 것이었다. 이것은 시장 마케팅과 개인정보 영역 모두에서 중대한 기회이자 도전이었다.

연구원들은 성격이 개인의 특성을 대표한다고 가정했다. 동시에 정확성은 3개의 기준, 즉 자기 평가와 타인의 평가, 평가자 간 일치, 외적 타당도로 측정했다. 그들의 연구는 컴퓨터 예측 모델이 3가지 차원에서 모두 사람보다 정확하다고 밝혔다.

연구원들은 8만 6,200명의 지원자에게 100문제가 담긴 5가지 특성 요소 테스트 설문지를 나눠 주고, 이를 바탕으로 개방성Openness, 성실성Conscientiousness, 외향성Extraversion, 친화성Agreeableness, 신경증적 경향Neuroticism을 측정했다. 이러한 특징의 머리글자를 따서 학계에서는

'OCEAN'이라고 부른다.

연구원들은 지원자 중 무작위로 7만 520명을 추첨해 그들이 페이스북에서 '좋아요'를 클릭한 데이터를 추출하고 성격 예측 모형을 만들었다. 동시에 알고리즘의 정확성을 확보하기 위해 10배수의 교차 검증을 실시했다. 그들은 지원자가 '좋아요'를 클릭한 데이터를 평균 10점으로 나누고, 번갈아가며 그중 9점을 훈련 데이터로, 1점을 테스트 데이터로 삼아 실험을 진행했다. 교차 검증을 10회 반복해서 상응하는 정확률(혹은 오류율)을 얻었다. 마지막으로 10회 실험 결과에서 나온 정확률(혹은 오류율)의 평균치로 알고리즘 정밀도를 평가했다.

당시 테스트를 받은 수많은 사람들이 모두 페이스북에서 어떤 계정을 방문하고 누구와 친구를 맺었는지 자료의 권한을 위임하는 데 동의했다. 당시 페이스북은 이를 허락했기 때문에 연구원들은 테스트 결과(OCEAN 점수)와 사용자의 '좋아요'를 교차 대조할 수 있었고, 양자 사이에서 관련 모형을 찾아냈다.

이러한 모형 덕분에 연구원들은 종종 사용자가 '좋아요'를 클릭한 리스트 1장만으로도 성격을 정확하게 예측할 수 있었고, 더 이상 100개의 질문 테스트를 진행할 필요가 없었다.

✳
✳✳

'좋아요' 500개의 힘

연구원들은 지원자 중 1만 7,622명을 무작위로 선별하고, 그들의 친구 중 한 사람을 초청해 지원자에 대한 10개의 문제가 담긴 5가지 특성 요소 테스트 설문지를 작성하게 했다. 이것을 가지고 성격 유형 판단의 정확성을 계산했다. 동시에 연구원들은 사전에 얻은 예측 모형을 1만 7,622명에게 운용해 정확한 판단을 산출했다.

그들은 컴퓨터의 정확성이 '좋아요'의 증가에 따라 계속 상승하지만 상승률은 점차 감소한다는 사실을 발견했다. '좋아요'를 100개 이상 수집했을 때 컴퓨터의 평균 정확률은 인간보다 높았다. 그리고 '좋아요' 500개를 수집했을 때 컴퓨터의 정확률은 최대치에 달했다.

평가 결과가 평가자 2명의 결론과 일치할 때 정확성이 더욱 높고, 일치하는 평가자가 많을수록 정확성도 높아진다. 연구원들은 지원자 중 1만 4,410명의 페이스북 친구 2명을 초청해 지원자에 대한 10개의 문제가 담긴 5가지 특성 요소 테스트 설문지를 작성하게 한 다음 평가자 간의 일치성을 테스트했다. 동시에 1만 4,410명이 '좋아요'를 클릭한 데이터를 무작위로 2개로 나누고 컴퓨터 2대를 가지고 독립적인 모형을 수립했다. 이를 통해 2대의 컴퓨터에서 도출한 결과의 일치성을 검토했다. 그들은 인간 유형 판단 결과와 메타 분석meta-analysis을 비교해 결과를 얻었는데, 컴퓨터 모형은 평가자 간 일치보다 더 높게 드러났다.

*
**

얼마나 정확히 예측하는가?

외적 타당도는 성격 판단이 사람의 상황을 얼마나 정확하게 예측할 수 있는가를 말한다. 지원자의 자기 평가, 인간 유형 및 컴퓨터의 판단을 각각 회귀 모형에 입력한 후 생활 만족도, 정치적 성향, 가치관 등 성격과 관련된 13종류의 상황을 예측했다.

그들은 생활 만족도 이외에 12개의 지표에서 컴퓨터 모형의 외적 타당도가 인간의 예측보다 높다는 사실을 발견했다. 정치적 성향, 소셜네트워크 특징에서 컴퓨터 모형과 자기 평가의 외적 타당도에는 큰 차이가 없었다. 그러나 소셜네트워크 활동, 약물 남용, 학습 방향, 페이스북 친구 수, 4가지 방면에서 컴퓨터 모형의 외적 타당도가 자기 평가보다 정확성이 더 높게 나왔다.

인간의 성격을 컴퓨터가 인간보다 더 정확하게 판단할 수 있는 이유는 컴퓨터가 사람보다 훨씬 많은 데이터를 저장할 수 있고, 사람은 감정이나 정신 상태 등 외부 환경의 영향을 받기 쉽지만 컴퓨터는 안정성을 유지하기 때문이다. 대신 인간이 직관으로 얻는 정보를 컴퓨터는 얻을 수 없다. 그러나 이것은 현실에서 효용성을 의심받는다.

누군가는 프라이버시라는 개념 자체가 이미 죽었다고 한탄하기도 한다. 소비자가 돈을 주고 암흑을 사서 자신의 그림자를 보호하는 방식은 기술적으로 실현 가능하고 수요도 있다. 그러나 이러한 방식은 기업의 비즈니스 모델에 심각한 타격을 준다. 소위 빅데이터, 인공지능은 모두 데이터라는 엔진을 잃으면 불이 꺼진다.

사회 전체의 프라이버시가 상업화된다면 우리 모두의 그림자가 매수되었음을 의미한다. 이런 사회가 더욱 효과적으로 운영되고 번창할 수도 있다. 그러나 개인은 현재도 잃고 이상적인 미래도 잃는 것이나 마찬가지다. 우리는 이미 완벽한 존재가 아니므로 개인정보보호와 데이터 수집 사이에는 분명한 레드라인이 존재해야 한다.

최후의 1킬로미터,
인간 배송의 한계

Unicorns

전략이란 우리가 미래에 무엇을 할 것인가를 연구하는 것이 아니다.
우리가 오늘 무엇을 할 것인가를 연구했을 때 비로소 미래가 있다.
– 피터 드러커

　중국이 세계 최대의 택배 시장이기는 하지만 그렇다고 전 세계에서
가장 가치 있는 택배 시장은 아니다. BAT(바이두, 알리바바, 텐센트)가
포털사이트 경쟁을 하는 것과 마찬가지로 '최후의 1킬로미터' 경쟁은
전자상거래 업체와 택배, 물류 회사가 소비자와 직접적으로 연결하는
마지막 창구를 차지하기 위한 쟁탈전이다.

　전자상거래 플랫폼과 택배 회사는 새로운 비즈니스 모델과 기술적
수단을 동원해 '최후의 1킬로미터'라는 곤경에서 벗어나고자 한다. 그
러나 최대의 난점은 바로 속도와 원가 맞추기다. 콜드 체인(cold chain,
신선식품을 산지에서 최종 소비자에게 전달하기까지 신선도와 품질을 유지
하는 시스템)은 보기 드물게 고속 성장하고 있는 분야다. 크라우드 소싱
택배(공유 택배)는 물류 사회화의 심도 있는 체현이다. 과연 물류 분야
에서 중국의 미래가 있을까?

*
**

택배 없이 알리바바는 존재할 수 없다

2018년 1월 31일 29세의 리펑쉬안은 바이스콰이디百世快递의 물류망 책임자로 리커창 총리와 일대일 면담을 한 최초의 택배기사가 되었다. 6개월 전 중국 정부 사이트에 200자가 채 되지 않는 글을 남기면서 리펑쉬안은 '정부 업무 보고(자문보고서)' 좌담회에 참가자로 선발되었다. 바이스콰이디는 바이스 물류 그룹에 속한 택배 회사다. 바이스 물류 그룹의 최대주주는 알리바바로 23.4퍼센트의 주식을 보유하고 있다. 또한 차이냐오 네트워크菜鸟网络의 지분율이 5.6퍼센트다. 알리바바는 바이스콰이디의 주식 70퍼센트를 소유하고 있다.

리펑쉬안은 중국 방방곡곡을 바쁘게 누비는 300만 명의 택배기사 중 한 명이다. 과거 10년 동안 중국의 택배 업무량은 30배가 넘게 성장했고, 연평균 성장률은 42퍼센트에 달했다. 업계의 발전 속도는 중국 GDP 증가 속도의 7배다.

10년 동안 지속된 택배업의 번영은 택배기사들에게도 생각지 못한 호황을 가져다주었다. 그러나 2017년부터 나는 듯이 질주하던 택배업계 전체가 돌연 둔화되기 시작했다. 2016년 같은 기간에 비해 성장률이 51퍼센트에서 28퍼센트로 하락했고, 수익 증가율도 43.5퍼센트에서 24.7퍼센트로 떨어졌다.

중국 우정국은 2018년 업계 성장 속도가 지속적으로 하락해 22퍼센트까지 떨어질 것이며 수익은 전년도 같은 기간 대비 20퍼센트 성장할 것이라고 밝혔다. 그러나 중국 택배업계의 성장 속도는 여전히 전 세계 택배업계의 2배이고, 매년 평균 1억 개 규모로 세계 최대다. 이러한 수치는 미국의 2배에 달한다.

우정국의 데이터 통계에 의하면 2016년 중국 택배업계 규모는 4천억 위안(약 68조 원)으로 약 606억 달러에 달한다. 세계 3대 택배기업인 DHL의 2016년 매출액은 776억 달러였고, UPS는 658억 달러, 페덱스 FedEx는 603억 달러였다. 2014년부터 중국의 택배량은 미국을 넘어서기 시작했다. 그러나 2015년 미국 택배업계의 수익 규모는 약 1,400억 달러로 이는 중국 택배업계 수익의 3배에 달한다.

2015년 중국 택배기업의 택배 1건당 수익은 13.4위안(약 2,200원)이었고, 이것은 UPS의 5분의 1, 페덱스의 10분의 1에 불과하다. DHL, 페덱스, UPS, TNT의 중국 내 택배 점유율이 1퍼센트도 되지 않는다. 그러나 국제적인 4대 택배기업은 중국 국제 택배 시장의 75퍼센트를 점유하고 있다. 이것은 이윤이 가장 풍부한 시장이기도 하다.

미국은 4대 택배기업이 독점하고 있다. DHL, UPS, 페덱스, TNT가 90퍼센트의 시장점유율을 보인다. 반대로 중국 택배업계는 경쟁이 매우 격렬하고 충분한 조정을 거치지 않은 상태다. 게다가 2007년부터 시장 집중도가 현저히 하락하는 추세다. 4대 택배기업의 시장점유율 합계가 70.6퍼센트에서 2014년에는 52.8퍼센트로 하락했고, 8위 안에 드는 택배기업의 시장점유율 합계는 86.4퍼센트에서 2014년에는 78.7퍼센트로 떨어졌다. 4대 택배기업의 점유율 하락은 8위 안에 드는 기업을 초월했다. 업계가 신속하게 확장될 때 4대 택배기업의 확장 속도가 업계의 성장 속도보다 떨어진다는 것이다.

그에 따라 많은 소형 업체가 경쟁을 벌였고, 격화된 경쟁은 업계 평균 이윤을 더욱 떨어뜨렸다. 택배 평균 단가는 2004년에 28.8위안이었던 것이 2015년에는 13.4위안까지 떨어졌다. 노동력 원가 상승과 점진적인 부동산 임대료 상승을 감안하면 원래 30퍼센트에 가까웠던 이익률은 5퍼센트까지 급감한다. 이에 택배 회사들은 2016년부터 대량으로 상장하기 시작했다. 2017년에는 중국의 중견 민영 택배기업이 전부 상장했다.

택배는 신유통과 전통 판매의 가장 큰 차이점 중 하나다. 주문을 하면 택배기사가 집까지 물건을 가져다주고 고객이 물건을 인수했다는 사실이 확인되면 비로소 구매가 완성된다. 택배는 구매의 마지막 과정이며, 업체와 소비자가 오프라인에서 접촉하는 유일한 단계다. 택배는 제품을 생산하지 않지만 전자상거래에서 반드시 필요한 분야다.

'최후의 1킬로미터'는 비록 물류 과정 전체에서 거리가 가장 짧지만 총원가의 30퍼센트 정도를 소모한다. 베이징의 채소 가격을 예로 들어보자. 베이징 외곽의 청과물 도매시장에서 지역사회의 소매점에 이르기까지 '최후의 1킬로미터'에 소모되는 원가는 산지에서 도매시장에 도착하는 물류 원가의 약 4배라고 한다.

10년 전 중국의 택배 물량은 미국의 10분의 1에 불과했다. 그러다 2017년 광군제에는 3일 동안 알리바바에서만 10억 개가 넘었고, 차이냐오 네트워크는 일주일이나 걸려서 배송했다. 이것은 세계적으로 매우 드문 경우다. 그러나 고속 성장이 결코 택배업계의 폐해를 감추지는 못한다. 배송 지연, 분실, 훼손 등의 문제는 줄곧 업계의 맹점이 되고 있다.

택배

| 06:30 기상 | 06:40 출근 | 07:10 아침 회의 | 07:40~12:00 1차 입하 | 07:40~12:00 배송 | 12:30~16:00 지역 터미널 +배송 | 16:30~19:00 전자상거래 업체 집하 | 20:30 마지막 출하 | 21:30 지역 터미널에서 휴식 |

뤄디페이(落地配, 기본적인 택배 업무 외에 당일 배송, 빠른 배송 등 다양한 서비스를 제공하는 택배 형태)

| 02:30 기상 | 03:00 1차 화물 집하 | 07:00~12:00 당일 배송 건 배송 | 14:00 2차 화물 집하 | 14:30~19:00 익일 배송 건 배송 | 19:30 휴식 |

출처 : 전국 사회화 전자상거래 물류 종사자 연구 보고

중국 택배기사의 하루 일정

택배는 화물 운송과 물류업에서 가장 빠르게 발전한 업종이다. 중점은 배송 시간 단축에 있는데, 배송 효율을 높이고 영업 효율을 개선해서 더욱 저렴한 가격에 서비스를 제공한다. 말하자면 속도와 원가의 균형을 맞추는 것이다. 소비자의 체험이나 원가를 두고 경쟁하는 전자상거래와 택배기업, 물류기업은 '최후의 1킬로미터'에서 변혁을 추진하고 잠재된 가치를 발굴해야 한다. 체험을 중요하게 생각하는 인터넷 경제에서 '최후의 1킬로미터'는 단순한 택배의 개념을 넘어 시대의 맥락과 함께하는 비즈니스로 전환되고 있다.

순펑의 잘못은 무엇인가?

택배 이야기에서 순펑을 언급하지 않을 수 없다. 중국의 택배 회사를 두 종류로 나눈다면, 하나는 순평이고 다른 하나는 일반적인 택배라는 말이 있을 정도다. 또한 웨이보의 게시물은 사람들이 순평의 택배기사를 눈여겨보게 만들었다.

"방금 순평의 택배기사가 우리 회사에 들어오더니 갑자기 화를 냈다. '내 한 달 월급이 1만 5천 위안(약 250만 원)인데 당신이 보내는 2천 위안짜리 택배 때문에 일자리를 잃어야겠어요?' 회사 전체가 적막에 휩싸였다."

확실히 순평은 100억 달러에 달하는 매출액으로 세계 10대 택배업체에 이름을 올렸다. 매일 평균 800만 건의 물품 배송이라는 자랑스러운 전적은 자부심을 가질 만도 하다. 상장 후 연이은 주가 폭등으로 시장가치는 3천억 위안(약 51조 원)을 넘은 적도 있다. 순평의 창립자 왕웨이王衛의 몸값은 2천억 위안에 근접해 미디어에서 농담으로 중국 갑부는 '한두 개의 상한가 주식 보유'로 결정된다고 할 정도였다. 그러나 그 후 순평의 주가는 단번에 하락했다. 상장한 지 1년여 만에 시장가치가 900억 위안 이상 증발해버렸다.

2018년 4월 23일 저녁 순평은 자사 주주 중 4명이 주식 보유량을 축소할 계획이라고 발표했다. 합계는 3억 주 이상으로 순평 주식의 7.53퍼센트를 차지하고, 현금으로는 150억 위안에 달했다. 상장 후 처음으로 발생한 대규모 주주 축소였다. 4명의 주주는 순평 주식을 약 20퍼센트 소유하고 있었다. 이것은 주주가 순평의 미래를 믿지 못한다는 의미였다. 위세를 떨치던 택배계의 영웅이자 패기가 충만했던 순평, 모든 일이 순조롭기만 했던 왕웨이는 도대체 무슨 잘못을 한 것일까?

✳
✳✳

잘못된 투자

2007년부터 2016년까지 택배를 이용하는 전자상거래의 물품 배송 성장률이 연 60퍼센트에 달했다. 순펑보다 늦게 탄생한 약소 업체들이 전자상거래의 폭발적인 증가에 따라 크게 성장하며 80퍼센트의 시장점유율을 차지했다. 전자상거래 물품 배송은 중국 전체 택배 물량의 70퍼센트를 차지했다.

2016년 순펑의 영업수익은 전년도 대비 21.51퍼센트 성장했고 핵심 분야였던 시효성 물자 배송의 성장 속도는 16퍼센트에 그쳤다. 업계 평균인 40퍼센트보다 한참 뒤처진 것이었다. 기업이 추구하는 목표는 이윤이다. 목표 이상의 이윤은 기업가들이 오매불망 바라는 것이지만 과도한 이윤을 추구한 순펑은 적시에 전자상거래 발전에 진입하지 못했다. 이로써 경쟁 상대들은 신속하게 성장했고, 순펑은 가장 빠르게 시장을 잃었다. 그러면서 지금까지 줄곧 미묘한 시장 지위를 유지하고 있다.

일반적으로 한 업계에서 매출액이 가장 높은 기업은 시장점유율이 최대이거나 비교적 높다. 그러나 택배업계는 이와 다르다. 2017년에 순펑은 710억 위안의 매출액으로 1위를 차지하며 후발주자 4곳의 합계를 초월했다. 순이익도 약 48억 위안(약 8천억 원)으로 1위에 올랐다. 그러나 택배 수량에서 순펑의 시장점유율은 8퍼센트도 채 되지 않아 6위에 그쳤다. 반면 중퉁콰이디中通快递는 15퍼센트의 시장점유율로 1위에 올랐다.

충분하지 못한 규모는 리스크로 작용한다. 워런 버핏은 탁월한 상장 기업은 반드시 경제적 해자economic moat, 즉 구조적인 우세가 있어야 한다고 했다. 경쟁 상대가 당신의 비밀을 알면서도 복제하지 못하는 것은 경제적 해자 때문이다. 기업은 복제하기 어렵고 지속적인 '경제적 해자' 4가지를 갖추어야 하는데 그중 하나가 시장 규모다. 나머지 3가지는 네트워크 효과, 지적재산권 및 정부의 승인 혹은 고객 충성도, 높은 사용자 전환 원가다.

2017년 순펑은 결국 고가 전자상거래 영역에 진입하기로 결심했다. 불행히도 이러한 결심은 너무 늦었다. 업계의 대폭적인 성장 완화 추세를 따라잡기에 너무 늦었고, 업계의 성장 속도는 24퍼센트로 급격하게 하락했다. 2017년 순펑의 성장 속도는 업계 평균에 근접했지만 업계가 폭발적으로 성장한 과거 10년을 놓치고 말았다.

업계의 본보기이면서도 업계 성장의 한 부분을 차지하지 못했다는 것은 이미 전략적 실수였다. 게다가 순펑은 택배를 이용할 전자상거래 업체를 확보하려는 노력은 하지 않고, 대규모 자금을 전자상거래 업계에 투자하는 모험을 강행했다. 그러나 두 차례의 대대적인 투자는 모두 실패로 끝났고, 손해는 16억 위안에 달했다. 큰 타격을 입을 정도는 아니었지만 가장 큰 금액이 투입된 분야였다.

택배를 연결하는 것은 창고와 진열대다. 진열대에서 장바구니에 이르는 과정은 완전히 다른 분야, 즉 판매업으로 순펑에게는 미지의 분야였다. 택배가 마주하는 것은 물품이고, 판매업이 마주하는 것은 사람이다. 택배의 기본 요소는 안전과 빠른 속도인데, 이것은 아멕스AMEX

가 택배업체에서 금융기구로 전환할 수 있었던 이유다. 두 분야의 기본 요소가 같기 때문이다. 그러나 판매업의 기본 요소는 박리다매다. 택배업체에는 판매업의 기본 요소가 부족하기 때문에 진정한 의미의 판매업체로 전환하기 힘들다. 페덱스가 인쇄 회사 킨코스Kinko's를 인수한 것은 결코 판매업계에 진입하기 위해서가 아니다. 문서 택배 발송 터미널을 점령해 문서 배달이라는 가치사슬의 마지막 과정을 연결하기 위해서였다.

미국의 4대 택배기업은 업계 전체의 95퍼센트를 점유하고 있는 반면 중국의 4대 택배기업은 50퍼센트를 점유하고 있다. 순펑이 2014년에 판매업이 아닌 업계 조정에 거액을 투자했다면 오늘날 업계의 판도는 분명 달라졌을 것이다. 과거 10년 동안 중국의 택배업계에는 판도를 바꿀 만한 기업 인수가 없었다.

전 세계의 택배업 발전사는 합병의 역사라고 할 수 있다. 1999년 UPS는 뉴욕 증권거래소에 상장한 후 자본의 힘으로 과감한 전략적 인수를 시작했다. 단지 5년 만에 40여 곳을 인수하며 도로 운송, 항공 운송, 판매 운송, 비즈니스 서비스, 세관 수속, 금융 및 국제무역 서비스 등 수많은 영역에 진출했다. 2000년부터 현재까지 UPS 성장의 절반 이상이 합병에서 비롯된 것이다.

1970년대 설립된 페덱스는 4대 운수업체 중 후발주자로 기업 인수를 통해 전 세계를 공략했다. 1978년에 상장하고 2000년에 타워 그룹 인터내셔널Tower Group International과 월드타리프WorldTariff를 인수하면서 페덱스 트레이드 네트워크FedEx Trade Networks, FTN를 설립했다. 페덱스는 북미 최대의 세관 통계 데이터 공급업체 및 전 세계를 이끌어가는 해운 수송 무역 데이터 공급업체가 되었다.

2014년 역물류기업 젠코Genco를 인수하면서 페덱스는 전통적인 B2B 물류에서 전자상거래 영역으로 발을 넓혔다. 인도의 파펙스 PAFEX, 플라잉 카고 헝가리Flying-Cargo Hungary, 브라질의 대형 물류기업 라피다오 코메타Rapidao Cometa를 인수하면서 페덱스는 성공적으로 유럽과 신흥시장으로 향했다.

중국 내 물류업계의 합병은 2015년 전대미문의 발전을 맞이했다. 한 해 동안 204건에 달했고 전년도 대비 64퍼센트 증가한 것이었다. 합병 총액은 342억 5천만 달러로 2014년의 7.5배였다. 그러나 25년에 달하는 순펑의 역사에서 합병은 한 번도 없었다.

순펑은 합병으로 시장점유율을 확대하지 않고 합자 방식을 채택했다. UPS와의 합자회사 설립으로 거래 규모의 복합 상승폭이 60퍼센트에 달하는 국제 전자상거래 분야에 연합 브랜드를 출시했다. 샤후이夏暉 기업과 콜드 체인 물류 합자회사를 설립했고, 신방新邦 물류와 합자해 가맹제 위주의 소화물 퀵 배송 기구를 설립했다. 그 외에도 8곳의 기업과 합자회사를 설립해 빅데이터 운영 플랫폼을 만들었다. 합병에 비해 합자는 시장 규모 확대가 훨씬 더디고 전략적인 역량도 많이 부족하다.

*
**

택배 시장을 위협하는 전자화

순펑은 비즈니스 문서와 유가증권 등의 증서를 배송하는 고가 택배의 왕성한 수요에 따라 생겨났다. 이 시장은 경쟁이 치열하지 않고, 입소문이 나면 안정되고 풍성한 이윤을 얻을 수 있다. 증서에서 비교적 큰 비중을 차지하는 것은 종이증서다. 종이증서를 전자증서로 전환하는 속도가 중국은 비교적 느린 편이었다. 그러나 철저하게 보급되는 것은 한순간이었다. 전 세계적으로 볼 때 전자증서 보급률은 16~30퍼센트로, 몇몇 국가는 50퍼센트가 넘는다. 전 세계적으로 전자증서 발행 시장의 증가 속도는 20퍼센트에 달하고, 이것이 세계적인 추세임은 분명하다.

2013년 6월 중국 내에서 처음으로 전자증서를 발행한 것은 징둥닷컴이었다. 2015년 2월 차이나 생명보험은 중국 내의 금융 보험업계로서는 처음으로 전자증권을 발행했다. 종이증권과 비교했을 때 전자증권은 원가가 적게 든다.

전자상거래의 폭발적인 성장은 전자증서 발행을 널리 보급시켰다. 전자증서가 일반 시장에 침투한 것은 2017년이었다. 모바일 결제가 보급되고 QR 코드가 추진됨에 따라 전자증권은 하룻밤 사이에 전국적으로 보급되었다.

중국의 행보는 비교적 늦은 편이었지만 전자증서 추세는 갈수록 명확해지고, 보급률 또한 점차 상승하고 있다. 인터넷 물결이 세차게 불어닥치면서 각 업계의 종이증서 수요는 대폭 하락했다. 2016년부터 3대 통신사는 전면적으로 종이증서 발행을 중지했다.

전통적인 종이증서 발행 시장은 심각한 타격을 받았고 택배업계도 마찬가지였다. 최초로 타격을 받은 것이 순펑이었다. 이러한 상황에서

2016년 순평은 보험증권 택배 시장에 박차를 가했다. 보험증권은 주로 부피가 작고 비용보다는 안전과 시효에 매우 민감하다. 그러나 이러한 전략은 전자증서 발행에 따른 시장 위축에 대처할 수 없었다. 2017년 전체 업계가 평균 28퍼센트 성장할 때 순평의 핵심 기반인 시효성 물자가 매출액에서 차지하는 비중은 69퍼센트에서 66퍼센트로 계속 하락하는 추세였다. 순평의 성장률은 18퍼센트였다.

앞으로 종이증서는 시장에서 완전히 퇴출될 위험이 있다. 이것은 비즈니스 택배업체에게 설상가상인 셈이다. 2016년 초 재정부와 당안국(檔案局, 국가 문서 보존 및 관리 기구—옮긴이)은 연합으로 새로운 '회계 문서 관리 방법'을 공표하며 전자문서의 법률적 지위를 명확히 했다. 세무 관련 전자증서 외에 재정 분야에서도 이미 기술 연구와 테스트가 시작되었다. 비록 초기 단계이지만 관련 기술의 표준과 서비스 모델이 점차 완벽해지고 있으니 전자화 추세는 피할 수 없다.

종이증서 발행 시장의 전체적인 성장 속도가 초창기에 비해 둔화된 상황에서 순평은 새로운 이윤을 찾을 수밖에 없다. 순평은 돌연 고가 전자상거래 택배에 뛰어들겠다고 했지만, 전자상거래의 폭발적인 성장은 더 이상 재현되지 않는다. 순평은 화물 운송 분야에도 뛰어들었다. 2017년 중량 화물운수가 순평의 총매출액에서 차지하는 비율은 6퍼센트였고, 전년도 대비 80퍼센트 성장한 것이었다.

물류 및 구매 연합회의 데이터에 따르면 전자상거래에서 부피가 크고 가격이 비싼 물류의 총성장률은 65퍼센트를 넘는다고 한다. 화물 운송은 택배에 이어 물류시장의 새로운 전략적 성장 포인트가 되었다.

그러나 이 분야에는 필적할 경쟁 상대가 결코 적지 않다. 중국 내 도로 운송의 1인자라 불리는 더방德邦은 2017년 평균 배송 수입이 1건당 25.4위안에 달했다. 이것은 업계 평균보다 훨씬 높다. 순펑의 평균 배송 수입은 1건당 23.1위안이었다.

이러한 시점에서 화물 운송 시장에 뛰어드는 것은 순펑에게 배수의 진이라 할 수 있다. 현재 순펑은 더 이상 나아갈 곳이 없다. 그러나 향후 순펑이 경쟁사들의 길을 막고 다시금 택배 영역에서 신화를 써 나갈 수 있을지는 지켜볼 필요가 있다.

✳
✳✳

항공에서 지상으로 내려온 페덱스

정부는 줄곧 항공운수업을 비교적 엄격하게 관리해왔다. 항공운수업은 시장 진입 문턱이 높은 데다 대형 자본의 투입을 요구하는 분야다. 2017년 순펑 항공의 출하량은 중국 항공운수 총량의 23퍼센트를 차지했다. 민영기업이 이 정도의 성적을 올린 것은 가히 칭찬할 만하다.

지역경제 발전과 도시화로 인해 중국의 항공운수업 규모는 10여 년 동안 줄곧 성장세를 유지해왔다. 그러나 항공유 가격 파동과 전 세계적인 탄소 배출 규제 등 수많은 불리한 요인으로 항공운수업의 규모는 크지 않다. 12톤을 적재할 수 있는 화물 전용기, 연료, 지상 서비스 등을 포함해 비행기가 한 번 뜨고 내리는 데 드는 원가는 10만 위안(약 1,700만 원) 정도다. 화물 전용기의 용량을 다 채웠다면 킬로그램당 운송비는 2위안이지만 화물 적재가 부족하면 그만큼 킬로그램당 원가가 올라가서 50위안에 달하기도 한다.

미국의 페덱스는 항공운수업으로 창립한 기업이다. 그러나 2000년에 페덱스는 항공운수에서 지상운수 및 화물운수로 전향한다는 중대한 결정을 내렸다. 그 배후에는 500억 달러에 달하는 시장 규모를 3,500~4,000억 달러에 달하는 시장 규모로 전환한다는 논리가 작용했다. 그러므로 순펑의 자랑스러운 성적표는 사실 우려스럽다.

항공에서 지상으로 전향한 페덱스의 전략적 논리를 보고 순펑이 뭔가 깨달았다면 중국 특유의 상황, 즉 고속철도 시대에 눈을 돌릴 수 있다. 고속철도는 속달에 매우 적합하다. 고속철도는 현재 주도적으로 전자상거래 생태계에 뛰어들고 있다. 광군제가 촉진한 전자상거래 골든 위크 운송 서비스에 맞춰 징후京滬 고속철도는 특별히 푸싱하오復興號 열차에 고속철도 지수다(极速达, 중국 대륙 내에서 하루 안에 물품을 배송하는 초고속 배송 시스템-옮긴이) 서비스를 출시해 새로운 제품을 **빠른** 속도로 배송하고 있다. 이것은 중국에서 가장 **빠른** 배송 서비스다.

'최후의 1킬로미터'를 다투는 각축전에서 모든 기업은 속도와 원가의 균형을 추구한다. 고속철도가 항공운송을 만났을 때 저울은 자연히 고속철도로 기울게 마련이다. 고속철도의 원가는 항공운송의 4분의 1 정도다. 광저우에서 창사長沙까지 물품을 운반하는 경우 항공은 킬로그램당 약 2위안, 자동차는 킬로그램당 약 0.3~0.4위안, 고속철도는 킬로그램당 약 1.5위안이 든다고 한다. 원가가 자동차보다 높지만 항공에 비해 25퍼센트 저렴하다.

고속철도의 방대한 네트워크가 물류 회사의 자원과 효과적으로 결합된다면 물류 원가를 대대적으로 줄일 수 있다. 순펑 또한 주도적으로 고속철도와 협력을 전개하고 있다. 2017년 철로 등의 운송 방식으로 달성한 업무량은 순펑의 총 택배 업무량의 1퍼센트를 차지했다.

고속철도 덕분에 전국적인 범위의 당일 배송 서비스가 점차 현실이 되고 있다. 전국 최대의 택배기업인 순펑은 전용 화물기를 보유하고 있기 때문에 청두에서 베이징, 상하이까지 최대한 '익일 배송'이 가능하다. 고속철도가 택배업계에 가져온 파격적인 변화는 중국에서만 볼 수 있는 광경이다. 이는 41대의 전용 화물기를 보유한 순펑과 기반이 탄탄하다고는 할 수 없는 민영 상장 기업의 입장에서는 손에 땀을 쥐게 하는 상황이다.

*
**

아마존의 '최후의 1킬로미터'

'최후의 1킬로미터'를 해결하는 전통적인 방법은 예외 없이 막대한 자원을 투입하는 것이다. 예를 들어 물류망을 확대하거나 배송 인원을 늘려서 원가를 올리는 대신 시장을 얻는 것이다. 가능한 마지막 단계까지의 배송 속도를 높이고 시장점유율을 확대해야 한다.

원가를 대가로 시장을 얻는 전략은 업계 발전 초기에 전자상거래와 택배, 물류 회사의 발전에 촉매 작용을 했다. 그러나 경쟁이 이미 치열한 환경, 특히 공유경제가 지속적으로 발생하며 새로운 비즈니스 모델이 끊임없이 배출되는 환경에서 택배업계는 원가를 낮추고 효율을 높이는 배송 방식을 절실히 원하고 있다. 이것은 중국뿐만이 아니라 미국도 마찬가지다.

주문이 실행되는 과정에서 어떻게 하면 1차 배송을 할 수 있을 것인가는 전자상거래 물류에서 매우 중요하다. 2차 배송의 전 과정은 마이너스 이윤이다. 물품을 회수하고, 집하하고, 저장하고, 다시 이동하고, 출발하는 전체 과정에서는 어떠한 수익도 발생하지 않고 오로지 비용이 투입될 뿐이다. 기업에 따라 2차 배송률은 각기 다르지만 일반적으로 1차에 배송이 완성되는 경우는 50~60퍼센트에 불과하다. 나머지 40~50퍼센트는 쓸데없이 시간과 인건비를 소모하는 2차, 3차 배송이다.

2016년 아마존의 운송 원가는 162억 달러에 달했고 전년도에 비해 40퍼센트 증가한 것이었다. 프라임 회원의 회원비 등을 통해 대략 원가 비용의 절반을 회수했고, 최종적으로 아마존이 책임져야 할 운송비는 72억 달러였다. 이것은 타겟의 2016년도 전체 이윤의 3배에 달한다. 그래서 물류 원가를 낮추고 2차 배송을 최소화하는 것은 아마존이 반드시 해결해야 할 문제였다.

1차 배송에서 아마존은 계속 혁신을 창조하고 있다. 아마존의 다양한 배송 방법 중에는 스마트 택배 수취 박스처럼 중국과 유사한 부분이 있다. 그러나 아마존의 전략은 경량화에, 중국 택배업계는 중량화에 편중되어 있다.

블룸버그 통신의 조사에 따르면 2017년 아마존이 연구개발에 투입한 금액은 226억 달러(약 27조 5천억 원)이라고 한다. 이는 세계 최고 액수로 2등 구글의 60억 달러를 훨씬 초월한 것이다. 그러나 2013년 이

전에 아마존은 연구개발 투자 금액 순위에 이름을 올린 적이 없다. 최근 몇 년 동안 아마존은 1등으로 이름을 올렸을 뿐만 아니라 2위와 격차도 갈수록 벌어지고 있다. 이러한 개혁을 통해 아마존이 '최후의 1킬로미터'를 위해 줄곧 세부적인 부분을 기술적으로 조정해왔으며 체계적인 상품 인수 시스템을 구축했음을 알 수 있다.

● 트렁크 배송

고객이 원거리에서 택배기사가 자신의 차량 트렁크에 택배를 넣어두는 것을 허락하면 배송이 완료되는 시스템으로 별도의 비용이 들지 않는다.

구체적인 방법은 아마존 프라임 회원(프라임 회원이 아닌 경우 여러 조건을 구비해야 한다)이 아마존 키Amazon Key를 다운로드한 다음 자신의 아마존 계정과 온스타 등 차량 연결 서비스 프로그램과 연동하면 고객이 주문할 때 '트렁크 배송'을 선택할 수 있다. 배송 당일 택배기사에게는 4시간 동안 '배송 창'이 뜬다. 택배기사가 지정된 위치에 도착하면 아마존 키의 승인을 받아 물품을 자동차 트렁크에 넣는다. 배송이 끝나면 고객은 알림을 받고 자동차 트렁크가 언제 열리고 닫혔는지 알 수 있다. 공공 지역 혹은 지정한 배송 구역 외에는 트렁크 배송 서비스를 받을 수 없다.

현재 해당 서비스는 미국의 37개 도시와 그 주변 지역에만 적용된다. 또한 2015년 이후에 출시된 쉐보레, 뷰익, 제너럴모터스GM, 캐딜락, 볼보에만 적용할 수 있다. 아마존은 앞으로 더 많은 도시와 차량에 트렁크 배송을 적용할 계획이라고 밝혔다.

● 스마트 초인종

9천만 달러(약 1천억 원)에 스마트 초인종 제조업체 블링크를 인수한 아마존은 2개월 후 다시 10억 달러를 투자해 비디오 초인종 제조업체 링Ring을 인수했다. 아마존이 2017년에 137억 달러로 홀푸드 마켓을 인수한 이후 최대의 자금이 투입된 것으로, '최후의 1킬로미터'와 관통하는 중요한 포석이다. 링의 명확한 장점은 아마존 키 서비스를 통해 택배기사가 문을 열고 물품을 집 안에 들여놓는 전 과정을 고객이 실시간으로 볼 수 있다는 것이다. 또한 링은 아마존의 또 다른 스마트홈 제품인 알렉사 및 에코(Echo, 스마트 스피커)와 연동된다.

● 아마존 키

아마존은 2017년 11월에 아마존 키 서비스를 출시했다. 이 서비스는 아마존의 물류기사에게 5분 동안 고객의 현관 잠금을 해제할 수 있는 권한을 부여하는 것이다. 클라우드 캠을 통해 전체 배송 과정이 고객에게 실시간 동영상으로 전송된다.

고객은 한 세트에 249달러인 아마존 스마트 키와 클라우드 캠을 구입해야 한다. 클라우드 캠은 120달러에 스마트 키와 별도로 판매된다. 고객이 직접 설치해도 되고 아마존의 기술자가 무료로 설치해주기도 한다. 캠은 일반적으로 집 안에서 바깥을 향해 현관이 보이도록 설치된다. 고객은 아마존 키 애플리케이션을 통해 누가 현관을 드나드는지

볼 수 있다.

아마존에서 물건을 구입할 때 '집안 배송' 마크가 붙어 있으면 아마존 키로 배송받을 수 있는 물건이다.

배송 당일 고객은 휴대폰 앱에서 대략적인 배송 단계를 확인할 수 있다. 택배기사가 도착하면 앱은 고객에게 택배기사가 문 앞에 와 있다는 사실을 자동으로 알린다. 택배기사는 우선 문을 두드리거나 초인종을 누른다. 응답이 없으면 택배기사는 앱에서 버튼을 눌러 정보를 클라우드로 전송한다. 클라우드는 다시 이를 고객의 아마존 키로 전송하고 문은 자동으로 잠금이 해제된다.

택배기사는 잠금을 해제할 수도 없고 열쇠나 비밀번호도 없다. 다만 문이 열린 사이에 물품을 집 안에 넣고 문을 닫는 것뿐이다. 물품을 집 안에 들여놓고 앱의 다른 버튼을 누르면 자동으로 문이 잠긴다.

시스템은 잠금 해제 코드를 한 번만 발송하고 택배기사가 문 앞에 도착하고 5분 내에 유효하다. 고객은 휴대폰의 클라우드 캠을 통해 실시간으로 전체 배송 과정을 살펴볼 수 있다. 휴대폰에 타임스탬프^{time stamp}가 찍힌 동영상이 발송되면 나중에도 볼 수 있다. 또한 택배 발송 완료와 문이 다시 잠겼다는 알림도 받는다.

● 아마존 플렉스

물류기사가 앱에 등록한 후 대도시 부근의 작은 창고에서 물건을 출하해 고객에게 배송한다. 이러한 서비스는 현재 시애틀, 라스베이거스, 피닉스, 댈러스 등 14개 도시에 제공되고 있다.

앱은 업무 시작 1시간 전에 물류기사에게 통지를 발송해 물품을 받을 지점, 인도 지점 및 오늘의 물량을 알린다. 물건을 인수할 지점에 도착하면 물류기사는 체크인을 하고 물품을 차량으로 운반한다. 아마존은 물류기사를 위해 운전 루트를 설계했다.

● 스마트 픽업 박스

아파트 내에 스크린과 키보드를 장착한 스마트 택배 박스를 설치해서 고객이 비밀번호를 입력해야 물품을 수령할 수 있는 시스템이다. 오로지 아파트 거주자에게만 제공된다. 택배 박스는 아마존뿐만 아니라 다른 택배업체도 사용할 수 있다.

● 물류 대행 서비스

FBA^{Fulfillment by Amazon}라고도 불린다. 아마존의 자체 소프트웨어 및 시스템을 제3의 판매자 창고에 적용해 화물을 보관하는 것이다. 또한 전문 인력을 파견해 판매자의 창고 배치를 정돈하고 택배를 처리하는 과정을 돕는다. 판매자는 아마존 택배를 사용하거나 UPS 계정을 사용할 수 있고, 운송비는 최고 85퍼센트까지 할인된다. 동시에 아마존의 자체 배송 지원도 받을 수 있다.

✳
✳✳

'차갑고 도도한 미녀' 콜드 체인

택배기사 리펑쉬안은 도대체 어떤 댓글을 남겼기에 리커창 총리를 직접 만날 수 있었을까? '2018년 '총리에게 할 말이 있습니다' 네티즌 건의 모집'에서 그는 다음과 같은 글을 남겼다.

농촌 신선제품 배상 및 보험에 관하여

총리님, 안녕하십니까? 저는 산시성 윈청시의 택배 물류센터에서 근무하는 사원입니다. 우리는 부지런히 일하며 농촌을 돕고 있습니다. 우리가 수송하는 물품 중에는 신선한 사과가 많은데 이윤은 낮으면서 운송 과정에서 부패하기 쉬워 택배 물류센터에서는 정말 큰 골칫거리입니다. 다른 제품과 달리 신선제품은 출하 후 문제가 발생하면 운송업체의 책임이고, 배상금은 30위안이지만 이윤은 1건당 2위안입니다. 저는 과수원 농가가 신선제품 보험에 가입한 후 물품을 출하하면 좋겠습니다. 부디 국가의 관련 기관에서 신선제품 택배의 생존이 달린 현황에 주목해주시고 신선한 농산물을 발송하지 못하는 현재 상황을 개선해주시기 바랍니다. 고액의 배상 문제로 저희가 더 이상 힘들지 않으면 좋겠습니다. 감사합니다.

산시성 윈청시 린이현은 중국의 10대 과일 생산지 중 하나다. 리펑쉬안의 집에서도 6천 평에 과수를 심고 있다. 리펑쉬안이 언급한 신선제품 택배는 중국 물류업계의 맹점이 되는 부분이었다. 현재 중국에는 전국적인 콜드 체인 운송 네트워크가 존재하지 않는다. 콜드 체인 운송에 제약이 있기 때문에 중국의 신선제품 업계는 발전이 매우 더디다. 높은 원가가 수익을 떨어뜨리고 발전에 장애가 되는 것이다.

콜드 체인 물류는 제품이 산지에서 소비자에 이르기까지 각각의 유통 단계에서 저온을 유지해 제품의 품질 하락을 최소화하는 전문 물류 시스템이다. 기타 운송 방식과 비교했을 때 콜드 체인은 물류업계의 귀족이라 할 수 있다.

중국의 과채류, 육류, 수산물의 콜드 체인 유통 비율은 각각 22퍼센트, 34퍼센트, 41퍼센트라고 한다. 반면 유럽과 미국, 일본 등은 콜드 체인 유통 비율이 95~98퍼센트에 달한다. 육류 및 가금류 등의 콜드 체인 유통 비율은 100퍼센트에 달한다.

10년 전 중국에는 완벽한 콜드 체인이 아예 존재하지 않았다. 중국의 소비 수준이 높아지고 중산층이 등장하면서 징둥, 순펑 등의 기업이 콜드 체인 업계에 뛰어들었다. 신선제품이 전자상거래의 마지막 블루오션이 되자 콜드 체인이 부각되면서 다양한 투자가 이루어졌다. 2017년 소비 구조의 상승과 소비자 모델 혁신에 따라 콜드 체인 물류에 대한 수요는 계속해서 높은 성장률을 유지하고 있다. 5년 후 중국의 콜드 체인 물류시장은 20퍼센트 이상의 성장률을 보일 것이고, 2020년이 되면 시장 규모는 4,700억 위안에 달할 것으로 내다보았다.

콜드 체인은 자산 중량화 분야에서도 여전히 고속 성장률을 보이는 얼마 되지 않는 업계다. 게다가 상대적으로 경제주기의 파동이 낮다. 그러나 중국의 콜드 체인 물류 네트워크는 여전히 기초 설비에 머물러 있다. 콜드 체인의 상류 및 하류 업체들도 아직 적응하는 단계이고, 극복하기 힘든 수많은 현실적 제약이 따른다.

콜드 체인에는 충분한 자본이 뒷받침되어야 하고 투자 수익 주기도 길다. 투자비가 가장 많이 드는 것은 바로 냉동 창고다. 일반적으로 냉동 창고 설치비는 제곱미터당 5,000~6,000위안에 달한다. 그래서 신속한 투자 수익을 원하는 사람들에게 콜드 체인은 '차갑고 도도한 미녀'라 할 수 있다.

콜드 체인은 규모의 효과가 있어서 일단 시장에 안착하면 크게 경쟁하지 않아도 된다. 세계 콜드 체인 연맹GCCA이 공표한 2016년 전 세계 냉동 창고 용량 보고에 따르면 콜드 체인 건설이 가장 빠른 중국의 냉동 창고 용량은 이미 1억 세제곱미터를 초과했다. 이는 2014년과 비교했을 때 21퍼센트 성장한 것이다. 2016년에 이르자 전 세계의 냉동 창고 생산 능력은 6억 세제곱미터에 달했다.

중국에서 현재 콜드 체인을 운영하는 기업의 절대다수는 지역에 한정되고 모두 운송을 위주로 경영한다. 그러나 세계 5대 콜드 체인 기업, 특히 미국 기업은 예외 없이 모두 창고 저장 업무를 위주로 하고 운송은 대부분 외주에 맡긴다. 전 세계의 콜드 체인 기업 순위는 매출액이 아닌 창고 용량 규모로 정한다.

세계 최대의 콜드 체인 기업은 115년의 역사를 지니고 있는 아메리콜드Americold Realty Trust다. 이 기업은 158개의 온도 제어 창고를 운영하고 있으며 저장량이 누계 2,800만 세제곱미터에 달한다. 전성기에는 182개의 냉동 창고를 보유한 적도 있다. 2010년 자오상쥐招商局 인터내셔널은 아메리콜드와 합작회사인 자오상 아메리콜드를 설립했고, 2015년에 자오상쥐 물류는 자오상 아메리콜드를 전면적으로 인수했다. 자오상 아메리콜드는 중국의 대도시에서 14개의 냉동 창고를 보유하거나 관리하고 있으며 그 면적은 약 15만 제곱미터에 달한다.

콜드 체인의 소모율이 높은 이유는 온도에 대한 요구가 까다로워서 원가가 크게 올라가기 때문이다. 그래서 택배 회사들은 재래적인 방법으로 제품을 저온 상태로 보존한다. 예를 들어 스티로폼 박스에 얼음을 넣는 것도 콜드 체인이라고 한다. 그러나 이것은 콜드 체인이 아니다. 콜드 체인은 전 과정에서 온도가 통제되어야 하고, 스티로폼 박스를 사용하는 방법은 환경에도 도움이 되지 않는다.

운송 규모에서 볼 때 육지 운송은 중국 콜드 체인 업계의 중추적 역량이라 할 수 있다. 중국의 냉장 운송에서 도로 운송의 비중은 25퍼센트를 차지하고 철로가 55퍼센트, 선박이 20퍼센트다. 유럽이나 미국 등 선진국의 냉장 운송에서 도로 운송은 60~80퍼센트를 차지한다.

또한 중국의 콜드 체인 기업은 단일한 기능을 한다는 결점이 있다. 일부는 오로지 다국적 기업의 공급 사슬의 일환인 것이다. 예를 들어 자오상 아메리콜드는 초기 단계에 월마트의 중국 콜드 체인 공급업체 중 하나였다. 반면 아메리콜드는 현재 전 세계에 2,400명의 고객을 보유하고 있다.

콜드 체인은 집약화, 표준화를 통해 원가를 낮추고 이윤을 실현해야 한다. 예를 들어 맥도날드에 30년 이상 서비스를 제공해온 샤후이 물류는 맥도날드 제품의 물류 손실률을 1만 분의 1 정도로 유지할 수 있다. 콜드 체인 기업은 다국적 기업의 일원이 되기를 원하는 한편 농가에 서비스를 제공하려 하지 않는다. 보통 농가는 집약화와 표준화가 이루어지지 않아서 원가가 매우 높고 언제 이윤을 얻을지 알 수 없기 때문이다.

'차갑고 도도한 미녀' 콜드 체인의 마음을 얻으려면 더 많은 열정을 쏟아부어야 한다.

✳
✳✳

블루오션이 된 반품 시장

과거 대부분의 판매업체와 제조업체의 역물류(회수 물류) 규모는 결코 크지 않았다. 그러나 전자상거래로 인해 판매업체는 전대미문의 반품을 마주하고 있다. 매년 전 세계 소비자의 반품 금액은 총 6,400억 달러가 넘는다. 월마트의 1년 판매액을 초월하는 금액이며 대략 전 세계 판매액의 4.4퍼센트를 차지한다. 반품은 모든 판매업체에 골칫거리다. 지금까지 표면에 드러난 적 없던 역물류 분야에 돌연 실력을 발휘할 공간이 생겼다.

역물류란 제품의 가치를 다시 획득하거나 합리적인 처치를 위해 제품이 소비자에서 생산자로 이동하는 과정을 말한다. 판매업에서 역물류는 통상적으로 반품이다. 역물류가 가장 자주 발생하는 분야는 의류업계다. 다음으로 전자제품, 미용제품, 운동 및 야외 설비 등이다. 의류 판매업은 평균 반품량이 판매액의 10퍼센트를 차지한다. 전자제품과 서적의 평균 반품률은 8.8퍼센트다.

전자상거래에서 반품률이 매우 높은 이유 중 하나는 무료 반품 정책 때문이다. 무료 반품에 유혹되어 불필요한 물건을 구입한 소비자는 반품할 확률이 높다. 2016년에는 91퍼센트의 반품이 '무료 반품' 서비스에서 발생했다고 밝혔다.

반품이 진행되는 모든 과정에는 판매업체의 원가가 들어간다. 도널드 크누스Donald Knuth가 300곳의 판매업체를 대상으로 조사한 자료에 따르면 반품 중 48퍼센트는 정가로 재판매된다고 한다. 반품을 어떻게 처리할 것인가는 이미 완전히 새로운 전략이 되었다. 역물류의 가치는 경영 자본이 필요한 반품 과정을 전략적 우세로 바꾸는 데 있다. 양질의 반품 체험은 고객의 충성도를 높이고, 결점이 없는 반품 물건은 다시 판매해서 이윤을 남길 수 있다.

역물류 전략의 전형적인 사례로 유명 화장품 브랜드 에스티 로더를 들 수 있다. 에스티 로더의 1년 판매액은 40억 달러에 달하지만 매년 반품, 과잉 생산, 폐기 처분 및 손실된 제품으로 인한 금액이 1억 9천만 달러로, 판매액의 약 4.8퍼센트를 차지한다. 반품으로 인한 손실을 낮추기 위해 에스티 로더는 130만 달러를 투자해 스캔 시스템을 갖추고, 비즈니스 스마트 툴과 데이터베이스를 통해 역물류 시스템을 수립했다. 과거에 인원 감축이나 관리 비용 절감을 시행했던 에스티 로더는 역물류 시스템을 도입한 첫해에 역물류 제품의 가치를 높였고, 24퍼센트 이상의 반품 평가를 진행할 수 있었다. 그리고 재판매할 수 있는 제품이 정말로 반품이 필요한 제품의 1.5배나 된다는 사실을 발견했다.

역물류 최대의 적은 원가가 아니라 시간이다. 반품 제품이 운송되어 최종 지점에 도착할 때까지 제품의 가치가 하락한다. 시간을 많이 소모할수록 제품의 가치를 회복하기 힘들다. 반품 속도를 높여서 반품 가치를 최대한 회복하는 것이 역물류의 핵심이다.

중국의 물류시장 규모는 대략 5조 위안이 넘는다고 한다. 2015년 역물류는 그중 20퍼센트를 차지했다. 중국의 역물류 원가는 전체 원가의 20퍼센트 이상을 차지하고 있다. 이것은 선진국의 평균 4퍼센트보다 훨씬 높은 수치다. 여기서 볼 수 있듯이 역물류 분야는 발굴을 기다리는 보물 창고라 할 수 있다. 그러나 현재 보물 발굴에 참여하는 사람은 매우 적다. 징둥만이 역물류를 전략적으로 늘리고 있다.

반품에는 고유의 역설이 존재한다. 이상적인 반품 정책은 판매량을 높일 수도 있고, 과도한 반품으로 수익이 줄어드는 것도 방지할 수 있다. 〈저널 오브 리테일링Journal of Retailing〉에 발표된 연구에 따르면 반품 정책을 5가지로 분석할 수 있다.

- **시간**Time Leniency: 판매업체가 반품을 받아들이는 시간 단위(예를 들어 30일 혹은 60일 안에 반품하는 정책)
- **비용**Monetary Leniency: 판매업체가 반품을 반환하는 데 들어간 비용(예를 들어 환불 보증, 기타 비용 수취 등)
- **공력**Effort Leniency: 소비자의 불편(예를 들어 서류 작성, 라벨 체크 등)
- **범위**Scope Leniency: 반품 정책에 포함되는 제품(예를 들어 판매 상품에 포함되는지 여부)
- **교환**Exchange Leniency: 소비자가 얻을 수 있는 보답(예를 들어 현금, 판매업체의 신용, 교환 물품 등)

재미있는 것은 5가지가 각기 다른 목표를 실현할 수 있다는 점이다. 비용과 공력은 초기의 구매와 후속 구매를 높이는 데 도움이 된다. 소비자에게 지원금을 주고 구매를 촉진하는 정책 또한 구매량을 늘리는 효과가 있다. 반품이 줄어들기를 바란다면 시간 및 교환, 범위 등을 반드시 엄격하게 설정해야 한다.

중국 기업의 약 73퍼센트가 반품 및 역물류에 취약하다. 자동화나 스마트 시스템으로 관리하지 않고 사람이 직접 하는 기업이 92.7퍼센트나 된다. 투명성과 감독 관리 조건이 부족하기 때문에 기업으로 돌아간 자산 가치는 약 53.6퍼센트가 완전히 소실되며, 23.5퍼센트가 기업으로 돌아가는 도중에 훼손된다. 이는 모두 전문적인 역물류 공급업체가 부족하기 때문이다. 반품 처리 시스템을 개선할 때는 반품을 원가 중심에서 이윤 중심으로 바꿀 수 있다는 사실을 인식할 필요가 있다.

2010년에 창업한 옵토로Optoro는 역물류 전문 기업이다. 옵토로의 엔진 툴은 인공지능과 독자적인 알고리즘을 사용해 반품을 가장 적합한 장소로 발송한다. 1,200만 개가 넘는 데이터 분석을 통해 각 물품의 예측 판매 가격과 물품이 배치되는 다양한 루트에 필요한 원가를 종합적으로 고려한 후 그 물품의 최고 가치가 실현되는 배송 루트를 찾는다.

신유통에는 옴니채널 판매뿐만 아니라 옴니채널 반품도 포함되어야 한다. 세계 최대의 전자상거래 시장인 중국에서 역물류는 기대할 만한 블루오션이다.

크라우드 소싱, 택배도 공유경제

사회에서 등한시하는 자원을 이용해 배송 문제와 원가 절감을 해결하는 크라우드 소싱 택배는 공유경제의 '최후의 1킬로미터'라 할 수 있다. 2013년 런런콰이디人人快递는 크라우드 소싱 택배를 시작했고, 현재 플랫폼에 누적된 프리랜서 택배기사는 100만 명이 넘는다. 아이셴펑愛鮮蜂과 자자쑹家家送도 동네 소상인들을 배송 역량으로 충분히 이용해 최단 30분 만에 배송을 완료한다. 알리바바와 징둥도 각각 차이냐오 물류와 징둥다오자京東到家로 크라우드 소싱 택배 서비스를 시도했다.

크라우드 소싱은 2가지 모델로 나눌 수 있다. 소비자가 의뢰하면 적합한 배송인을 선택하는 방식과 기업에서 시스템으로 업무를 분배하는 방식이다. 징둥다오자는 한가한 인력(소상인, 프리랜서, 시간 여유가 있는 사람들 등)을 배송인으로 가입시키고 배송하면 주문당 6위안을 지급한다. 린취邻趣는 시스템이 배송인의 위치, 배송 시간, 소비자 평가 등을 자동으로 계산해서 가장 효율적인 사람에게 배송 업무를 배분한다. 린취는 이미 시리즈B 융자를 획득했으며, 전국을 커버할 수 있는 40만 명이 넘는 고품질 운송 인력을 보유하고 있다.

미국의 크라우드 소싱 택배도 기사를 전문적으로 모집하지 않고 길을 오가거나 차의 뒷자리에 여유 공간이 있는 기사에게 의뢰한다. 그중 로디(Roadie, 카풀 배송 기업)가 가장 뛰어난 실력을 발휘하고 있다. 2014년에 설립된 로디는 심사를 통과한 기사 5만 명과 휴대폰 플랫폼으로 운영하고 있다. UPS도 로디에 투자했다.

로디는 자신의 모델을 '협력 배송collaborative delivery'이라고 정의한다. 기사 배치도 시스템으로 이루어진다. 회원이 자신의 일상적인 노선과 여행 계획 등을 로디 앱에 입력하면 로디는 회원의 일상 루트와 운송 대기 중인 화물을 서로 매치한다. 여기서 '가는 길', '겸사겸사' 배송이 발생한다. 이러한 모델은 물품을 저렴한 가격에 배송할 수 있을 뿐만 아니라 UPS나 페덱스 등 전통적인 운수기업에 비해 환경의 영향을 덜 받는다. 로디는 수수료에서 20퍼센트를 받고 나머지는 기사의 수입이다.

로디는 일상적인 업무 배치, 자동차의 크기 및 세부적인 부분을 기사에게 묻는다. 동시에 기사가 얼마나 많은 업무를 받아들일 수 있는지 주목한다. 현재 로디의 배송 범위는 미국의 4천여 개 도시에 달한다.

기사들 중에는 전업 로디 배송기사도 있다. 그러나 로디는 이동 중이거나 여유 공간을 이용할 수 있는 기사를 중시한다. 로디가 기사에게 지불하는 비용은 전통적인 택배비보다 적지만 사용자에게 받는 비용도 저렴하다. 대형 소파를 댈러스에서 오스틴까지 운반하는 경우 페덱스를 이용하면 577달러가 들지만 로디를 사용하면 102달러만 지불하면 된다. 로디를 자주 사용한다는 화원 벽난로 판매업체는 전통적인 선박 수송을 이용할 때보다 비용이 30퍼센트나 절감되었다고 한다.

로디는 기사의 별점 시스템을 운영하고 있고, 고객에게 운반 중인 물품의 사진을 찍어서 전송하는 방식으로 안전 배송을 보장한다. 그 밖에 고객은 옵션으로 보험 가입을 선택할 수 있다.

로디는 현재 35개 공항에서 항공회사와 협력해 분실 화물 운반을 맡고 있다. 또한 1,500여 곳의 매장을 운영하는 인테리어 판매업체와 협력해 부피가 큰 상품을 운송한다. 그 밖에도 대형 체인 백화점 및 로스앤젤레스에 본사가 있는 전자상거래 업체와 협력해 깨지기 쉬운 물품과 무거운 물품의 운송을 책임지고 있다.

*
**

1일 1억 개, 대륙의 택배

'최후의 1킬로미터'가 순조롭지 않은 데는 택배기사와 소비자의 시간이 맞지 않는 등 업계의 객관적인 조건 외에도 시장 시스템, 정책과 법규 및 인력 자본 등 여러 가지 원인이 있다.

중국에서 제3자 물류(물류 전반을 전문기업에 위탁하는 것—옮긴이)가 차지하는 비율은 25퍼센트도 되지 않는다. 반면 유럽이나 미국, 일본은 70퍼센트를 초과한다. 물류 자원의 최적화 및 배치 시스템이 부족한 채로 택배물류에 뛰어드는 기업이 심각할 정도로 많다. 이렇게 되면 원가는 높아지고 효율은 떨어진다. 게다가 말단 물류센터를 중복으로 건설해서 창고 비용이 더욱 높아진다. 베이징에 있는 다양한 등급의 택배 물류센터는 약 6천 곳에 달한다. 택배기사의 일평균 배송량은 40건이 되지 않고, 물품 1개당 휘발유 소모비는 0.3위안을 넘는다. 원가 낭비가 약 50퍼센트에 달할 가능성이 있다. 물류센터가 많은데도 택배 회사는 여전히 인접한 소비자가 필요로 하는 서비스를 지원하지 못하며 2차, 3차 배송률도 비교적 높다. 이는 대량의 인력 및 자원 낭비를 초래한다.

도시의 화물차 제한도 '최후의 1킬로미터'의 원가를 높이는 중요한 원인이다. 베이징과 상하이는 통행허가증을 발급해 화물 차량의 운행 수량과 시간을 제한하고 있다. 도시의 높은 물가, 인건비의 지속적인 상승, 유가 상승 또한 원가를 높이는 심각한 원인 중 하나다.

'최후의 1킬로미터'는 물류업체가 방출하는 에너지가 마지막으로 다다르는 부분이다. 물류는 서비스 면적이 넓고 자본이 투입되어야 하므로 산업 경제의 기본적인 변수다. 중국 물류 경기지수는 중국의 경제 상황을 알리는 지표가 되고 있다.

중국은 이미 매일 평균 1억 개의 택배가 발생하고 있다. 이러한 수치가 계속 유지될지 아니면 갱신될지, 혹은 덧없이 사라질지는 알 수 없다. 마윈은 "우리는 빠른 시일 안에 하루 10억 개의 택배를 맞이하게 될 것"이라고 공언했지만, 이것은 너무 급진적인 예측이다.

물류는 단순히 운송 행위나 산업 형태가 아니라 경제 운영 모델의 종합적인 체현이다. 물류는 제품을 생산하지 않지만 제품의 이동을 책임진다. 마윈의 말처럼 중국의 하루 택배 수량이 1억 개에서 10억 개로 증가한다면 전자상거래는 물론 중국 경제가 몇 배나 번영할 수 있다. 그러나 단기간에 실현될 가능성은 낮다.

택배 수량이 증가한다고 경제가 활성화되는 것은 아니다. 이는 시장 자체의 원가 구조와 관련이 있다. 유럽이나 미국처럼 성숙한 경제체제에서는 매일 1억 개나 되는 택배가 나오지 않는다. 왜냐하면 비경제적이기 때문이다. 시장이 충분히 성숙했을 때 택배 규모는 안정적인 구간으로 접어들 것이다. 중국에 매일 1억 개나 되는 택배가 발생하는 이유는 사실 경제가 발달하지 못하고 균형이 맞지 않기 때문이다. 게다가 택배 원가도 매우 낮다.

페덱스의 창립자 프레드 스미스는 '새로운 업계를 창조한 인물'로 평가된다. 그 이유는 획기적인 익일 배송 서비스를 내놓았기 때문이다. 프레드 스미스는 "시장을 제패하려면 우선 고객의 마음을 따르라. 그러면 고객의 지갑이 당신을 따라올 것이다"라고 말했다.

'최후의 1킬로미터'로 향하는 길은 성공으로 가는 '최후의 1킬로미터'이기도 하다. 고객의 마음이 당신을 따라가게 만드는 데 '최후의 1킬로미터'는 매우 중요한 요소다.

✳
✳✳

아마존의 하늘을 떠다니는 창고

미래의 도시가 어떻게 변화할지 알고 싶은가? 아마존의 눈에는 미래의 광경이 바로 다음과 같이 펼쳐질 것이다. 거대한 비행선이 하늘을 떠다니고 고객이 주문하면 비행선에서 드론이 나와 물건을 건네주는 것이다.

이것은 아마존의 비행선 창고 특허로 꽤 미래적이면서도 매우 가능성이 높은 방안이다. 아마존은 현재 이를 실현하기 위해 노력하고 있다.

아마존이 2014년에 특허 신청을 한 비행선의 이름은 '공중 물류센터 Airborne Fulfillment Center, AFC'이다. 4만 5천 피트(약 1만 3,716미터) 상공을 둥둥 떠다니는 거대한 비행선 안에는 화물이 가득 차 있고, 배송은 비행선에 장착된 드론이 담당한다.

공중을 떠다니는 비행선은 특별한 장점이 있다. 지상의 창고가 줄어들고, 드론을 통해 자유롭게 목적지까지 배송할 수 있다는 점이다. 드론이 AFC에서 물건을 가져다 배송하기까지 매우 적은 에너지만 필요하다. 특허에서 묘사한 비행선 창고의 작동 원리는 다음과 같다.

드론이 하강하면 비행선 창고는 수평 방향에서 드론이 고객이 지

아마존의 특허에서 묘사한 거대한 비행선 창고

식품과 음료를 실은 드론이 비행선에서 내려와 직접 배달한다.

드론

소형 셔틀

4만 5천 피트 높이에서 고공 비행하는 비행선은 소형 셔틀의 지원을 받는다. 이러한 셔틀은 드론, 물자, 작업자까지 비행선으로 운반한다.

비행선은 스포츠 경기나 대형 공연이 열릴 때 그 부근을 비행하다가 드론을 이용해 음식이나 기념품을 나눠 준다.

아마존의 공중 물류센터

정한 지점에 물건을 배송하도록 유도한다. 드론이 안정적으로 하강하도록 방향을 유도하는 것 외에는 어떠한 동력도 필요하지 않다. 셔틀(Shuttles, 비교적 작은 비행선)이 AFC에 재고와 드론, 보급품, 연료 등을 보충해준다. 동시에 셔틀은 작업자가 AFC에 드나드는 데도 사용된다.

이러한 비행선 혹은 공중 물류센터는 미래에 스포츠 경기 혹은 대형 공연 등이 열리는 장소에서 관중들에게 간식과 상품을 제공하는 데도 응용될 것이다.

아마존의 특허가 실현되기까지 얼마나 걸릴까? 아마존의 예측에 의하면 1~2년 정도 필요할 것이라고 한다. 아마존은 2016년 말에 처음으로 드론 배송에 성공했다.

26조 기업 러스에게는
넷플릭스의 생태계가 없다

Unicorns

⋮

비람과 함께 사라지는 것은 모두 과거에 속한다.
비바람을 견뎌야 미래를 향해 나아갈 수 있다.
– 마거릿 미첼

불과 몇 년도 되지 않아 러스왕樂視罔, LeTV은 흥망성쇠를 모두 겪으며 신속하게 몰락했다. 기만이라고 할 수는 없지만 성대하게 펼쳐진 가짜 연회라 할 수 있다. 다양한 자본 투자 방법을 배제하고 전략적인 측면에서 러스의 실수는 무엇일까? 러스왕의 소유주 자웨팅賈躍亭의 신에너지 자동차에 8억 6천만 달러를 투자한 부동산 개발기업 헝다恒大는 얼마나 승산이 있을까? 모든 국면을 되돌릴 수 있다면 러스는 과연 어떻게 해야 할까?

＊
＊＊

전략을 잃은 5대 인터넷 기업

2018년 6월 25일 헝다가 던진 돌이 큰 파문을 일으켰다. 헝다의 CEO 쉬자인許家印이 자웨팅에게 투자했다는 소문은 사실이었다. 헝다는 자웨팅의 신에너지 자동차 패러데이 퓨처Faraday Future, FF의 최대주주가 되었다. 같은 날 FF는 미국 정부의 심사 비준을 받았고 20억 달러의 융자를 얻어냈으며 창립자 자웨팅이 CEO를 맡게 되었다고 공표했다. 막다른 골목에 몰렸던 자웨팅에게 다시 한 번 기회가 생긴 듯했다. 이 소식이 전해지자 시장가치가 거의 90퍼센트 하락한 러스왕의 주가가 상한가로 올라갔다.

동영상 스트리밍 서비스로 시작한 러스는 7개의 분야를 아우르고 중국의 5대 인터넷 기업에 올라섰다. 전성기 때는 주가가 535퍼센트 뛴 적도 있다. 2015년 5월 시장가치는 역사상 최고점인 1,560억 위안(약 26조 5천억 원)까지 뛰어올라 단번에 부동산 그룹 완커萬科, 중국 최대의 컴퓨터 제조기업 롄샹联想, 전자제품 판매업체의 거두 쑤닝윈상蘇寧云商을 뛰어넘었다. 그러나 이후 2년 만에 빠른 속도로 무너지기 시작한 러스는 인원 감축, 신용 상실, 대표이사 퇴직 등 풍파가 끊이지 않았다.

2017년 5월 11일, 러스는 대대적인 인원 감축에 들어갔다. 러스가 주식을 보유한 시장 브랜드는 70퍼센트, 영업 서비스 부문은 50퍼센트 감축했다. 러스왕의 인원 감축은 10퍼센트, 러스 아메리카는 80퍼센트, 스마트 부품 부문은 완전히 사라졌다. 2017년 1월, 부동산 개발 회사 룽촹融創 그룹의 회장 쑨훙빈孫宏斌이 165억 위안을 러스왕, 러스즈신致新, 러스잉예樂視影業 3개 회사에 투자했지만 8개월 만에 퇴직하고 말았다.

2018년 3월 14일 저녁, 러스는 쑨훙빈 회장이 퇴직을 신청했으며 더 이상 어떠한 직책도 맡지 않는다는 사실을 발표했다. 다른 한편 자웨팅은 잠시도 조용할 새가 없었다. 2017년 12월 11일, 중국의 유력 증권사 핑안증권平安證券에 4억 6천만 위안을 지불하지 않아 소환되었고, 3일 후 훠푸증권華福證券과 3억 위안이 넘는 분쟁이 일어나면서 다시금 소환되었다. 2018년 6월 1일, 자웨팅은 기차, 비행기 탑승 제한 리스트에 이름이 올랐다. 마음대로 기차나 비행기 티켓을 살 수 없다는 뜻이다.

러스를 비난하는 소리가 끊이지 않았다. 누군가는 러스의 혁신적이고 창조적인 신화가 위기에서 비롯된 기적일 뿐이라고 이야기했다. 누군가는 러스가 발표회의 힘을 빌려 기업을 일으킨 것이라고 했다. 콘텐츠 전략부터 생태계에 이르기까지, 스마트폰부터 러스스포츠樂視體育에 이르기까지 러스가 중요한 전략을 잃은 시기가 언제인지 자세히 분석하고, 쇠락의 원인과 출구 전략을 논의해보자.

✳
✳✳

콘텐츠 소유가 전부는 아니다

중국에서 유튜브를 모방해 나타난 동영상 사이트는 모두 원활한 방송, 서버 및 시장의 확대에 집중했을 뿐 판권에 주목하는 사람은 아무도 없었다. 중국의 인터넷 동영상 시장에는 해적판이 넘쳐났다.

판권의 가격이 저렴하고 아무도 주목하지 않을 때 자웨팅은 수많은 영화와 드라마의 인터넷 판권을 사들였다. 콘텐츠가 동영상 사이트의 최고 핵심 경쟁력 중의 하나라고 생각한 것이었다. 러스왕의 투자 설명서에 의하면 2010년 4월까지 영화 2,324편, 텔레비전 드라마 4만 3,097편의 판권을 소유했다. 판권의 소유 기한은 길게는 3~5년으로, 향후 4년과 5년 만기 판권의 비중이 각각 68.37퍼센트와 61.56퍼센트였다. 동시에 2008년부터 2009년까지 중국 박스오피스 수익 20위 안에 드는 작품 중에 러스가 네트워크 판권을 독점한 영화가 7편이며 독점하지 않고 판권만 보유한 작품이 6편으로 인기 영화 20편 중 65퍼센트를 소유하고 있다고 했다.

2009년 정부는 판권 문제를 엄격하게 관리하기 시작했다. 같은 해 9월 15일 유엔 가입국의 채널 110곳의 동영상 판권을 소유한 '중국 네트워크 동영상 반反 해적판 연맹'이 베이징에서 정식으로 출범했고, 해적판을 반대하는 움직임은 최고조에 달했다. 각 동영상 사이트에서 해적판은 어쩔 수 없이 내려졌고, 사이트는 반드시 돈을 내고 영화나 드라마의 판권을 구입해야 했다. 당시 러스는 중국 내에서 영화와 드라마 판권을 가장 많이 소유한 동영상 사이트였다. 중국 최대 검색엔진 바이두, PPTV(인터넷 TV), 중국 최대 동영상 사이트 유쿠優酷의 판권 구매 비용은 러스의 62퍼센트, 총수익의 37퍼센트에 달한 적이 있다.

거액의 수익을 얻은 러스는 발걸음을 멈추지 않았다. 초창기 러스는 시장 확대를 위해 대대적인 투자를 할 필요는 없으며 자신들의 결점은 지명도와 트래픽 부족이라는 점을 확실히 알고 있었다. 동시에 앞으로 판권을 구입하는 비용이 갈수록 비싸질 것이라고 생각했다. 그러므로 어떻게 하면 수중의 판권을 현금으로 바꿀 수 있을까, 동시에 어떻게 자신의 단점을 전환할 수 있을까 하는 것이 급선무였다.

2011년 10월, 러스왕과 동영상 공유 사이트 투더우왕土豆网은 공동으로 동영상 서비스 플랫폼tudou.letv.com을 설립할 계획이라고 발표했다. 또한 공동 출자로 회사를 설립해 판권 구매와 판매를 진행했다. 합작 후 러스왕과 투더우왕의 가입자는 상대의 동영상 콘텐츠를 공유할 수 있었다. 그러나 이러한 합작은 개인 PC에만 한정되었고, 아이패드 등

이동 단말기에는 적용되지 않았다. 투더우왕은 매년 러스에 5천만 위안의 보증금을 지불하고, 플랫폼에서 얻은 광고 수입을 러스왕과 나눠야 했다.

2012년 2월, 러스왕과 포털사이트 왕이는 공동으로 동영상 플랫폼 163.letv.com을 설립했다. 러스왕은 플랫폼을 위해 CDN(콘텐츠 전송 네트워크), 동영상 콘텐츠 및 전송 기술을 지원했고, 왕이는 플랫폼의 모든 동영상 광고를 책임졌다. 왕이는 러스왕에게 누계 1억 위안에 달하는 보증금을 3년에 걸쳐 분할 지불했다. 그 밖에도 방송 횟수에 따라 경영 수익을 각각 따로 계산했다.

판권 비용이 점점 올라가면서 러스는 차츰 선두로 나아갔다. 콘텐츠를 자체 제작하기 시작한 러스는 독자적인 콘텐츠의 판권을 판매했다. 다핑타이大平台와의 합작으로 러스는 판권의 경제적 가치를 발휘했을 뿐만 아니라 사이트 이용자 수와 유입량도 증가했다. 2012년 자료에 따르면 2011년 러스의 네트워크 동영상 판권 수익은 3억 6천만 위안에 달했고, 2012년은 5억 6천만 위안으로 전년 대비 56퍼센트 성장했다.

2012년 12월 31일, 러스왕의 1일 평균 UV(순 방문자 수)는 약 1,700만 명이었으며 최고치는 3천만 명에 가까웠다. 1일 평균 PV(페이지 뷰 유입량)는 약 8천만 회였고 최고치는 1억 1천만 회를 넘어섰다. 1일 평균 VV(동영상 전송량)는 7천만 회였고 최고치는 약 1억 1천만 회였다. 이를 통해 러스는 2012년 광고 수익만 4억 2천만 위안(약 711억 원)을 달성했다. 2011년도 대비 268퍼센트 증가한 것이었다.

그러나 러스의 영화와 드라마 분야의 콘텐츠 전략은 한계가 있었다.

영화, 드라마, 버라이어티를 막론하고 수년 전의 프로그램을 다시 시청하는 사람은 매우 드물다. 또한 다른 프로젝트와 연동해 지속적인 수익을 가져다줄 수도 없다.

✳
✳✳

개념은 복제해도 생태계는 복제할 수 없다

기업공개IPO부터 위기에 내몰린 지금까지 생태계라는 말은 러스의 사업 발표회에서 가장 자주 등장하는 개념이었다. 이것이 허울 좋은 위장인지 치밀한 전략인지는 제대로 살펴볼 가치가 있다. 이러한 전략이 최대한 발휘된 곳이 바로 애플이다.

사람들은 높은 판매율이라는 후광에 가려 애플의 생태계 전략을 눈여겨보지 않는다. 애플의 생태계에서 서비스 업무는 중요한 영향을 끼치는 핵심 요소다. 애플의 모든 업무 분야에서 유일하게 2011년 회계연도부터 지금까지 10퍼센트 이상 판매수익을 유지하고 있는 것은 아이폰도 맥Mac도 아닌 서비스 업무, 즉 아이튠즈(미디어 판매)와 앱스토어(앱 판매)다. 2017년 회계연도에 애플이 서비스 업무에서 얻은 수익은 300억 달러(약 35조 5천억 원)로 총수익의 13퍼센트를 차지한다.

애플의 성공으로 사람들은 하드웨어 제품과 소프트웨어 제품의 연동에 화학적 반응이 일어난다는 사실을 인식하게 되었다. 콘텐츠 전략은 한계를 보이고 비용도 갈수록 올라가자 러스는 고객을 붙잡기 위해 영화 사업부터 시작해 점차 인터넷, 콘텐츠, 휴대폰, 태블릿, 스포츠, 자동차, 금융 7개 분야까지 진출하며 생태계를 형성했다. 또한 '생태계

화학반응'을 기대하며 각 분야가 서로 연동해서 예상외의 결과를 끌어내기를 바랐다.

러스의 생태계 개념은 애플의 '플랫폼+콘텐츠+단말기+앱'이라는 조합을 복제한 것이다. 애플은 직접 콘텐츠를 만들지 않지만 러스는 자체 동영상 사이트를 소유하고 있다. 콘텐츠를 기반으로 러스는 영화와 TV 프로그램 제작, 휴대폰, 전자상거래, 자전거, 스마트 자동차 등에 진출했다. 그러나 러스의 생태계는 지나치게 산만하고, 에너지와 가치가 전달되는 맥락이 보이지 않는다. 하드웨어와 소프트웨어의 능력이 제대로 실현되지 않아 진정한 의미의 생태계를 형성하지 못한 것이다.

여러 가지 요소를 한곳에 무질서하게 가져다놓는다고 해서 생태계가 형성되는 것은 아니다. 서로 연동하면서 안정된 질서를 구축해야 한다. 하나의 생태계 안에서 생물의 에너지와 가치는 먹이사슬의 상위에 있는 생물이 단계에 따라 이용한다. 예를 들어 매가 뱀을 잡아먹고 뱀은 작은 새를 잡아먹으며 작은 새는 곤충을 잡아먹고 곤충은 풀을 먹는다. 애플은 아이튠즈를 시작으로 한 단계씩 에너지와 가치를 전달하는 생태계를 구축했다. 우리는 2007년에 출시된 아이폰을 통해 애플의 생태계 전략을 되돌아볼 수 있다.

당시 아이팟은 이미 1억 명의 사용자를 보유하고 있었다. 비록 아이폰의 가격이 비싸고 키보드가 없으며 기업 사용자에게는 매력이 없었지만 그해 1년 동안 600만 대를 팔아치웠다. 그 이유 중 하나는 아이폰에 '차세대 아이팟'이 탑재되어 있었기 때문이다. 아이팟 사용자들의 뮤직 라이브러리, 뮤직 리스트, 앨범 재킷은 모두 완벽하게 아이폰으로 옮겨졌다. 방대한 아이팟 사용자를 기반으로 아이폰은 자연스럽게 성공할 수 있었던 것이다.

아이튠즈와 마찬가지로 앱스토어는 애플의 또 다른 걸작이다. 그것은 애플의 생태계를 더욱 풍부하게 만들었다. 2008년 3월, 아이폰이 출시되고 1년 후 애플은 첫 번째 아이폰 소프트웨어 툴킷 개발을 공표했다. 게다가 그해 7월에 정식으로 앱스토어를 출시하고 500개의 응용 프로그램을 제공했다. 6개월 후 이 숫자는 1만 배로 늘어나 500만 개에 달하는 응용 프로그램을 제공했다. 2011년 1월 22일, 애플은 100억 개째의 응용 프로그램을 아이폰 사용자들이 다운로드할 수 있다고 선포했다. 시장조사 전문 블로그 미디어 아심코Asymco는 분석을 거친 후 다음과 같은 결론을 내렸다. 2년 6개월 동안 애플은 제3자 응용 프로그램 개발자에게 20억 달러가 넘는 돈을 지불했고, 음악 제조업자에게 약 120억 달러를 지불했다는 것이었다.

자신의 프로그램을 세계적으로 판매하고 이윤을 얻고자 하는 개발자들은 무럭무럭 발전하는 애플 생태계의 일원이 될 수 있었으니 마다할 이유가 없지 않은가? 전 세계의 수많은 개발자 단체는 애플의 생태계에 한 걸음 들어서면서 에너지와 가치를 지니게 되었다. 또한 양질의 체험은 사용자들의 충성도를 더욱 높였다. 현재로서는 애플의 생태계에 필적할 대상이 없다.

현재 공인된 생태계는 오로지 구글과 애플뿐이다. 개방적인 안드로이드와 폐쇄적인 iOS(애플의 모바일 운영체제)는 각각 생태계의 핵심을 구성하고 있다. 구글과 하드웨어 제조업체는 합작 연맹으로 또 다른 생태계를 형성했다. 애플은 표준화 소프트웨어 인터페이스를 통해 생태계의 규칙을 정하고, 윈윈 전략을 통해 개발자를 끌어들여 양성 순환을 일으켰다. 애플의 응용 프로그램 스토어가 1달러의 수익을 올릴 때 킨들은 89센트, 안드로이드는 23센트의 수익을 올린다고 한다. 응용 프로그램 스토어를 운영하는 방면에서 애플은 훨씬 앞서 나가고 있다.

생태계는 시스템 구성의 기반과 가치 연장, 양성 순환이 중요하다. 소프트웨어와 하드웨어의 배합만이 비로소 생태계의 진화를 가속화할 수 있다. 제품의 단순한 나열과 제품 라인의 확장은 고객의 충성도와 브랜드 프리미엄에 아무런 도움이 되지 않는다. 전형적인 사례가 바로 소니와 마이크로소프트MS다. 소니는 업무 라인이 너무 복잡해서 생태계를 형성하기는커녕 오히려 수렁에 빠지고 말았다. 운영체제에서 지배적인 지위를 차지하고 있는 마이크로소프트의 사용자들은 여전히 윈도 운영체제가 깔린 컴퓨터를 사용하고 있지만 윈도폰을 사용하지는 않는다. 전 세계 윈도폰 사용자는 2퍼센트도 되지 않는다.

애플의 생태계 개념을 모방할 수는 있어도 성공을 모방할 수는 없다. 시간 여유가 있다면 러스도 자신만의 진정한 생태계를 만들어낼 수 있을까? 답은 여전히 부정적이다.

✳
✳✳

스마트 TV, 돌파구가 될 수 있을까?

비즈니스 생태계의 핵심 지표는 사용자의 규모다. 애플은 완벽한 생태계 플랫폼과 10억 대가 넘는 iOS 설비 보유량을 통해 목표액 이상의 하드웨어 프리미엄과 지속적인 서비스 수익을 얻고 있다.

러스는 샤오미보다 늦게 휴대폰 사업에 뛰어들었다. 2015년 러스의 휴대폰 판매량은 300만 대였는데, 같은 기간 샤오미가 7천만 대, 화웨이가 6,220만 대, 메이주魅族가 2천만 대였다. 게다가 스마트폰은 시장 경쟁이 치열한 분야다.

시장조사 기관 IDC의 데이터에 따르면 스마트폰의 이익은 점차 감소하고 있으며 이윤율 또한 대폭 하락하고 있다. 2015년 중국의 스마트폰 출하량은 4억 4천만 대에 달했지만 사용자 증가 속도는 3.4퍼센트로 2014년 33.6퍼센트에 비해 급격히 하락했다. IDC의 발표에 따르면 2016년 전 세계의 스마트폰 출하량은 14억 7천만 대였다. 2015년의 14억 4천만 대보다 2.3퍼센트 증가한 것이다. 2015년의 증가율은 10.4퍼센트였다.

스마트폰뿐만 아니라 TV도 마찬가지다. 2013년에 러스는 스마트 TV 시장에 뛰어들었지만 확장 속도가 매우 느렸다. 레드오션에 뛰어들 때는 헤치고 나아갈 수 있는 길을 찾아야 한다. 스마트 TV 시장은 사용자 규모가 작고, 확장 속도가 너무 느린 것이 문제였다. 오늘날 스마트 단말기는 이미 동영상 사이트에서 가장 전략적인 입구가 되었다. 스마트 TV와 스마트폰은 방송 매체인 동시에 트래픽 유입의 입구이기도 한 것이다.

인터넷 기업들은 현금화를 위해 연달아 스마트 단말기 분야에 뛰어들었다. 2015년 10여 곳의 인터넷 기업이 TV 분야에 발을 들여놓았고 온라인 시장에 강력한 충격을 안겼다. 통계국이 발표한 데이터에 따르면 2016년 스마트 TV 시장은 뚜렷한 증가를 보였고, 생산량은 9,310만 대, 성장률은 11퍼센트였다고 한다. 동시에 2016년 중국의 스마트 TV 판매량은 4,908만 대에 달했다고 한다.

2015년 TV 판매에서는 러스가 10퍼센트의 온라인 시장점유율로 TCL(스마트 기기 제조 및 인터넷 응용 서비스 기업)의 9.9퍼센트와 창웨이(創維, 스카이워스)의 9.8퍼센트를 앞섰고, 14퍼센트인 하이신海信의 뒤를 이어 2위를 차지했다. 2016년 러스의 단말기 부문(스마트 TV와 스마트폰) 영업수익은 약 101억 위안으로, 총수익의 46퍼센트를 차지하며 전년도 대비 66퍼센트 성장했다. 그해 러스의 최대 수입원이었다.

규모가 조 단위를 초월하는 스마트홈 시장을 여는 기폭제가 바로 스마트 TV였다. 스마트 기기 제조업체는 콘텐츠를 핵심으로, 하드웨어 제품을 인터페이스로 거실을 점령하기 위해 박차를 가하기 시작했다.

2015년 중국의 컬러 TV 판매량은 4,674만 대였고, 전년도 대비 4.8퍼센트 성장했다. 그중 인터넷 TV의 시장점유율은 10퍼센트에 불과했다. 여전히 전통 컬러 TV와 상당한 거리가 있었다. 2016년 1월 초, 인터넷 TV는 이미 13개로 늘어났다. 하이신, 창웨이, TCL 3곳의 사용자가 1천만(1일 이용자 수가 300만 명을 초과)을 넘어섰다. 인터넷 TV가 출현하기 전의 러스는 동영상을 감상할 때 사용자가 비용을 지불하는 습관을 양성하는 단계에 불과했기 때문에 거실 생태계를 갖추기에 아직도 먼 상황이었다.

러스는 스마트 TV 시장의 기선을 제압했지만 확장이 너무 느린 것이 문제였다. 러스는 2017년 연간 보고 자료에서 단말기 영업수익은 25억 위안에 불과하며 총수익의 36퍼센트를 차지하고 전년 대비 75퍼센트나 감소했다고 밝혔다.

하드웨어 제품을 생산하기 전에 이미 러스왕을 통해 일정한 사용자 기반을 축적한 상태였다. 저렴한 하드웨어와 러스 브랜드의 변화는 초기의 가장 험난한 단계를 극복하는 데 큰 힘이 되었다. 인터넷의 롱테일 효과(비인기 상품이 매출의 20~30퍼센트를 차지하는 것) 또한 러스가 최저 자본으로 동영상의 수준을 중시하고 거실에서 영화 보는 것을 즐기는 소규모 사용자 계층을 늘리는 데 도움이 되었다. 이로 인해 하드웨어 판매수익과 회원 가입비가 급격히 증가했다.

그러나 저가의 인터넷 TV로 시장 전략을 바꾼 데다 하드웨어의 단점이 더해진 러스는 향후 하드웨어, 서비스, 사후 서비스에서 문제점이 드러날 가능성이 매우 높다. 2015년 초, 재수리율이 높았던 다마이大麥 TV는 이미 시장에서 흔적을 감췄다. 동시에 소규모 시장이 어느 정도 포화 상태에 이르자 경쟁 상대와 차별화할 만한 요소도 사라졌다. 사용자 규모가 증가하면서 차별화를 요구하는 상황에서 러스는 성장 속도를 높이기 힘들었다.

2015년 2월 스마트 TV와 러스왕 TV 결합 상품의 가입 기간을 1년에서 2년으로 조정했던 러스가 갑자기 9월에 TV를 구매하면 반드시 서비스에 가입해야 한다는 규정을 취소했다. 이것은 하드웨어 제품의 판매에 타격을 입혔고, 러스는 다시금 인터넷 TV의 가격을 내렸다. 가입 회원의 서비스 선택권을 고객에게 넘김으로써 억지로 고객을 잡아두는 정책이 사라지자 러스의 회원 서비스 수익은 확실히 하락했다.

현재 '러스 모델'의 진정한 시련은 만기가 가까운 회원의 갱신 비율이다. 이것은 러스 생태계의 충성도와 콘텐츠 서비스의 잠재력을 평가하는 직접적인 지표다. 기업 연간 보고서를 보면 러스의 2016년 회원 서비스 수익은 약 68억 위안(약 1조 1천억 원)이었다. 그중 회원 가입비 수익은 56억 위안으로 총영업수익 210억 위안(약 3조 5천억 원)의 대략 26퍼센트를 차지했다. 2017년 회원 서비스 수익은 약 33억 위안, 회원 가입비 수익은 21억 위안으로 전년도 대비 62퍼센트 감소했다.

러스의 최대 공헌은 스마트 TV 시장의 문을 열었다는 데 있다. 그러나 하이신이나 삼성과 같은 다른 경쟁 상대도 스마트 TV 시장에서 다년간 큰 노력을 기울여왔다. 합리적인 가격만으로는 경쟁력이 없다. 러스 서비스 가입자들은 얼마든지 다른 브랜드의 TV를 구입할 것이다. 러스가 애플과 다른 점은 사용자의 결속력이 강하지 않다는 점이다. 러스의 서비스를 이용하려면 반드시 러스의 제품과 연동하도록 해야 하는데 그러지 못한 것이다. 일정한 규모의 사용자층이 없으면 흐름을 이끌 수 없다.

러스 외에 생태계 개념을 제시한 기업은 샤오미다. 자본 운영 면에서만 보면 샤오미는 러스보다 훨씬 신중하다. 샤오미의 생태계 구축은 '주식을 소유하지 않는' 방법을 유지하며 기업의 '부화기' 역할을 담당하고 있다. 샤오미는 주식을 오로지 10퍼센트 정도만 소유하고 있다. 결정권을 창업 회사에 분산하고 기술 지원, 판매 루트 지원 등을 포함한 모든 자원을 동원해서 성장을 돕는다.

인터넷의 보급에 따라 기업의 평균수명은 갈수록 짧아지고 있다. 샤오미의 생태계는 대나무의 성장 논리를 따르고 있다. 대나무 한 그루의 생명주기는 매우 짧지만 죽림을 형성할 정도로 빨리 성장한다. 대나무 한 그루가 쓰러져도 죽림에서는 계속 새로운 대나무가 자라나 내부의 신진대사를 형성한다. 바로 이러한 이유로 창업 기업에 지원하는 자금과 제품에 투입되는 자본이 적어도 샤오미는 동시에 100~200곳의 기업과 협력할 수 있다.

반면 러스는 생태계 내의 기업에 대해 대량의 주식을 매매하는 전략을 채택하고 있다. 예를 들어 러스즈신(스마트 TV 제조기업)의 주식 보유율이 59퍼센트에 달한다. 높은 주식 보유율의 폐단은 러스가 자동차를 제조하는 데서 더욱 명확하게 드러난다.

＊
＊＊

동영상 스트리밍 기업의 스포츠 마을 프로젝트

2016년 2월 러스스포츠는 20억 위안(약 3,400억 원)에 향후 2년간 중국 축구협회가 주관하는 프로축구 중국 슈퍼리그CSL의 새로운 매체 플랫폼에 대한 독자적인 판권을 얻었다. 러스가 중국 슈퍼리그에 막대한 자금을 투자한 이유는 축구 생태계를 구축하기 위한 선택이었다. 중국 슈퍼리그는 중국 스포츠 산업의 가장 핵심적인 IP(지적 소유권) 자원이라 할 수 있다.

축구 전문 사이트 골닷컴goal.com의 통계 데이터에 따르면 중국 슈퍼리그의 시장가치는 2015년 약 1억 5천만 파운드에서 2016년 2억 7,700만 파운드로 증가했다. 1년 동안 중국 슈퍼리그의 시장가치 상승폭은 81퍼센트에 달했다. 중국 슈퍼리그는 과거 1년 동안 전 세계에서 시장가치 상승폭이 가장 큰 리그였다. 유럽 축구 5대 리그, 브라질 축구 A매치(국가대표팀 간의 경기), 포르투갈 프리메이라 리가 등 전통적인 리그를 훨씬 초월하는 것이었다.

그 밖에도 러스는 국외 정상급 경기 프로그램으로 트래픽을 끌어들이고 축구 생태계를 구축했다. 2015년 9월에 러스스포츠는 4억 위안에 2016~2019년 잉글랜드 프리미어 리그 홍콩 방영권을 사들였다. 동시에 업계의 가치사슬 상위에 투자해 2015년 네덜란드 최고의 명문 축구팀 AFC 아약스와 공동으로 중국 축구 스타 만들기 프로젝트를 수립하고 콘텐츠, 경기, 회원, 청소년 훈련, 상업적 확대 등 다양한 영역에서 합작을 진행했다. 러스스포츠는 2015년 12월 31일까지 총자산이 44억 위안이며 순자산은 4억 위안(약 680억 원), 연 경영수익은 4억 2천만 위안이었다.

러스는 스포츠 경기 방송과 '경기 운영+관권+스마트 하드웨어+가치 증가 서비스'가 결합된 생태계 구성에서 우세를 보인다. 일찍이 거금을 투자하고 빠른 속도로 확장했기 때문에 경쟁 상대가 러스스포츠를 따라잡으려면 적어도 1~2년의 시간이 필요하다. 스포츠 경기를 인터넷 방송으로 공급하는 데는 어느 정도 기술적 역량이 필요하고, 시청률이 높아야 광고 수익을 얻을 수 있다. 진행자, 기술 축적 등 핵심 부문이 우세하면 상대가 뛰어넘기 어렵다.

그러나 러스스포츠는 생태계의 다른 분야에서 재무적 부담을 받은 데다 신속한 확장으로 관권 원가가 높아져서 80억 위안(약 1조 4천억 원)의 시리즈B 투자를 받은 지 2년 만에 자금 위기로 핵심 판권 부문의 직원 대부분을 감원했다.

온라인 부문을 발전시키기 어려운 러스스포츠는 오프라인으로 눈길을 돌렸다. 스포츠 마을, 경기 운영, 헬스장 등의 서비스 분야였다. 2017년 5월 26일, 러스스포츠는 추가 투자를 받을 것이 확실하고, 투자 후 기업가치는 240억 위안에 달할 것이라고 발표했다. 상하이, 항저우, 닝보에 세울 러스스포츠 마을 프로젝트에 투자 자금을 상당 부분 사용한다는 것이었다. 그러나 스포츠 마을 시장은 날이 갈수록 혼잡해졌고, 러스는 결코 강세를 지니지 못했다.

중국의 산업전망연구원이 발표한 보고서에 따르면 현재 스포츠 마을 건설을 계획하고 있는 곳은 23곳이 넘는다고 한다. 그중 저장성에만 6곳, 장쑤성에는 8곳이다. 동시에 2020년이 되면 중국의 스포츠 마을이 150곳에 달할 것으로 예측했다.

스포츠 마을 건설에는 막대한 자금이 필요하다. 펑황산鳳凰山의 스포츠 마을은 투자 금액이 120억 위안(약 2조 원)에 달한다. 쓰촨성 청두시의 '스포츠 온천 마을' 프로젝트에 투자된 금액도 80억~100억 위안에 달한다. 반면 러스스포츠 마을 프로젝트의 총투자액은 15억 위안에 불과하고 부지가 큰 부분을 차지한다. 기업 자체가 심각한 자금 위기에 빠져 있는 상황에서는 속도와 규모 면에서도 경쟁 상대를 이길 수 없다. 게다가 지역사회 스포츠는 막다른 골목으로 몰린 상태여서 스포츠 마을에 대한 매력도 사라지고 있다.

〈이코노미스트The Economist〉에서 발표한 '중국 스포츠 산업 테마 보고서'에 따르면 건강관리를 위해 스포츠에 참여하는 중국인이 나날이 급증하고 있다고 한다. 중국인의 3분의 1, 즉 34퍼센트가 몸을 단련하는 습관을 기르고 있으며 매주 한 차례는 운동을 한다는 것이다. 7년 전의 28.2퍼센트에 비해 큰 폭으로 상승한 것이다. 운동이 이미 생활 습관이 된 상황에서 굳이 스포츠 마을을 찾을 이유가 없다. 헬스장이 이미 일상적인 트레이닝 수요를 충족하고 있기 때문이다. 전문적인 스포츠 마을에 가서 몸을 단련하는 데는 많은 시간적 여유가 필요하다.

✳
✳✳

자동차 제조에 뛰어든 인터넷 기업

자동차를 제조하겠다는 자웨팅의 꿈은 2013년에 시작되었다. 그는 자동차를 만들기 위해서라면 "비록 실패해도 전혀 아깝지 않다"고 이야기했다. 2014년 12월 대외적으로 'SEE 계획(슈퍼 전동 생태계 시스템 계획)'을 정식으로 선포했고, 2016년 1월 FF제로원FF ZERO1 자동차가 첫선을 보였다. 2016년 말 러스의 자금 문제가 폭발하자 사람들은 자동차 제조가 러스의 발전에 장애가 될 것이라고 생각했다. 러스의 자동차 제작은 그때부터 거의 제자리걸음이나 마찬가지였다.

2016년 11월에 러스의 자금 문제가 폭발했을 때 처음으로 도움을 준 사람은 자웨팅의 동창들이었다. 그들은 개인 명의로 러스 자동차에 6억 달러를 투자했다. 투자 계획 제1기에 필요한 자금 3억 달러는 2016년 12월 중순에 달성했고, 자금은 러스의 자동차 생태계와 러에코 글로벌LeEco Global로 투입되었다. 제2기의 3억 달러는 상황을 살펴보고

분배하기로 했다.

그러나 러스가 제1기에 투입된 3억 달러에 대해 주주의 권리 구조를 밝힌 적이 없으며 자금이 제대로 사용되었는지를 밝히지 않았다는 점에 주의해야 한다. 러스가 도대체 얼마의 자금을 받았으며 이것이 어디에 사용되었는지는 여전히 의문으로 남아 있다.

인터넷 기업은 신에너지 자동차 영역, 특히 자동차의 스마트 네트워킹에 우세하다. 그러나 자동차 분야의 속성과 인터넷 기업에는 큰 차이가 있다. 자동차 분야는 막대한 투자를 해야만 시장점유율을 확대할 수 있다. 자동차 제조기업은 모두 몇십 년에서 몇백 년의 역사를 가지고 있다. 자동차의 설계나 제조, 마케팅 루트를 수립하는 데는 장기적으로 축적된 경험이 필요하다.

러스가 장기적으로 경쟁할 준비가 되어 있지 않은 것은 분명하다. 창립 초기에 러스가 보여준 것은 자동차의 개념과 '자동차 제작 관련 PPT'뿐이었다. 당시 러스는 이미 저장성 후저우시와, 광둥성 광저우시 등지에 부지를 매입하고 몇 개의 연구개발 시설 및 생산 센터 설립을 준비하고 있었다. 판을 너무 크게 벌인 데다 분산되어 있었고 과도한 자금 소모로 러스의 자동차 제작은 지속력을 잃었다.

자본은 각기 다른 속성을 지닌다. 어떤 자본은 단기(5년)간에 높은 수익을 추구한다. 이러한 투자는 리스크가 비교적 높은 편이다. 반면 자본을 가치에 투자하는 기업은 장기적인 수익을 바라보며 한 걸음씩 자신만의 경쟁력을 갖춰나간다. 최근 신에너지 자동차 업계는 투자자들에게 특별한 주목을 받고 있지만 비이성적인 투자가 매우 많다. 또한 인터넷 기업에 자산을 투자하는 것은 비교적 리스크가 높다. 단기간에 수익을 얻기를 바라는 그들은 장기적인 투자를 생각하지 않는다. 수익이 나지 않으면 언제든지 투자를 철회할 수 있다는 것이다.

이것은 자동차 업계의 특성에도 어긋난다. 자동차를 제조하는 기업과 투자자는 충분한 인내력을 가지고 있어야 한다. 자웨팅이 아무리 자신감이 있더라도 자금을 투자받지 못하면 반드시 무너지게 마련이다.

2017년 재무 위기와 인원 감축 등의 풍파를 겪고 나서 2018년 초 신에너지 자동차 패러데이 퓨처Faraday Future, FF는 드디어 좋은 소식을 전해 왔다. 2018년 4월, 헝다 그룹의 회장 쉬자인이 투자를 확정했고, FF 관련 기업인 루이츠睿馳를 도와 광저우에 부지를 제공한다는 것이었다. 루이츠는 난샤구의 완칭샤萬頃沙 보세항구에 3억 6천만 위안을 주고 40만 제곱미터에 달하는 가공 제조업 구역을 확보했다고 한다. 루이츠는 토지를 획득하고 1개월 이내에 국제적으로 일류 수준의 순전동자동차 조립 프로젝트를 도입해야 한다. 또한 토지를 인계한 날로부터 1개월 이내에 건설을 시작하고, 24개월 이내에 생산에 들어가야 한다. 착공한 후에는 5분기 이내에 순전동자동차의 시장진입허가제 비준을 얻어야 한다.

FF는 미국 시간으로 2018년 6월 7일에 캘리포니아주 핸포드 공장이 현지 정부의 정식 허가를 얻었음을 선포했고, 아울러 캘리포니아주의 샌퍼낸도에 있는 상업 건축회사 버나드Bernards가 하청업체라고 공표했다. 핸포드 공장에서 처음으로 생산하는 FF91의 수량을 제때 출고할 수 있을지가 관건이다. FF를 미국에서 제때 출고시키고 다시 중국으로 들여오기는 빠듯하다.

　현재 FF는 '개발-융자-대량생산-상장'이라는 경영 모델을 따라 한 걸음씩 전진하고 있는 것처럼 보인다. 그러나 대량생산을 완성할 수 있을지, 대량생산 후 시장의 반향, 상장 여부는 아직 미지수다. 설령 상장에 성공하더라도 FF가 직면한 문제들이 많다. 반면교사(反面教師, 부정적인 면에서 얻는 깨달음이나 가르침)로 삼을 만한 기업이 바로 테슬라다.

　테슬라는 비록 신속한 상장에 성공하기는 했지만 몇 년 동안 경영이 뜻대로 되지 않았다. 테슬라는 2012년부터 계속 적자에 빠졌다고 한다. 2018년에 19억 6천만 달러(약 2조 3천억 원)의 손해를 입었으며 이는 전년도의 3배에 가까운 것이었다.

중국의 넷플릭스가 될 수 있을까?

　자동차 제작을 제외하더라도 러스에게 과연 미래가 있을까? 이 문제에 대답하기는 매우 어렵다. 성공 가능성이 가장 큰 것은 중국의 ESPN^{Entertainment and Sports Programming Network}과 넷플릭스가 되는 것이다.

　러스스포츠의 상황이 좋지는 않지만 스포츠 경기 운영 및 중계방송이라는 주요 업무로 돌아가 핵심 경쟁력을 키우고 생태계 내에서 동영상 사이트, 태블릿, 모바일 단말기가 연동된다면 중국의 ESPN이 될 수 있다. 1979년에 설립된 ESPN은 초기에는 엔터테인먼트와 스포츠 프로그램을 동시에 방송했다. 그러다 스포츠 프로그램에 전념하면서 오늘날에 이르렀다. 24시간 내내 스포츠 경기를 방송하는 ESPN은 월트

디즈니의 자회사다.

자체 제작 프로그램 〈스포츠 센터Sports Center〉가 크게 유행하고 각종 스포츠 경기의 판권을 대규모로 사들이면서 ESPN은 세계적인 스포츠 채널이 되었다. 2017년 ESPN은 판권에만 80억 달러가 넘는 돈을 투자했다. 미국 프로 미식축구 리그NFL의 판권 19억 달러, 미국 프로농구 리그NBA 판권 15억 달러, 10억 달러가 넘는 NCAA(미국 대학 스포츠 협회) 및 대학 미식축구 리그NCAAF 판권과 7억 달러의 미국 프로야구 연맹MLB의 판권도 ESPN이 사들였다.

ESPN의 주요 수입원은 유선 TV의 채널 구독료와 광고였다. ESPN의 회장 존 스키퍼의 말에 따르면 ESPN의 수입 구조는 매우 간단하다. 3분의 2가 유선 TV 구독료 수입이고, 나머지 3분의 1은 광고 수익이다. ESPN이 사들인 판권 프로그램은 TV에서만 방송되는 것이 아니다. 워치 ESPNWatch ESPN을 통해 스마트 단말기에서 방송하고, 자체 프로그램이나 스포츠 뉴스를 제작하는 등 다양한 루트로 전파되고 있다.

그러나 최근에는 TV 시청률이 하락하고, 유튜브 등의 플랫폼에서 무료로 스포츠 경기를 생방송하고 있다. 2016년에 영국 BT 스포츠BT Sports는 유튜브에서 무료로 유럽 챔피언스 리그를 생방송했고, 타임워너의 스포츠 사이트인 블리처 리포트Bleacher Report와 복스 미디어Vox Media의 SB 네이션SB Nation은 트위터에 경기의 하이라이트 영상을 올린다.

ESPN의 이윤과 구독량은 크게 하락했다. 판권을 구입해서 이익을 얻는 방식은 더 이상 유효하지 않다. 경기 운영, 중계 방송 및 스포츠 서비스가 일체된 현금화 모델만이 러스스포츠가 생존할 수 있는 길이다.

러스는 맨 처음 동영상 스트리밍 서비스로 시작했다. 오늘날 BAT(바이두, 알리바바, 텐센트)가 장악하고 있는 인터넷 업계에서 살아남기는 쉽지 않다. BAT가 지지하는 아이치이愛奇藝, 유쿠투더우優酷土豆, 텐센트 3대 동영상 사이트가 포진한 상황에서 러스가 생존하기는 매우 험난하다. 러스의 초기 우세는 판권이었지만 지금은 이미 상실했다.

2016년 러스의 판권 수익은 약 9억 위안으로 총경영수익의 4퍼센트를 차지했다. 2017년에는 비중이 증가했을 뿐 절대적인 수치는 거의 상승하지 않았다. 2017년 러스의 판권 수익은 약 9억 1,200만 위안으로 총경영수익의 13퍼센트를 차지했다.

러스가 참고할 수 있는 또 다른 모델은 〈하우스 오브 카드House of Cards〉, 〈다크Dark〉 등을 제작하고 스트리밍 미디어 동영상 콘텐츠를 제공하는 넷플릭스다. 업계 전문가들은 2015년에 넷플릭스가 미국의 TV 시청률의 약 절반을 가져왔다고 한다. 2017년 경영수익이 117억 달러에 달했으며, 전년 대비 32퍼센트 증가한 것이었다. 또한 순이익은 전년 대비 200퍼센트 증가한 6억 달러였다. 전 세계 사용자 수도 예상을 초월했고, 2017년 전 세계에서 신규 가입자 수가 2,378만 명, 누계 사용자 수는 1억 1,800만 명이었다. 현재 다양한 패키지에 따라 넷플릭스의 월정액은 7.99~13.99달러다.

러스의 핵심 경쟁력은 콘텐츠 생산 능력, 예를 들어 자체 제작 드라마와 IP 제조에 달려 있다. 회원의 수요를 중심으로 한 콘텐츠 개발과 발굴은 러스의 미래 생태계를 구성하는 핵심이 될 수 있다. 그러나 다른 동영상 사이트도 이러한 노력을 하고 있는 만큼 성공하기가 쉽지는 않다.

중국 시장은 미국과 같은 독점 관리 기관이 존재하지 않기 때문에 채널을 확보하고 나면 가치사슬을 상류로 확장시킬 수 있다. 중국은 미국의 동영상 사이트와는 다른 발전 모델을 가질 수 있는 것이다. 중국의 동영상 콘텐츠 채널은 양질의 콘텐츠 생산자(영화 및 드라마 제작 회사 등)와 완제품인 하드웨어 제작사(스마트폰, 인터넷 TV 등)의 자원을 조합해 점차 주류로 진입해야 한다. 예를 들어 가전 대기업 캉자康佳와 텐센트, 동영상 공유 사이트 유쿠와 알리바바가 합작하여 출시한 KKTV, 가전 기업 하이신과 웨이라이뎬스未來電視 및 아이치이 PPS(네트워크 TV 소프트웨어)의 합작, 촹웨이와 텐센트가 합작하여 출시한 쿠카이 등이 있다.

그러나 모두가 참여하는 추세여서 콘텐츠 차별화가 명확하지 않다. 사용자들도 하나의 사이트에만 회원 가입을 하는 것은 아니다. 그러므로 러스가 생존하기 위한 방법은 콘텐츠 제작과 채널 조정을 거친 후의 고객 체험이다. 이것을 해낸다면 중국의 넷플릭스가 될 수 있다.

비록 많지는 않지만 기회가 없는 것은 아니다. 초기처럼 하늘을 찌를 듯한 기세를 찾기는 힘들겠지만 중국의 ESPN+넷플릭스가 되는 길은 나쁘지 않은 선택이라 할 수 있다.

100조 기업이 데이터를
독점하는 시대, 유니콘의 미래

Unicorns

최후의 성공이나 치명적인 실패란 존재하지 않는다.
중요한 것은 계속해서 전진하는 용기다.
- 윈스턴 처칠

불과 몇 년 만에 사람들은 이미 디지털 독점자의 그림자 아래서 생활하게 되었다. 대부분의 인터넷 시장에는 이미 독점이 형성되어 있으며 거대한 독점은 필연적으로 형성될 것이다. 왜냐하면 독점은 인터넷의 특징이기 때문이다.

현재 정부의 감독 관리는 시장이 전진하는 속도보다 뒤떨어지기는 하지만 유럽연합과 구글의 반독점 소송 및 2018년 러시아 게이트 사건 (러시아의 미국 대선 개입)은 소셜미디어에 대해 깊이 생각하는 계기가 되었다. 또한 전 세계적으로 감독 관리의 중요성이 높아지고 있음을 인식하게 되었다. 이러한 추세를 직시해서 디지털 독점자가 게임의 규칙을 준수하도록 만들고, 사회 복리를 최대한 확보하는 것이 바로 관리 감독의 중점이다. 이러한 논리를 깨달아야 비로소 인터넷의 미래를 판단할 수 있다.

*
**

사용자 독점의 시대에 유니콘의 미래

수백 년에 달하는 인류의 비즈니스 역사에 비하면 독점의 역사는 훨씬 짧은 100여 년에 불과하다. 대부분의 반독점 정책은 줄곧 난처한 입장에 처했다. 독점과 경쟁의 경계선은 때로 물과 불처럼 명확히 구분되기도 하고, 때로는 모호하게 뒤섞이기도 했다. 반독점을 요구하는 목소리 또한 때로는 높아졌다가 때로는 묵인되었다. 예를 들어 마이크로소프트는 컴퓨터 운영체제의 통치자나 다름없었다. 데스크톱 컴퓨터의 90퍼센트가 윈도 운영체제를 장착한 것이었다. 세기의 판결에서 마이크로소프트는 살아남았다. 그러나 유럽연합의 대우는 완전히 다르다. 유럽연합 위원회는 마이크로소프트에 10년 누계 금액인 20억 유로의 벌금을 징수했다.

이처럼 첨예한 입장에 처한 IT 업계의 대기업이 또 하나 있다. 바로 구글이다. 미국과 유럽연합의 대우는 확연히 다르다. 2013년 1월 초 미국 연방거래위원회Federal Trade Commission, FTC는 구글이 모종의 수단을 이용해 우위를 점했지만 위법 행위라는 증거가 부족하다고 발표했다. 연방거래위원회와 구글은 화해했고, 구글을 향한 반독점 조사는 종결되었다. 미국에서 구글은 검색 시장의 67퍼센트를 점유하고 있고, 검색 광고 수익 시장의 75퍼센트를 차지한다.

그러나 2015년 4월, 5년 동안의 조사를 거친 유럽연합 위원회는 구글에게 반독점 소송을 제기했다. 소송의 핵심은 구글이 검색 분야의 제왕이라는 지위를 이용해 자사에 유리한 쇼핑 서비스를 제공하는 방식으로 경쟁 상대를 불리하게 만든 것이 소비자의 이익에 손해를 입혔는지 여부에 있었다.

　같은 해 하버드 대학교 경영대학원의 마이클 루카Michael Luca와 컬럼비아 대학교 법학대학원의 팀 우Tim Wu는 공동 연구를 통해 상대적으로 완벽한 상관성에 따라 나타나는 검색 결과에서 구글의 기존 방법을 사용하면 소비자가 원하는 정보를 얻을 확률이 3분의 1로 감소한다는 결과를 발표했다. 유럽연합의 디지털 경제 전문가는 적절한 행동을 취하지 않으면 유럽 전체의 경제가 미국 인터넷 회사에 의지한 나머지 위험을 맞이할 것이라고 주장했다. 심지어 구글을 스핀오프(기업 분리)해야 한다고 호소하는 사람도 있었다. 유럽인들은 검색 툴을 사용할 때 10번 중 9번은 구글을 이용한다. 반독점 소용돌이에 빠진 구글은 설립된 지 17년밖에 되지 않았다.

　중국에서는 바이두, 알리바바, 텐센트 3대 사이트가 독점적인 지위를 차지하고 있다. 2010년 구글이 중국 시장에서 물러난 후 바이두는 독보적인 지위를 차지하며 검색 시장의 총수익 중 70퍼센트를 점유했다. 알리바바는 중국 온라인 거래액의 80퍼센트를 차지한다. 알리바바 일가는 중국 네트워크 트래픽의 80퍼센트를 독차지하고 있다. 텐센트는 2018년 위챗과의 합병으로 월간 순수 이용자 수가 10억 명을 넘어섰다. 채팅 앱 QQ의 월간 순수 이용자 수는 7억 8,300만 명에 이른다. 두 기업의 수치를 합하면 중국의 총인구수를 넘는다.

모바일 택시 서비스, 기존 택시를 대체할 수 있을까?

인터넷(네크워크)과의 결합은 다양한 전통 업계에서 승승장구하고 있지만 이동 수단에서는 금방 움츠러든다. 좐처(專車, 서비스 수준이 뛰어난 개인택시를 일컫는 말-옮긴이)는 불법 택시라는 불명예를 벗어버리지 못했고, 기존의 택시업계는 디디(우버와 비슷한 모바일 택시 서비스)를 완전히 배척하고 있다. 감독 관리 기관은 시종일관 강경한 태도를 유지하고 있다.

시장에는 감독 관리자가 없으므로 정부는 시장을 대신해 후순위 제도를 마련할 수 있다. 전 세계의 경제 발전사를 보면 시장 거래 영역의 확대와 정부의 기능 확대는 동일한 걸음으로 진행된다는 사실을 알 수 있다. 또한 감독 관리는 바로 정부가 경제 운영에 간섭하는 중요한 방식이다.

정부의 감독 관리와 시장 경쟁은 시장경제를 효과적으로 운용하는 상호 보완적인 제도다. 미국은 세계에서 가장 강대한 감독 관리형 국가로, 경제적인 것이 아니라 사회적인 것에 중점을 둔다. 전형적인 사회적 분야인 택시업계는 어느 나라나 엄격한 감독 관리가 이루어지고 있다. 반드시 택시 허가증이 있어야 하며, 택시기사의 건강과 차량 모두 일정한 요건을 갖춰야 하고, 다양한 의무보험에 가입해야 한다. 공공시설 분야에서 가장 널리 알려진 감독 관리 수단은 바로 가격이다. 수도세, 전기세, 가스비와 택시의 미터당 요금은 고정적으로 관리한다.

업계 하나를 뒤집어놓을 정도의 새로운 사업 방식이 나타났을 때 사람들은 공급의 관점에서만 바라볼 뿐 수요의 입장을 등한시한다. 그렇기 때문에 문제의 본질을 다르게 보는 것이다. 택시는 엄격한 관리 감독을 받기 때문에 수요와 가격 모두 고정적이다. 그렇다면 비즈니스 모델이 얼마나 변화해야 수요가 변화할까? 우리는 수요가 증가하지만 증가폭이 크지 않을 것이며 심지어 수요가 전혀 변하지 않을 수도 있다는 초보적인 판단을 내릴 수 있다.

디디, 이다오易到 등은 공급을 늘렸지만 가격이 대체로 변하지 않는 상황에서 공급만 확대되면 별다른 효과가 없고 혼란을 야기할 뿐이다. 결국 시장의 규모가 확대되지 않으면 장점이 한정될 수밖에 없다. 택시 앱도 시장 규모를 확대하는 데 별다른 공헌을 하지 못했다. 그러나 승객과 택시를 연결하는 문제를 해결하고 비대칭적인 정보 환경을 개선했으며 시장의 전체적인 효율을 높였다.

수요가 변하지 않으면 가격도 변하지 않는다. 이는 시장의 총매출이 변하지 않는다는 뜻이다. 그러나 공급은 증가하기 때문에 매우 민감한 문제가 발생한다. 시장의 이익을 어떻게 재분배해야 할 것인가? 케이크의 크기는 그대로인데 먹을 사람만 늘어난 셈이다. 과연 케이크를 어떻게 나누어야 하는가?

택시기사의 한 달 영업수익은 적은 편이 아니다. 그러나 대부분 택시회사가 이를 가로챈다. 베이징처럼 국제화된 도시조차 택시기사의 서비스 수준이 낮고, 차량 상태가 불량하며, 차가 막히면 택시기사가 욕을 한다는 불만을 자주 터뜨린다. 이유는 매우 간단하다. 택시회사의 심각한 착취로 택시기사의 수입이 너무 낮기 때문이다. 택시업계 내부의 불합리한 이익 분배는 최대의 고질병이다. 정부는 동기부여를 통한 경쟁을 이끌지 못하고 있다. 단순히 업계 진입 장벽을 높여서 이익집단의 배만 불려주는 것이다.

택시기사의 사회적 체면을 세워주지 않는 것은 전통적인 운영 모델의 최대 결함이다. 게다가 모바일 택시 서비스는 기존 택시기사들의 이익에 큰 타격을 주었고, 필연적으로 택시기사의 보이콧이 일어날 수밖에 없었다. 결국 감독 관리자는 현행의 이익 분배 방식을 다시 고려하게 되었다. 이처럼 아래에서 위를 향한 개혁은 감독 관리 능력에 큰 시련이 되었다.

모바일 택시 서비스가 기존의 택시업계를 철저히 바꾸고 그 자리를 대신한다면 시장 환경은 개선될 수 있을까? 택시업계는 동질화된 분야이기 때문에 결국 기업 한두 곳이 시장을 장악할 가능성이 높다. 독점이 또 다른 형식의 독점으로 전환되는 것은 결코 우리가 원하는 결과가 아니다.

비교적 합리적인 방식은 기존 운영 모델과의 공존이다. 양자가 공존해야만 비로소 시장 경쟁력을 기를 수 있고 선순환이 이루어진다. 감독 관리자는 우선 기존 운영 모델의 단점을 타파해 택시기사를 착취하는 행태를 철저하게 바꿔야 한다. 기존의 운영 모델은 내부의 이익 분배 방식이 바뀌어야만 경쟁력을 높일 수 있다. 감독 관리 부서와 택시회사는 승객과 기사가 없으면 택시업계도 더 이상 존재하지 못한다는 사실을 인식해야 한다.

모바일 택시 서비스가 시장을 혼란스럽게 만든다고 해도 결코 그 가치를 부정할 수는 없다. 이것은 방해자이자 창시자이기도 하다. 창시자인 이유는 시장의 비즈니스 모델이 완벽하지 않기 때문이다. 택시업계는 수요도 충분히 만족시키지 못하고 충분한 경쟁이 이루어지지도 않는다. 모바일 택시 서비스는 일종의 비정상적인 공급 확대 방식인 동시에 독특한 서비스로 차별화된 방식이다.

후발주자로 중국에 진출한 지 2년이 채 되지 않는 우버는 창의적인 마케팅으로 많은 주목을 받았다. 소셜 기능을 부가해 색다른 택시기사(부자, 가정주부 등)나 고객의 수요(택시기사와 대화 나누기를 선택하는 고객 등)를 이용한 창의적인 마케팅을 펼쳐서 남다른 브랜드 이미지를 형성했다. 그러나 택시 이용은 단기적이고 빈번한 소비 행위다. 초기의 신선함은 매력적으로 다가가지만 지속되기가 매우 어렵다.

떠들썩했던 초창기를 거쳐 경쟁적인 환경으로 나아가고 있다. 그렇다면 시장 조정은 결코 피할 수 없는 문제다. 디디와 콰이디快的의 보조금 전쟁은 본질적으로 이용 가격의 차별화 경쟁이다. 막대한 투자를 해야만 비로소 경쟁에서 이길 수 있기 때문이다. 결국 디디와 콰이디의 합병이 이루어졌다.

가격을 감독 관리한다는 것은 시장 가격을 정하는 문제가 아니라 고효율과 혁신적인 행동을 유발할 수 있는 격려 체계를 만드는 것이다. 경직된 명령이 아닌 격려 수단을 내세웠을 때 비로소 감독 관리의 효율이 상승한다. 이것이 바로 '현명한 감독 관리'다. 또한 감독 관리가 필요한 분야라고 해서 시장 경쟁에서 비롯된 자원의 효과적인 분배가 배척되는 것은 아니라는 사실을 염두에 두어야 한다.

양호한 감독 관리 제도의 '처방' 기준에는 일반적으로 독립성, 투명성, 책임성, 전문성 및 신뢰성이 포함된다. 정부와 시장이 조화롭게 나아가고 디디의 '의혹'이 햇빛 아래 '공정하게' 드러나려면 인터넷과 결합된 분야를 효율적으로 감독 관리할 수 있는 방법에 대해 정부와 시장이 제대로 된 대화를 나누어야 한다.

*
**

구글의 독점이 사용자에게는 이익이다

방대한 규모는 죄악도 아니고 위법도 아니다. 그러나 방대한 규모는 민주주의에 위배된다. 역사적으로 볼 때 독점과 반독점의 교전이 시장을 더욱 경쟁적으로 변화시켰다. 경쟁해야 비로소 가격이 하락하고, 시장도 더욱 효과적으로 운영된다. 미국의 많은 학자들은 실증 분석을 통해 독점이 국민 경제에 끼치는 손실을 계산해냈다. 1929년 독점이 미국 제조업에 끼친 손실은 GNP(국민총생산)의 0.1퍼센트, 1970년대 중반에 독점으로 발생한 손실은 GNP의 3~5퍼센트, 1985년에는 GNP의 22.6퍼센트에 달했다. 비율 차이는 매우 크지만 독점이 소비자와 국민 경제에 손실을 가져온다는 것은 분명하다.

인터넷은 2가지 특성 때문에 독점이 확대될 가능성이 있다. 하나는 네트워크 외부 효과다. 사용자가 한 네트워크의 우열을 평가할 때 네트워크상의 사용자 수를 보고 판단한다는 것이다. 네트워크의 사용자가 많을수록 신규 가입자를 더 많이 끌어들일 수 있고, 새로 가입한 사용자는 네트워크에 긍정적 외부 효과를 불러온다.

구글은 기존 사용자가 매우 많기 때문에 더 많은 사람들이 구글을 사용하기를 원하는데 이것이 바로 '승자독식'이다. 메트컬프의 법칙 Metcalfe's Law(근거리 통신망인 이더넷을 발명한 밥 메트컬프의 이름을 딴 것이다)에 따라 네트워크의 규모가 커짐에 따라 그 비용은 직선적으로 증가하지만 네트워크의 가치는 기하급수적으로 증가한다. 즉, 네트워크의 가치는 사용자 수의 제곱에 정비례한다는 것이다.

차별화되지 않으면 필연적으로 한 기업이 시장을 독점할 수밖에 없다. 시장이 2위 주자를 필요로 하지 않기 때문이다. 인터넷 업계나 전자상거래, 공유경제를 막론하고 세분화된 시장이라면 결국 한 기업이 강대해지게 마련이다.

인터넷의 또 다른 특징은 규모의 경제로 판매량의 증가에 따라 원가가 하락하는 것이다. 원가의 관점에서 보면 한 기업이 전체 시장을 위해 서비스하는 것이 가장 효과적이다. 이것은 경제학에서 정의한 자연독점이다. 그러나 독점적 지위가 높은 가격과 불합리한 사회 자원 분배를 초래하기 때문에 역설이 발생한다. 자연독점 산업에 대해 정부는 일반적으로 가격과 시장 개입이라는 2가지 방향에서 감독 관리를 진행한다. 가격을 낮춰서 독점 가격을 방지하고, 시장 진입 문턱을 높여 기업이 높은 시장점유율을 유지해 원가를 낮추게 한다. 보편적으로 철도, 전신, 공용 사업 등 자연독점 분야에 속하는 시장의 가격과 진입을 통제하고 한 기업에게만 독점적 생산을 맡긴다. 디디의 진입으로 이견이 분분한 택시 시장은 이러한 유형에 속한다.

인터넷의 자연독점 특성은 감독 관리자에게 전대미문의 도전이다.

필연적인 독점 시장을 마주한 정부는 도대체 무엇을 할 수 있을까? 비록 어느 기업이 시장 전체에 양질의 서비스를 제공하더라도 그러한 행동이 일단 궤도를 벗어나면 어떻게 할 것인가? 또한 인터넷 시장의 자연독점이라는 속성을 인식한다면 전통적인 기업과 마찬가지로 인터넷 시장의 가격과 진입을 단속해야 하는가?

감독 관리자는 시장에 주의를 기울여야 한다. 그러나 현재까지 인터넷 기업을 겨냥한 반독점 조사는 매우 느리게 진행되고 있다. 가장 중요한 원인은 현행 반독점법이 기본적으로 전통 시장을 바탕으로 형성되어 있기 때문이다. 나날이 변해가는 새로운 시장을 반독점법이 따라가지 못하고 있다.

독점은 통상적으로 가격 결정권으로 나타나는데 인터넷 사이트는 대부분 무료이므로 가격이 제로(0)다. 그러나 독점은 감독 관리의 필요조건에 불과하다. 사람들이 디지털 독점에 대해 완벽하게 인식하지 못했기 때문이다. 비록 법률적인 측면에서 아직 관찰 단계에 있지만 인터넷 감독 관리는 정부가 신속하게 논의해야 할 안건이다.

*
**

데이터 독점은 인터넷의 속성

'이미 병이 된 것을 치료하지 말고 병이 되기 전에 다스리라'는 말이 있다. 감독 관리 당국은 독점의 싹이 보이기 전에 대비해야 한다. 독점과 독점적 지위 남용은 별개다. 정부의 감독 관리 중심은 당연히 후자가 되어야 한다. 한 기업이 독점적 지위를 이용하지 않기란 매우 어려운 일이다. '사악해지지 말자Don't be evil'라는 모토를 가진 구글을 예로 들어보자. 구글에서 노트북을 검색하면 가격을 비교한 쇼핑 목록이 뜬다. 이는 독점적 지위를 남용하는 정당하지 않은 경쟁이다.

그렇다면 감독 관리자는 어떤 것부터 해야 할까? 전통적인 경제와 비교했을 때 인터넷의 2가지 차이점에 주의해야 한다.

첫째, 인터넷 시대에 자산이라는 개념을 더욱 광범위하게 정의할 필요가 있다. 마윈이 말한 것처럼 미래의 에너지는 데이터다. 데이터가 일종의 자산이자 자원이라는 의미다. 구글의 전 CEO 에릭 슈미트는 2010년에 발표한 성명에서 구글이 이틀 동안 수집한 데이터가 약 5억 사바이트에 달한다고 밝혔다. 이는 인류의 기원부터 2003년까지 생산된 데이터의 합계에 상당한다. 데이터 독점은 석유, 철도 분야의 독점과 다르지 않을 가능성이 있다.

인터넷 시대의 또 다른 자원은 트래픽이다. 트래픽은 루트와 비슷해서 인터넷상의 트래픽을 소수의 기업이 나눠 가지면 그들은 트래픽이라는 자원을 이용해 시장을 좌우한다. 예를 들어 타오바오는 조정 알고리즘을 통해 업체의 판매 실적에 영향을 끼친다. 텐센트 또한 방대한 사용자군(트래픽)을 이용해 소기업의 혁신을 복제한 적이 있다. 인터넷의 독점성에 의해 데이터와 트래픽 같은 핵심 자원을 몇 개의 기업이 통제한다면 시장은 그들의 영향을 받기 쉽고 소비자의 이익을 해칠 수도 있다.

둘째, 전체 가치사슬의 이익 분배를 고려해야 한다. 수많은 인터넷 사이트 모델은 자원 배분(공유경제)과 중간 단계 삭제(플랫폼 형태의 전자상거래)를 통해 경제의 효율을 높이고 가치를 창조한다. 그러나 독점이 형성되면 대부분의 가치를 독점자가 약탈한다. 타오바오는 거래 효율을 높여서 고객도 이익을 봤지만 자신도 막대한 이윤을 누리고 있다. 그러나 타오바오에 입점한 업체는 대부분 손해를 보고 있다. 마찬가지로 디디는 모바일 택시 서비스를 효과적으로 활용해 전체적인 효율을 높이고 있다. 그러나 결국 디디가 기존의 비즈니스 모델을 대신해 택시 시장을 독점한다면 과연 고객 및 기사와 더 많은 이익을 공유할까? 이것은 미지수다. 그렇다면 이러한 상황에서 정부가 나서서 이익 분배를 해야 할까? 이것은 깊이 생각할 필요가 있는 문제다.

세계적으로 인터넷 기업에 대한 처벌이 너무 가볍다는 목소리가 높은 2가지 이유가 있다. 하나는 인터넷 분야의 진입 문턱이 너무 낮아 경쟁이 심각하다는 점이다. 그리고 다른 하나는 혁신을 보호하는 입장에서 인터넷 영역의 감독 관리의 필요성이 실제로는 크지 않기 때문이다. 일리가 있어 보이지만 인터넷의 자연독점이라는 특징을 간과한 것이다. 인터넷 업계의 진입 문턱이 낮아 보일지는 몰라도 알리바바, 바이두, 텐센트와 같은 기업이 탄생할 가능성은 거의 없다.

세상이 새로운 기업 관리에 대한 콘텐츠, 기업의 생산력과 효율에 대해 언급하는 서적, 비즈니스 제국의 스타가 만들어진 스토리로 가득 차면 독점에 대한 사람들의 관심은 떨어진다. 심지어 반독점을 시대착오적인 주장 혹은 IT 기업의 발전과 기업가 정신에 반하는 것이라고 생각하기도 한다. 그러나 독점을 제약하지 않으면 자연스러운 경쟁에서 얻어지는 공공의 이익도 없다.

반독점은 기술과 자본을 반대하는 것이 아니라 기술과 자본의 평등한 운용을 요구한다. 반독점법은 공평한 경쟁에서 약자에 대한 강자의 영향력을 제한하는 것이다. 현재는 대대적인 행동을 취하거나 독점을 일망타진해야 할 시점이 아니지만 정부는 반드시 경각심을 가져야 한다. 사람들이 미처 따라가지 못할 정도로 기술이 발전해나가는 한편 자본 투자로 인해 창업 기업의 성장 주기는 신속하게 짧아지고 있다.

대대적인 투자를 받는 단계에서 디디는 기사와 승객의 화를 불러일으키지 않는다. 그러나 투자자가 이익을 요구하기 시작하면 디디는 독점적인 지위를 이용해 권력을 행사할 가능성이 높다. 그러면 기사와 승객 양쪽으로부터 이익을 취하려 할 것이고, 이때 기사와 승객에게는 선택의 여지가 없다. 그러므로 가장 좋은 감독 관리 방법은 시장의 경쟁을 유도하는 것이다.

미국의 경우 반독점 투쟁에서 정부가 항상 승리한 것은 아니다. 게다가 한 기업이 독점적 지위를 남용하고 있다는 사실을 감독 관리자가 증명하기는 결코 쉬운 일이 아니다. 감독 관리자와 기업 사이에는 명확한 정보 비대칭이 존재하기 때문이다.

그 어떤 역량도 기술 발전의 역량과 비교할 수 없지만 기술 숭배가 결코 이성의 굴복을 의미하는 것은 아니다. 19세기 말에 한 영국 국회의원이 말했다. "당신은 기업에게 양심을 기대할 수 있는가? 기업은 저주를 내릴 영혼도 없고, 채찍질할 몸통도 없다."

**

인터넷 이익은 끝났다

2018년 2월 초 시장조사 연구기구들은 연달아 세계 스마트폰 판매량이 하락했다는 소식을 발표했다. 전 세계 최대의 스마트폰 시장인 중국 또한 사상 처음으로 하락세를 보였다. 세계적인 IT 시장조사 기업 캐널라이스Canalys에 의하면 2017년 중국 스마트폰 시장의 연 출하량은 2016년에 비해 4퍼센트 하락했고, 휴대폰 생산업체에 대한 열정적인 투자도 완전히 분화되었다고 한다. 게다가 전략 분석Strategy Analytics 기업의 한 분석가는 전 세계 휴대폰 시장의 성장이 둔화된 주요 원인이 16퍼센트에 달하는 폭락세를 보인 '중국 휴대폰 시장의 몰락'이라고 밝혔다.

이러한 하락세는 2018년 초에도 지속되었다. 2018년 1분기에 중국 스마트폰 출하량은 8,137만 대로 전년 대비 26.1퍼센트 하락했다. 그중 중국산 브랜드 휴대폰 출하량은 7,586만 대로 전년 대비 28퍼센트 하락한 것이었다.

한 자릿수든 두 자릿수든 중국 스마트폰이 하락하고 있다는 사실은 분명하다. 통계국의 데이터에 따르면 수출, 건축, 소비 지출의 대폭적인 상승으로 중국의 경제성장은 과거 7년 이래 처음으로 가속화되었다. 2017년 중국의 경제성장률은 6.9퍼센트였는데 2011년부터 시작된 점진적인 둔화 추세가 반등된 것이었다. 여기서 휴대폰 시장의 하락이 완전히 내부 동력의 부족에서 비롯되었다는 것을 알 수 있다. 이러한 신호는 중국 인터넷 시장의 이익이 정점에 달했다는 뜻이다. 모든 온라인 업무가 침체되거나 성장이 둔화되면 광범위한 조정은 필연적이다.

스마트폰의 성장이 없다면 모바일 인터넷의 트래픽 이익도 없다. 스마트폰의 경계는 모든 인터넷의 경계와 거의 동일하다. 스마트폰 시장의 위축과 냉각은 인터넷의 침체와 성장 둔화를 예시한다. 이미 정점에 달했다는 것은 줄곧 안정적으로 증가하던 1일 사용자 수가 전면적인 하강세를 보였음을 의미한다. 사용자가 인터넷에서 머무르는 시간도 현저히 감소했고, 트래픽 원가는 갈수록 높아지고 있다. 이것은 모두 투자자의 민감한 신경을 자극하는 지표다.

트래픽의 이익이 바닥을 보이는 사이에 대형 기업들은 이미 상응하는 조치를 취했다. 세계적으로 시장가치가 높은 IT 기업 몇 군데는 연간 보고서를 발표하면서 자신들이 4가지 추세를 발견했다고 간단하게 정리했다. 여기에는 현재 발생하고 있는 미래의 상황이 숨겨져 있다.

첫째는 세심한 관리와 정확한 마케팅으로 성장을 유지해야 한다는 것이다. 2017년 4분기에 페이스북은 처음으로 북미 지역의 1일 사용자 수가 전 분기 대비 하락했다. 사용자가 1일 평균 페이스북에서 머무르는 시간은 5천만 시간 감소했다. 그러나 의외로 페이스북의 광고 수익은 전년 대비 50퍼센트 성장했다. 이것은 소셜미디어의 선두주자 페이스북이 이미 트래픽의 증가로 실적을 높이는 모델에서 벗어났음을 의미한다. 그들은 광고의 품질과 정확성으로 수익을 높이고, 각 사용자로부터 더 많은 수익을 얻고 있다.

둘째는 새로운 성장 포인트를 찾는 것이다. 가장 좋은 예가 바로 아마존이다. 2017년에 아마존의 주가 누적 상승폭은 73퍼센트였다. 2017년 4분기에 재무 보고서를 발표한 후 적어도 13명의 시장 분석가가 아마존의 목표 주가를 상향 조정했다. 심지어 미국의 유명한 투자 연구기구 MKM 파트너스^{MKM Partners}는 1,750달러라는 목표 주가를 발표했다. 이를 바탕으로 주가를 계산해보면 아마존의 시장가치는 약 8,500억 달러에 달한다. 그러면 아마존은 세계에서 가장 시장가치가 높은 기업이 되는 것이다. 아마존의 성장은 '프라임 회원'의 회원비와 클라우드 서비스에서 비롯된다. 회원비는 전통적인 정가 전략이고, 클라우드 서비스는 신기술이다.

셋째는 대형 IT 기업들이 오프라인으로 나아가고 있다는 점이다. 그들은 오프라인에서 발전 시나리오와 데이터, 소비자를 찾고 있다. 2017년 12월에 텐센트는 100억 위안이라는 거금으로 신유통 판도를 바꾸어놓은 다음 2018년 1월 말에 쑤닝, 징둥, 융촹融創, 완다상예와 전략적 투자 협의를 체결했다. 이것은 세계적인 인터넷 기업과 전통 대형 기업의 전략 투자로는 최대 규모다. 며칠 후 텐센트는 25억 위안을 투자해 하이란홈海瀾之家의 주식 5.31퍼센트를 매수했다. 이처럼 막대한 투자는 경쟁을 위해 필요하다. 그러나 한편으로 온라인상의 성장이 둔화되고 원가가 상승한다.

넷째는 사물인터넷으로 전환하는 것이다. 2018년 2월 2일 구글의 모회사 알파벳은 2017년 영업수익이 1,108억 달러라고 발표했다. 네트워크 광고 업무가 여전히 막대한 수익을 가져다주고는 있지만 당일 주가는 오히려 약 5퍼센트 하락했다. 투자자들이 당황한 이유는 모바일 검색 분야에서 2017년에 216억 달러에 달했던 구글의 트래픽 구매 원가가 전년도 대비 29퍼센트 성장해 구글의 핵심 광고 수익의 성장 속도 20퍼센트를 초월했기 때문이다. 이것은 그해 4분기에 손해를 야기한 원인 중 하나였다. 구글의 인터넷 광고 영업수익은 총수익의 약 85퍼센트를 차지한다. 일단 트래픽 이익이 종결된 후 투자자들은 구글이 검색 광고 이외에 진정한 수입원을 찾을 수 있을지 걱정했던 것이다.

그렇다면 구글은 어떻게 곤경에서 벗어났을까? 답은 사물인터넷이다. 구글은 자율주행자동차 시장을 파고들었다. 2018년 1월 초 미국 최대의 자동차 제조회사 피아트 크라이슬러 오토모빌스FCA는 구글과 대규모 협의를 달성했다고 공표했다. 구글은 피아트 크라이슬러 오토모빌스의 신형 자율주행 소형 화물 트럭을 수천 대 구입해 자율주행 프로젝트 웨이모Waymo를 확장할 계획이었다. 차량은 2018년 말 구글에 투입되었고, 구글은 현재 대략 600대의 FCA 승용차를 보유하고 있다. 해당 차량의 판매가는 약 4만 달러다.

구글은 이미 자율주행의 기술적 난관을 돌파했고, 자율주행자동차 상용화는 시위에 걸린 화살이나 마찬가지다. 자율주행은 향후 가장 전망이 밝은 혁명으로 여겨지고 있다. 그것은 인류에게 오늘날의 스마트폰과 같은 작용을 할 것이다. 비록 애플이 휴대폰 하나로 높은 시장가치를 기록하고 있지만 대형 IT 기업에게 자율주행은 반드시 손에 넣어야 할 공략지다.

세계적인 대형 IT 기업들이 탈바꿈하기 시작한 가운데 중국의 기업은 아직 반 박자 뒤처져 있다. 2018년 2월 첫째 주, 중국 내에서는 총

116건의 투자 및 융자가 발생했고, 누적 금액은 190억 위안을 초과했다. 비록 건수는 조금 떨어졌지만 금액은 전주의 142억 위안보다 상승했다. 중국의 대형 IT 기업은 더욱 넓은 지반을 점령해 성장을 도모하고 있다. 그러나 이러한 주먹구구식 성장은 결코 효율을 개선할 수 없다.

과거 누군가 농담으로 IT 기업에게 가장 중요한 3가지 요소는 첫째도 성장, 둘째도 성장, 셋째도 성장이라고 이야기한 적이 있다. 그러나 기존의 인터넷 이익은 이미 종결되었고, 어제의 성장이 다시 재현되지 않는다는 것은 분명하다. 내일이 오기 전, 우리에게는 혁신의 지표가 되는 슘페터식 성장(투자가 생산성 향상을 가져오는 방식)이 필요하다.

*
**

플랫폼 기업에는 자기 제품이 없다

과거 공업시대에는 기업이 추구하는 모델에 따라 대형 기업이 될 수 있었다. 그러나 인터넷 시대에 하이테크놀로지 기업이 추구해야 할 목표는 생산 효율을 공급 측에서 수요 측으로 옮기는 네트워크 효과다. 기술 발전은 생산 효율이 아닌 네트워크 효과를 추구하는 데 사용되어야 한다. 네트워크 효과는 줄곧 성장의 강력한 엔진이었다. 네트워크 효과의 최종 결과는 바로 플랫폼 기업의 탄생이다. 플랫폼 기업이 하나의 시장을 독점하면 승자독식 시대로 진입하게 되고, 비즈니스 생태도 독점화로 변화한다.

과거에 정부가 독점기업에 대항하기 위한 수단은 기업을 스핀오프하는 것이었다. 그러나 네트워크 효과 앞에서는 스핀오프의 효과도 사라진다. 설령 구글이나 페이스북 같은 기업을 소기업으로 분리한다고 해도 소형 구글, 소형 페이스북은 최종적으로 네트워크 효과에 의해 시장을 독점할 가능성이 있다.

대형 IT 기업은 지나치게 높은 평가를 받는다. 아마존의 판매액은 월마트의 3분의 1에 불과한데 기업가치는 오히려 2배다. 그러나 사실 아마존의 수익 90퍼센트는 전통적인 판매업에서 비롯된다. 높은 기업가치를 뒷받침하는 클라우드 서비스는 아마존에서 줄곧 50퍼센트의 성장 추세를 유지하며 클라우드 서비스 시장의 3분의 1을 차지하고 있다. 그러나 클라우드 서비스가 판매액에서 차지하는 비율은 한 자릿수에 불과하다. 이 영역에서 아마존, 구글, 마이크로소프트 세 기업은 이미 대립 형세를 이뤘다. 그러나 중국의 알리바바, 차이나 텔레콤, 텐센트 또한 그 뒤를 바짝 추격하고 있기 때문에 클라우드 서비스 분야는 신속하게 레드오션이 될 것이다.

중국의 거대 IT 기업 중에서는 텐센트의 움직임이 가장 활발하다. 텐센트는 징둥과 연합해 막대한 투자를 감행하며 판매업에 뛰어들었다. 이는 텐센트의 발전 시나리오와 데이터가 최강이 아니었기 때문이다. 텐센트는 더욱 다양한 시나리오와 데이터를 손에 넣기 위해 분발할 수밖에 없었다. 그래야만 미래가 있기 때문이다. 트래픽 이익이 이미 정점에 다다른 상황에서 트래픽을 기반으로 하는 비즈니스 모델은 더 이상 가치가 없다.

초기의 인터넷 기업은 모두 비즈니스 모델에 의지해 기업을 일으켰다. 검색, SNS, 게임 및 공동 구매 등 하나의 모델로도 큰돈을 벌었다. 그러나 현재 상황은 다르다. 비즈니스 모델은 이미 죽었고, 중요한 것은 제품과 기술이다. 제품과 기술을 보유하고 있는 기업은 서두르지 않아도 된다. 그러나 여전히 비즈니스 모델에 집착하는 기업은 서둘러야 한다. 비즈니스 모델에는 트래픽 같은 자원이 필요하기 때문이다. 그러나 트래픽은 거대 IT 기업의 수중에 있고, 시시각각 그들에게 빼앗길 가능성이 있다.

배달 전문 플랫폼 메이퇀의 비즈니스 모델은 공동 구매와 음식 배달이었다. 그들은 현재 2가지 선택 사항에 놓여 있다. 기존 시장에 남아 있다가 어느 날 선두주자가 나타나면 업계에서 퇴출될 것인가, 아니면 모험을 무릅쓰고 확장할 것인가? 확장의 문제점은 재무적으로 성과가 두드러지지 않는다는 것이다. 대신 선두주자와 경쟁할 때 더 많은 패를 쥘 수 있기 때문에 협상 조건이 더욱 늘어난다는 장점이 있다. 비즈니스 모델로 기업을 일으킨 회사는 모두 2가지 선택지를 마주하고 있다.

가만히 손을 놓고 있을 수 없었던 메이퇀은 택시업계에 뛰어들었다. 그들은 대량의 기사를 보유하고 있을 뿐 아니라 교통 분야에 일정한 기술과 경험이 있었다. 일단 메이퇀이 교통업계에 진입하기로 결정하면 당연히 모바이크를 매수할 수밖에 없었다. 이것이 비즈니스 생태에서는 필연적인 포석이기 때문이다. 앞으로 소셜 매체인 모모, 콘텐츠 매체인 진르터우탸오 같은 수많은 기업이 확장의 길로 들어설 것이다. 그러지 않으면 가만히 앉아서 죽음을 기다리는 것이나 마찬가지다.

인터넷 기업은 비즈니스 모델에만 의지해서는 전망이 없다. 그들에게는 제품과 기술이 필요하다. 징둥이 지금까지 분야를 확장하지 않은 이유는 판매업이 워낙 힘든 분야이기 때문이다. 징둥은 서두를 필요가 없었다. 마찬가지로 기술과 제품을 보유한 기업도 서두를 필요 없다. 징둥의 모델은 판매를 이용해 시장을 확장하고 더욱 다양한 시나리오를 창조해 현금화를 실현하는 것이다. 판매 이윤이 낮기 때문에 징둥은 판매업에서 많은 돈을 벌 수도 없다.

　미래의 추세 중 또 다른 하나는 플랫폼 기업이 갈수록 커다란 문제에 직면할 것이라는 점이다. 플랫폼 기업에는 자체적으로 생산하는 제품이 없다. 그들은 거래를 중개하거나 광고로 돈을 번다. 이러한 모델의 가장 큰 문제는 제품을 통제할 수 없다는 것이다. 예를 들어 규정대로 모바일 택시기사를 현지인으로만 고용한다면 디디에게 매우 치명적인 도전이다. 왜냐하면 대다수의 기사가 타지 출신이기 때문이다. 그러나 디디는 개인택시 기사가 현지인인지 아닌지 일일이 확인할 방법이 없다. 타오바오에게는 모조품 책임, 디디에게는 기사 관리 책임, 단기 숙박업체 샤오주小猪에게는 객실 안전 책임, 위챗 같은 소셜미디어에게는 게시물의 진위 여부를 가리는 책임을 요구하기 시작하면 플랫폼 기업은 막대한 비용을 지불해야 한다. 현 단계에서 위와 같은 문제를 해결하려면 인력에 의지할 수밖에 없기 때문이다. IT 기업에게 이것은 전대미문의 도전이다.

바람 앞에 선 유니콘

초판 1쇄 인쇄 | 2020년 5월 10일
초판 1쇄 발행 | 2020년 5월 20일

지은이 · 천신레이, 스윙보
옮긴이 · 김경숙
펴낸이 · 박효완
기획경영 · 정서윤
편집주간 · 추지영
디자인 · 디자인오투 이종헌
마케팅 · 신용천
물류지원 · 오경수

펴낸곳 · 아이템하우스
주　소 · 서울특별시 마포구 동교로 12길 12
전　화 · (02)332-4337 | 팩　스 · (02)3141-4347
이메일 · itembooks@nate.com
출판등록 · 제2001-000315호

ISBN 979-11-5777-115-8 (03320)
값 14,800원

이 도서의 국립중앙도서관 출판예정도서목록(CIP)은 서지정보유통지원시스템 홈페이지(http://seoji.
nl.go.kr)와 국가자료공동목록시스템(http://www.nl.go.kr/kolisnet)에서 이용하실 수 있습니다.
(CIP제어번호: CIP2020013539)